Beltz Taschenbuch 115

Über dieses Buch:

»Wir brauchen für eine Welt, in der es Computer gibt, vor allem etwas, was wir an den Computern gerade nicht lernen können – das offene, dialogische, zweifelnde, entwerfende, bewertende, philosophische Denken« – bei diesem Gedanken nimmt das neue Buch von Hartmut von Hentig seinen Ausgangspunkt. Denn die Schlacht selbst ist geschlagen – Computer und Informationstechnologie sind aus unserem Leben nicht mehr wegzudenken.

Wie auch andere fragt sich Hartmut von Hentig, was Pädagogik, Politik und Philosophie tun können, um den Menschen zum Herrn seiner Mittelsysteme zu machen. »Schulen ans Netz« – an der Selbstverständlichkeit, mit der diese Entwicklung hingenommen wird, ohne ihre massiven Auswirkungen auf unsere Kinder zu bedenken, setzt die Kritik des Autors an. Nicht, daß er zu einer Welt ohne Computer zurückkehren wollte –, er fordert vielmehr, daß wir gegenüber der technischen Zivilisation einen aufgeklärten Willen fassen. Denn die Neuen Medien sind nur deren raffinierteste und umfassendste Ausprägung.

»Meine Pädagogik soll den jungen Menschen den Verhältnissen gegenüber frei machen – frei auch, sie zu ändern, so gut das geht und in voller Kenntnis ihrer Vorzüge, Nachteile, Nebenerscheinungen und Geschichte. Das hat mein Vorgehen im vorliegenden Buch bestimmt und bestimmt auch meine Auffassung davon, was ›Medienkomptenz‹ heißen muß.« Hartmut von Hentig

Der Autor:

Hartmut von Hentig, geb. 1925, Wissenschaftler, Lehrer und Publizist, Professor emeritus für Pädagogik an der Universität Bielefeld, war bis 1987 Wissenschaftlicher Leiter der Laborschule und des Oberstufenkollegs des Landes Nordrhein-Westfalen.

Als Beltz Taschenbuch erschienen bisher seine Bücher »Bildung«, »Kreativität« und »Ach, die Werte!«.

Hartmut von Hentig

Der technischen Zivilisation gewachsen bleiben

Nachdenken über die Neuen Medien und das gar nicht mehr allmähliche Verschwinden der Wirklichkeit

BELTZ
Taschenbuch

Besuchen Sie uns im Internet:
www.beltz.de

Beltz Taschenbuch 115
Originalausgabe

1 2 3 4 5 02 03 04 05 06

Umschlaggestaltung: Federico Luci, Köln
Umschlagillustration: George Grosz, Diabolospieler
(1920) Ausschnitt

Satz: MediaPartner Satz und Repro GmbH, Hemsbach
Druck und Bindung: Druckhaus Beltz, Hemsbach
Printed in Germany

ISBN 3 407 22115 0

Auf zwei Beinen stehe,
Oben sei ein Kopf.

Für Uwe Brinkmann
mit Dank für Forderung und Zuspruch

Inhalt

III
Erwartungen an die Bildungseinrichtungen

IV
Epilog

Anhang

Vorwort

Der Titel dieses Buches bezeichnet das pädagogische Pensum, der Untertitel den nicht erst durch die Neuen Medien geschaffenen, aber durch sie gewaltig verstärkten Anlaß. »Das allmähliche Verschwinden der Wirklichkeit« aus unserem Leben begann mich vor zwanzig Jahren zu beunruhigen. Ich habe es 1984, im Orwell-Jahr, zum Gegenstand eines gleichnamigen Buches gemacht, das nun zur fünften Auflage anstünde. Sollte es im neuen Jahrtausend noch einmal mehr oder weniger unverändert – »überarbeitet und ergänzt« – abgedruckt werden?

Mir ist seither zunehmend klargeworden, daß wir es bei den Neuen Medien nur mit einem Teil einer allgemeineren Frage zu tun haben, nämlich ob und wie wir den Entwicklungen der technischen Zivilisation insgesamt gewachsen sein werden. Unsere »Mediatisierung« hat sich in den vergangenen zwei Jahrzehnten nicht nur dramatisch beschleunigt, sie hat ihre in dem Wort »allmählich« versteckte Unschuld, ihre in dem Wort »Verschwinden« behauptete Schicksalhaftigkeit verloren: Sie ist heute gewollt und allen bewußt – das Verschwinden passiert nicht, es wird betrieben. Schon das forderte ein *neues* Buch, eines mit dem Titel »Die mutwillige Vertreibung der Wirklichkeit« oder »Die Vernichtung der Wirklichkeit durch Virtualität«. Andererseits stellte ich beim Wiederlesen des alten Buches fest, daß meine damals eingenommene Grundposition ihre Gültigkeit – für mich – bewahrt hat. Diese Tatsache sollte nicht in den neuen Argumenten und Beweisstücken verschwinden. Ein Standpunkt gewinnt ja an Überzeugungskraft, wenn er sein Alter bekennt und nicht den neusten Entwicklungen abgeguckt ist. Der bisherige Siegeszug der elektronischen Medien mit all den ihnen zugesprochenen Möglichkeiten und Notwendigkeiten bestätigt meine mir wichtigste damalige Botschaft: daß wir den bedeutendsten Wandel unserer Kultur, d. i. unserer gemeinsamen Lebensweise, nicht prüfen, sondern buchstäblich besinnungslos vollziehen und daß wir damit seinen Sinn und uns gefährden.

Ich habe also ein neues Buch geschrieben, aber den im Wortsinn »Kern« der schon 1987 erweiterten Auflage beibehalten, habe diese um heute jedermann bekannte Tatbestände oder durch die Entwicklungen überholte Auskünfte entlastet, habe ganze Abschnitte entweder ersatzlos gestrichen oder durch neue ersetzt oder um anderwärts angestellte Beobachtungen und Überlegungen ergänzt (zum Beispiel zu »Akkumulation und Akzeleration«, zu »Schein und Schrott« in der Medienkultur, zu den Theorien der Kollegen Flusser und Luhmann, Baacke und Haefner, zu einer gedachten Alternative von Schule A, die von vornherein am Computer, und einer Schule B, die beharrlich an den Sachproblemen auf die mediatisierte Welt vorbereitet), habe das Ganze neu gegliedert und die pädagogische Auseinandersetzung mit den neuen Medien in den Rahmen gestellt, in dem allein sie dem unfruchtbaren Pro und Contra entgeht: einer Theorie der durch ihre Mittel bestimmten Zivilisation. Wie behaupten wir unsere Zwecke mit diesen oder gegen sie? – Mit dieser Frage weise ich dem Streit um die Medienerziehung einen untergeordneten Platz an. Das geschieht vor allem in der Einführung und im ersten Kapitel, deren Gedankengang ich aus einem 1985 (für einen längst vergriffenen Sammelband) geschriebenen Beitrag herausdestilliert habe.[1] Ohne diese Zurüstung würde ich meine alte Streitschrift heute nicht noch einmal ins Feld schicken, nachdem der Computer, das Internet, das Fernsehen sich im Leben der Menschen fest etabliert haben und damit die Frage erledigt zu sein scheint, ob man sie überhaupt brauche.

Die erste Fassung dieses Buches wandte sich in erster Linie an meine erwachsenen Mitbürger. Sie sollten darüber nachdenken, welche Folgen die damals bevorstehende Einführung des Kabelfernsehens und der Satellitenübertragung, die breite Zulassung privater Sender, des Computers in Verbindung mit dem Vorgänger des Internet, dem BTX, für das Aufwachsen ihrer

Kinder haben würden. Das mußte ihnen ein Pädagoge sagen – darum der Untertitel: Ein Pädagoge ermutigt zum Nachdenken über die Neuen Medien. Die anderen – die Politiker, die Wirtschaftler, die Techniker, die Bücherschreiber und Filmemacher, die Verleger und Kinobesitzer – waren von den neuen Möglichkeiten fasziniert und absorbiert. Auch heute wende ich mich an die allgemeine Öffentlichkeit, zu der freilich auch die Lehrer und Lehrerinnen, die Eltern, die anderen beruflich mit Kindern und Jugendlichen befaßten Personen gehören. Waren damals die elektronischen Medien noch Fremdkörper in der Welt der Lehrer und Erzieher, sind sie heute ein allzu selbstverständlicher Teil ihres pädagogischen Haushalts und gewiß ein Lieblingsthema der Erziehungswissenschaft. Damals: ein gesellschaftliches Phänomen ohne Widerhall in der Pädagogik – heute: ein eigenes pädagogisches System, das sich um die Implikationen der Neuen Medien für unser gesellschaftliches Denken und Handeln wenig oder gar nicht kümmert.

Hartmut von Hentig Berlin, August 2001

... und dann kam der 11. September 2001, und auch mir stellte sich die bange Frage: Was hat er aus deinen Gedanken über die technische Zivilisation gemacht? Nötigen dich die unerhörten Ereignisse nicht, die im Sommer abgeschlossenen Überlegungen im Herbst wiederaufzunehmen und erneut zu prüfen? Das Manuskript ist im Satz – aber es muß möglich sein, auch dieses zu verändern, nachdem sich »alles geändert hat«, wie man seither – ebenso betroffen wie bestimmt – sagt.

Nun, *ich* sage das nicht. Ich sage auch nicht, es habe sich *nicht* alles geändert. Ich halte mich – »feige« werden manche meinen – zurück, bis ich alles besser verstehe. Wer ein Dreivierteljahrhundert durchlebt hat – lauter große »Wenden«: die Naziherrschaft, Hiroshima, den Ausbruch des Kalten Krieges unter den Siegern, die Antibabypille, das Auftreten des Aids-Virus, Gorbatschow–, der weiß: Es gibt heftige Bewegungen, die *conditions humaines* ändern sie nicht. Ja, wir müssen um so sorgfältiger auf diese achten, je mehr Wandel sich ereignet.

Mit dem 11. September 2001 ist uns der Zustand unserer Zivilisation bewußt (oder doch bewußter) geworden; die undeutliche Wahrnehmung, wie viele nicht an ihr teilhaben oder sie nicht bejahen, bekommt schmerzliche Konturen; die verdrängte Einsicht ist nun unausweichlich, die Einsicht, daß wir die von uns gemachte Welt nicht »im Griff« haben.

Seit langem versuchen einige von uns dieser Wahrheit Gehör zu verschaffen. Seit ebenso langer Zeit werden wir als Schwarzseher gebrandmarkt, als Fortschrittsfeinde, als – vernichtender geht es in unserem Lande nicht! – »Bedenkenträger«. Zu bedenken, was mit welchen Folgen geschieht, wird offenbar für unbekömmlich gehalten.

Ich kann und will es mit diesem Thema an dieser Stelle nicht aufnehmen. Vielmehr beherzige ich, was uns die unmittelbaren Opfer des Anschlags, die New Yorker, lehren: Man muß weiterleben – mit den Toten, den Trümmern, dem Terror (den es immer gegeben hat: in London und Tokio, in Barcelona und Jerusalem) und mit den alten Einrichtungen und Mittelsystemen –, weiterleben, bis sich in der Erfahrung vernünftige Lösungen einstellen. Da kann man sich viel Kluges ausdenken – Ulrich Becks »kosmopolitischen Staat« und Samuel P. Huntingtons unvermeidlichen »Clash of Cultures«, Hans Küngs »Weltethos« und jedermanns »Dialog der Religionen«, George W. Bushs Weltallianz für die Bombardierung Afghanistans und Otto Schilys »Sicherheitspaket« –, aber die Menschen werden das Gehege ihrer Gewohnheiten, Vorstellungen und Gefühle nicht so schnell verlassen, schon gar nicht den Bannkreis ihrer Sorgen, Ängste und Ungewißheiten.

Mit den Terroranschlägen von New York und Washington ist kein einziges unserer alten Probleme verschwunden.

Weil wir *mit ihnen* nicht fertig geworden sind, weil wir es vermutlich nicht ernstlich mit ihnen aufgenommen haben, weil wir die mögliche, aber ökonomisch belastende Prävention unterlassen, verlieren wir nun die Übersicht, die Kontrolle, die Nerven.

»Sicherheit« ist dem Menschen nicht verheißen – nicht in der Natur und nicht in der geschichtlichen Welt. Vollends nicht in der technischen Zivilisation, der man darum das Etikett »Risikogesellschaft« angeheftet hat. Hoffnung auf eine vernünftige Eingrenzung der Risiken liegt allein in der stetigen Aufklärung unserer Verhältnisse, in einem »auf Wahrheit gerichteten Gespräch«, als das Robert Maynard Hutchins die Menschenbildung definiert hat. Diese platonische Bestimmung zeichnet sich durch das aus, was sie weglässt – worauf sie *nicht* setzt: globales und »vernetztes« Denken und eine Vermehrung von Information und Kommunikation, Systemmanagement und *social engineering,* Leistungs-Pädagogik und Feindbestimmung. Einer Gesellschaft, die sich die Besinnung versagt, wird auch durch den 11. September 2001 keine Belehrung zuteil. Mehr als die ihr eigenen Gefährdungen wird die Furcht vor ihnen das Leben bestimmen. Frei kann sie nicht sein.

Weil es in diesem Buch in erster Linie um eine solche Besinnung – aus Anlaß eines konkreten Wandels und Risikos – geht, kann ich meinen Text lassen, wie ich ihn dem Verlag im Sommer eingereicht habe. Von Terrorismus und Antiterrorismus ist darin nicht die Rede, wohl aber von unserer mechanischen Art, mit fundamentalen Problemen umzugehen. Am Beispiel unseres Umgangs mit den Neuen Medien lassen sich die drei vorherrschenden Reaktionsmuster erkennen: die Erwartung eines Wunders, die Ergebenheit in den Lauf der Dinge und die Verteufelung. Die Neuen Medien werden von den einen als Verderber unserer Kultur angesehen, von den anderen als Retter der Kultur vor ihren eigenen Folgen und von einer großen Mehrheit einfach als gegeben hingenommen. Diese Mehrheit nimmt ja auch den Konflikt zwischen der Bekämpfung des Terrorismus durch Bomben und der Erzeugung von Terrorismus durch Bomben hin – wie den zwischen der moralischen Ächtung des therapeutischen Klonens und einer moralischen Verpflichtung, auch diese Heilungsmöglichkeit zu sichern, zwischen Konsolidierung des Staatshaushalts und Ankurbelung der Wirtschaft durch staatliche Programme, zwischen mehr Europa und mehr Demokratie. Aus dem jeweiligen Zwiespalt macht man ein allgemeines Zwielicht, aus entschiedener Vereinfachung unentscheidbare Komplexität. – Ist das notwendig? Ist das gut?

Vor fünfzehn Jahren habe ich in einem Vortrag zum Thema »Widerstand« Mittel und Gelegenheiten für politisches Handeln von Bürgern (also nicht von Regierungen, Parlamenten, Parteipolitikern) aufgeführt – Mittel, die nicht zu den »klassischen« gehören. Das ist eine nützliche Übung in einer Welt, in der das Wählen von Abgeordneten an die Stelle der täglichen Mitwirkung der Bürger getreten ist; in der die Ausgangspunkte für politische Entscheidungen auf vier Jahre im voraus festgelegt werden; in der die wichtigsten Probleme innerhalb dieser Fristen nicht gelöst, ja oft gar nicht richtig erkannt werden können.

Und dies war die Pointe der Aufzählung: Die Schule, in der ich diesen Vortrag hielt, nannte sich nach den Geschwistern Scholl – und erfuhr nun von mir, daß diese mit meinen »Anweisungen« (mit Ausnahme der ersten und der letzten) nichts hätten anfangen können. Ihnen fehlte alles, worauf sie sich hätten verlassen können: eine Öffentlichkeit, bürgerliche Einrichtungen, bürgerschaftliche Gewohnheiten, Mit-Bürger. Dies alles war durch die Nazis korrumpiert oder vernichtet oder vertrieben worden. Das machte ihre Sache einerseits abgründig schwer. Für ihr Handeln gab es kein Vorbild und keine Erfahrung, für das Gelingen keine Garantie, für das Scheitern keine Gnade. Andererseits war ihre Sache leicht. Nachdem sie sich klargemacht hatten, daß es nur die Tat *oder* die Schande gab, hatten sie keine Zweifel oder doch keine Ausweichmöglichkeit mehr. Das Maß ihrer Tat war unbedingt und für sie jederzeit erkennbar. Es hieß »Die Niederlage des Naziregimes herbeiführen«. Solche Gewißheit macht stark, macht sogar ruhig und in diesem Zustand klug, gewitzt, kühn.

Uns geht sie völlig ab. Keinem unserer großen politischen Probleme würden wir mit »Unbedingtheit« gerecht. Keines, für das es nicht schon eine legitimierte, kundige und erprobte Instanz gäbe, der wir also auch nicht unter Berufung auf höhere Gesetze und unser Gewissen in den Rücken fallen dürfen. Keines, für das sich ein Ende absehen ließe wie für die Tyrannis der Nazis. Und *darum* wird heute gern der ebenso weise wie billige Ratschlag erteilt: Lernt die Ambivalenz aushalten.

Dies scheint die Maxime unseres Zeitalters zu sein. Bevor ich einen Standpunkt für oder gegen sie einnehme, gebe ich meine damals vorgetragenen, heute würde man sagen »zivilgesellschaftlichen« Empfehlungen wieder.[2]

(Das war lange vor der »Wende« und war von sorgfältigen Begründungen und Beispielen begleitet.) Hier eine Zusammenfassung:

(1) Wer eine Überzeugung hat, die nicht die der Mehrheit ist, und ihr wenigstens *à la longue* Geltung verschaffen will, muß sie in einen begründeten, also von den übrigen Bürgern übernehmbaren politischen Auftrag verwandeln. Die Berufung auf das Gewissen tut gerade in einer freien und also pluralen Gesellschaft wenig Wirkung.

(2) Unsere wichtigste politische Mitwirkungsmöglichkeit haben wir in unserem Beruf. Hier hat uns die arbeitsteilige Gesellschaft Einfluß eingeräumt, hier hängt sie von uns ab.

(3) Damit wir uns dieser freilich unbequemen und gefährlichen/gefährdenden Möglichkeit auch bedienen, wäre es gut, wir hätten – wie die Ärzte ihren »hippokratischen« – alle einen Berufseid.

(4) Es kommt darauf an, Bundesgenossen zu gewinnen, ohne sich neue Feinde zu machen, was wiederum Tapferkeit vor dem Freund verlangt.

(5) Die Bemühung um die Zustimmung anderer wird nur Erfolg haben, wenn man außer mit Prinzipien mit konkreten Fällen, also mit größtmöglicher Anschaulichkeit und Glaubwürdigkeit argumentiert. Die stärkste Glaubwürdigkeit verleiht uns die eigene Lebensführung – und die verlangt vor allem Widerstand gegen uns selbst. (Eine nicht zu unterschätzende Glaubwürdigkeit kommt uns aus dem Lob zu, das wir den kühnen und klugen Taten unserer Gegner zollen.)

(6) Es gibt Anlässe – es sind ganz wenige, und sie fordern mehr Klarheit als Mut –, aus denen wir bereit sein müssen, den *contrat social* zu kündigen. Das geht heute nicht mehr durch Auswanderung, sondern nur durch Vertragsbruch. Mit anderen

Worten: Wir müssen den Gesellschaftsvertrag in der Absicht kündigen, ihn im gleichen Augenblick neu zu schließen. Aber täuschen wir uns nicht: Dies ist Widerstand. Hier beginnt der Weg der Geschwister Scholl.

Solche Übungen im wirksamen und gewaltlosen Bezeugen unseres Willens habe ich vor fünfzehn Jahren für nützlich gehalten. Heute helfen sie mir in meinen wichtigsten Nöten wenig: weil ich zu ihnen keinen eindeutigen, robusten, beständigen Willen habe. Die Probleme sind zu schwierig und zu abstrakt geworden, sind zu fern und hängen mit zuviel anderem zusammen.

So scheint es den meisten von uns zu gehen. Das Geräusch derer, die »wissen«, wie alles zu laufen habe, ist uns unangenehm; es stößt uns ab, statt uns zu gewinnen. Aber wir können auch nicht sicher sein, daß die Besserwisser nicht recht haben. Auch schwächt uns ein schlechtes Gewissen: Viele Probleme, die heute groß und lähmend sind, sind es geworden, weil wir nichts getan haben, als sie noch klein waren, – weil wir Vorbeugung verachten.

Der Zwiespalt geht mitten durch die einzelnen Menschen hindurch – und es ist schon viel gewonnen, wenn es ein Zwiespalt ist wie in Sachen Afghanistan-Einsatz oder Krebsmaus oder Sparhaushalt oder Umgang mit der PDS. Meistens ist es ein Nebel wie bei der sogenannten Gesundheitsreform, der Steuerreform, der Rentenreform, der Europa-Reform. Daher der Sirenengesang vom »Aushalten der Ambivalenz«, daher seine verführerische Macht!

Bei Problemen, für die niemand eine Lösung hat, bleibt uns nichts anderes übrig, als stillzuhalten und ihre gegenwärtige Last zu tragen. Aber das ist etwas anderes als zwittrige, halbgute, halbgefährliche Lösungen hinnehmen. Und genau das ermöglicht das ambivalente Kunstwort »Ambivalenz«. Es bedeutet wörtlich Zweiwertigkeit (ambo = »beide«, valere = »in Kraft sein, gelten«). »Ambivalent« sollte demnach von einem Gegenstand oder Zustand gesagt werden können – von einem Objekt.

In der Psychoanalyse hingegen wird Ambivalenz dem Wollen, Denken und Empfinden zugeschrieben. Ein typisches Beispiel ist die Haß-Liebe. Daß die haß-liebende Person die Spaltung ihres Gefühls auf ihr Objekt überträgt, es also »in ein gutes und ein böses Objekt spaltet«, macht die Gefährlichkeit des Vorgangs deutlich und zeigt zugleich, daß, wer das »Aushalten von Ambivalenz« in der Politik empfiehlt, dies nicht im Sinn gehabt haben kann. Für Eugen Bleuler, der den Begriff um die Jahrhundertwende geprägt hat, war Ambivalenz ein Hauptsymptom der Schizophrenie.

Der Altphilologe meint, Eugen Bleuler hätte besser getan, das Wort »Ambiguität« für das von ihm beschriebene Phänomen zu verwenden. Dieses Wort enthält das Moment des »Treibens« (igere/agere), das er brauchte. *Ambiguus* hieß schon im klassischen Latein »schwankend«, wechselnd, unentschlossen. Wer heute den Psychoanalytikern nicht in die Wege kommen, vor allem aber nicht zu etwas raten will, was er gar nicht meint, sollte das Wort Ambivalenz vermeiden und sich mit dem deutschen »Zwiespältigkeit« oder »Doppelwertigkeit« (des Tatbestandes) begnügen. Wo es geboten ist, sollte er das Wort »Kompromiß« verwenden, nämlich für den Zustand, in dem die Gegensätzlichkeit bewußt amalgamiert worden ist. Das Abkommen von Marrakesch über die Eindämmung der Treibhauseffekte war nie »ambivalent«, und der Einsatz von Bomben in Afghanistan oder von PC und Internet im Unterricht ist es auch nicht. Im einen Fall geht es um einen auf Eis gelegten Konflikt zwischen *hie* gegenwärtigen Sonderinteressen und *da* langfristigem Gemeinwohl; im anderen Fall geht es um eine mühsame, noch unvollständig geleistete Differenzierung.

Die folgenden – wiederum sechs – *propositions* sollen helfen, mit diesen Unterscheidungen besser umzugehen – auch bei der Aufnahme dieses Buches.

(1) Zustände oder Maßnahmen sind nicht doppelwertig und also unentscheidbar, wenn ihre Herstellung oder Verwendung ihrem Zweck widerstreitet. Dann sind sie untauglich. Vernünftig und also zumutbar sind sie nur, wenn sie beides sind – machbar und für ihren Zweck tauglich. Ein Bombenkrieg mag rechts- und bündnisgemäß und sogar moralisch begründbar sein – ist er nicht geeignet, sein Ziel zu erreichen, hat er zu un-

terbleiben. Erreicht er sein Ziel, muß man Gewinn und Verlust gegeneinander abwägen.

(2) Wer keine Lösung für ein Problem hat, ist nicht schon deshalb im Unrecht. Seine Zweifel an den Lösungsvorschlägen müssen genauso ernst genommen werden wie diese. Auch solche Verschiedenheit der Einschätzung, die einem Tatbestand widerfährt, konstituiert also noch keine Balance oder Wertigkeit und also keine Unentscheidbarkeit, ist vielmehr Anlaß, die Vernunft zwischen beiden Positionen zu suchen.

(3) Die falscheste Antwort auf einen *wirklich* ambivalenten Tatbestand – also einen, der zu begrüßende und zu befürchtende Momente gleichgewichtig nebeneinander enthält – ist die Schizophrenie: die Spaltung unserer selbst. Das schwierige Wort in dieser *proposition* ist »gleichgewichtig«. Es wird so leicht zum Vorwand für Unentschiedenheit. Wo man glaubt, die Gleichgewichtigkeit sei gegeben, muß man weiter prüfen und wägen – möglichst zusammen mit anderen, damit man sich nicht in den eigenen Voreingenommenheiten verhakt. Nichts ist mir in den letzten Wochen so unheimlich gewesen wie die Wahrnehmung (oder der Verdacht?), daß viele Menschen – ich selber auch – plötzlich Hemmungen hatten, ihre Meinung zu sagen, Hemmungen, weil diese Meinung an irgendwelchen »geltenden« Übereinkünften rüttelte: an unbefragten Mythen wie »Autorität der Regierung«, »notwendige Geschlossenheit der Koalition«, »eigene Mehrheit«, »Bündnisfähigkeit«, »Ansehen Deutschlands im Ausland«, »Solidarität mit den USA«. Die Einschüchterung hat funktioniert, nicht nur bei Abgeordneten, – und das vor allem schadet unserer Republik.

(4) Wo uns das »Aushalten von Ambivalenz« nahegelegt wird, ist es fast immer Ausdruck einer vorläufigen Unfähigkeit zur Lösung. Mit anderen, einfacheren Worten: Man muß noch an dem Problem arbeiten, es eingrenzen, es, da es nicht verständlich ist, verständlich *machen,* sich Zeit nehmen. Die Verkleinerung, die Veranschaulichung, die Verlangsamung, die hier geboten sind, widersprechen dem Geist der Zeit, der auf umfassende, hundertprozentige, abstrakte, technische Lösungen setzt.

(5) Dies aber verlangt eine Entscheidung. Man kann sie treffen – vielleicht noch nicht im Augenblick, nicht in jeder Situation, nicht in jeder Handlung.

(6) Die Bildungseinrichtungen sollten helfen, die geforderte Entscheidung zu erkennen und zu vollziehen. Auszuhalten gibt es dann immer noch genug, vor allem die abweichende Haltung/Ansicht anderer. Das kann man dann gleich mitüben.

Hartmut von Hentig Berlin, den 1. Dezember 2001

Eine Einführung oder: Die Suche nach den notwendigen Fragen

Das Wort »Wirklichkeit« ist vieldeutig. Alle, die es gebrauchen, scheinen aber eines damit sagen zu wollen: Wir brauchen sie, um an ihr unsere Erfahrung und die von dieser erzeugten Vorstellungen zu prüfen. Ob sie nun im Gegensatz zu Täuschung oder zu Wahrheit gesehen wird, ob sie die Ursache oder das Konstrukt unserer Wahrnehmung ist, ob wir sie erfassen und verstehen oder nur zeigen und auslegen können – ihr Verschwinden wäre bedrohlich. »Wäre« würden alle gemeinsam sagen und damit einen Irrealis meinen, keinen Potentialis. Sie würden mich wissen lassen: Der Untertitel deines Buches ist philosophisch unhaltbar.

Gleichwohl ist er verständlich. Geht das Licht aus, verschwindet ein großer Teil der Wirklichkeit für uns; im Schlaf haben wir keine, im Traum eine illusionäre Wirklichkeit. Als ich im Jahre 1948 nach Amerika kam, schrieb ich in einem meiner ersten Briefe an meine deutschen Freunde: »Die Landschaft verschwindet hier hinter den riesigen Reklamewänden, die den Highway säumen.« Kurz darauf fiel mir beim Blättern des New Yorker ein Cartoon in die Augen: Hinter jenen Reklamewänden – so war da zu sehen – gab es tatsächlich nichts, nichts als Abgrund und Weltall. Die autofahrenden Amerikaner hatten es nur noch nicht gemerkt; sie sahen auf die Plakate – auf die brutzelnden Hamburger, die beschlagenen Pepsi-Cola-Flaschen, die prächtig gesunden Raucher, den Hinweis auf die nächste Abzweigung nach Detroit, eine freundliche Warnung, daß die Geschwindigkeit mit Hilfe von Radar kontrolliert werde – und hatten keine Ahnung, daß ihre »Wirklichkeit« nicht mehr vorhanden war.

An diesen Cartoon vor allem – und nicht an Neil Postmans gerade erschienenes Buch, in dem er »Das Verschwinden der Kindheit« infolge der neuen Medien behauptete – habe ich gedacht, als ich damals den Titel meines Buches formulierte. Meinen Lesern habe ich nichts davon gesagt, weil sie mich nicht für einen Schwarzmaler und das Buch nicht für dessen Blick in die Leere hinter dem elektronischen Schein halten sollten. Vor dem Gegenteil des auf dem Cartoon Dargestellten wollte ich warnen: Wir könnten eines Tages die schöne weite »Landschaft« unserer geschichtlichen Welt nicht mehr sehen.

Heute dagegen liegt mir an dem buchstäblich abgründigen Bild, weil sich die Pointe meiner Kritik von den Zuständen auf unser Bewußtsein verlagert hat: Wir könnten uns, wie die Amerikaner auf dem Cartoon, über uns selbst – über unser eigenes Befinden und unsere eigenen Absichten – täuschen; wir seien möglicherweise gar nicht mehr willens, uns von den Projektionen an der Höhlenwand zu trennen; der Auftrag Platons an die Paideia werde fortan für ungültig und unwirksam erklärt.

Wenn ich in den letzten zwei Jahrzehnten zu Vorträgen oder Podiumsgesprächen über die Neuen Medien und Erziehung eingeladen wurde, sollte ich – erstens – den Part des Verneiners übernehmen. Man hatte dazu die in dem Thema steckenden Probleme auf eine einfache Alternative, ein Pro und Contra reduziert: Die Neuen Medien – eine Chance kindgerechter Pädagogik oder ihr Ende? Computer in die Schule – so früh oder so spät wie möglich? Computer als Unterrichtsgegenstand oder als Unterrichtsmittel? Fördert oder erschwert der PC den handlungsorientierten, offenen, »situativen« Unterricht? Bestärkt oder beendet er die Integration von Behinderten, Benachteiligten, Ausländern? Erschüttert er die »männliche Dominanz« in der Berufswelt oder rehabilitiert er sie? Erzwingt er »kommunikatives« und »interaktives« Lernen oder isoliert er die einzelnen? Schule oder Internet? Kommunikationstechnik oder Buchkultur? Platon oder Bill Gates? Tradition oder Erneuerung? Musik oder Informatik? »Aktiver« oder »passiver« Medienschutz? Lehnte ich diesen Part ab oder demontierte ich den Gegensatz im Laufe des Gesprächs, war man enttäuscht und versuchte – die Gegner des Computers in der Schule sind rar geworden! –, mich in die mir zugedachte Rolle zurückzudeichseln: »Aber Sie wollen doch immer noch verhindern, daß Computer in der Grundschule Einzug halten!« In der Tat.

Innerhalb der Kontroverse drängte man – zweitens – zu den Fragen, die man hat, wenn die Grundfrage positiv beantwortet ist – wenn man den Computer in die Schule und die Schule ans Netz gebracht hat: Was von dem, was die Schulen vermitteln sollten und müßten, läßt sich ohne vernetzte Computer gar nicht beziehungsweise mit ihrer Hilfe besser vermitteln als ohne sie? Wie werden die Lehrer und Lehrerinnen über das Angebot informiert? Wissen sie möglicherweise angesichts der Fülle der Angebote nicht, wo sie beginnen sollen? Wie können Lehrer und Lehrerinnen die Scheu vor dem Computer verlieren? Wie lassen sich Schule, Unterricht und Ausbildung durch die neuen Informations- und Kommunikationstechniken (IKT) verändern? Wie ebnet man das Gefälle von PC-Besitzern zu -Nichtbesitzern? Wie schädlich sind die Pokémon- und Digimon-Welten? Wie unterscheidet man gute von schlechten Websites? Wie ...? Wie ...? Wie ...? – Ja, wie wohl?! Indem man sich »kritische Medienkompetenz« zulegt, lautet die Antwort, und was das ist, weiß man vielleicht, wenn dereinst Medienpädagogik vor Mediendidaktik rangiert und nicht nur den Anteil der Eltern an der »Medien-Sozialisation« meint (s. u. III, 2, S. 200ff.).

Auf diese Fragen gehe ich in diesem Buch nur am Rande ein; ich versuche sie aufzuschieben, beiseite zu drängen, weil sie sich ihrerseits vor die notwendige, schwierige kulturphilosophische Vorfrage schieben; sie tragen zu der Besinnungslosigkeit bei, mit der wir uns unseren Mitteln ausliefern. Die Vorfrage sollte lauten: Was haben wir mit diesen Mitteln vor? Warum ist uns der Computer so wichtig? Dieser Frage sollte die strenge Prüfung der jeweiligen Antwort folgen: Erfüllt das Mittel Computer, erfüllt das Internet, erfüllt das Fernsehen diesen Zweck, ohne andere Zwecke zu stören? Wer einer solchen Prüfung auch nur drei Sätze lang nachgeht, wird sehen, daß die Neuen Medien nicht nur eine weitere Technik zur beschleunigten und vollständigen Aufnahme, Ordnung und Wiedergabe von Information aller Art sind, ein »Instrument zum Zwecke von ...«, sondern Ausdruck und Teil eines umfassenden Vorgangs, den man – nicht gerade originell, aber zutreffend – »technische Zivilisation« nennen kann. In ihrem »Vollzug« kommt es zu den elektronischen Medien und dem, was diese versprechen: schnellere, totalere, allen zugängliche Verfügung über das zur wirtschaftlichen Ressource verwandelte Wissen.

Es kann kein Einwand gegen die Neuen Medien erhoben werden, der sich nicht auch gegen andere grundlegende Merkmale dieser Zivilisation richtet; man kann sich keine Steigerung ihrer Wirksamkeit erhoffen, die nicht zugleich auch eine Steigerung der technischen Zivilisation ist – eine Steigerung hin zu ihrer Verabsolutierung. Wer dem Teil gewachsen zu sein behauptet, muß sich dem Ganzen gewachsen zeigen. Alle Vorbereitung auf die Informations- und Kommunikationstechniken, also auch die Medienkompetenz, verlangt eine Vorstellung davon, wie wir leben wollen – leben in der historisch gegebenen technischen Zivilisation.

Anders als die Natur hat diese keine Evolution von abermillionen Jahren hinter sich, in der die Systeme und ihre Elemente sich einigermaßen im Gleichgewicht halten. Die Stabilität der Zivilisation ist ständig gefährdet – durch ihren eigenen stärksten Beweggrund: die Anhäufung der Mittel erst für bestimmte Zwecke, dann für potentielle Zwecke und schließlich um der Mittel selbst willen. Denn die Folgen werden nun ihrerseits zum Anlaß für weitere Mittel. In der technischen Zivilisation sind die Eigenschaften der technischen Mittel – die Zweckhaftigkeit, die Optimierung der Leistung, die Ökonomisierung ihrer Herstellung und ihres Einsatzes, die Unabhängigkeit von den natürlichen Bedingungen (durch deren Beherrschung oder Beseitigung oder Anverwandlung), die Vereinbarkeit der verschiedenen Instrumente miteinander, ihre Standardisierung, ihr eigensinniger Hang, sich zu Systemen zusammenzuschließen – ich sage, in der technischen Zivilisation sind diese Eigenschaften der Mittel so beherrschend geworden, daß sie selber als Ziel erscheinen. Die Fragen, was das »Gute Leben« sei und wie wir es erlangen, »woher das Sanfte und das Gute kommt« (Gottfried Benn), welche Anstrengung uns Freiheit und Gerechtigkeit wert seien, was es heiße, die Wahrheit zu sagen, die wir unseren Mitgeschöpfen schulden – bleiben hinter denen zurück, die die Mittel betreffen: ihre Vervollkommnung, Vermehrung, Vermarktung. Das Sicherheitsbewußtsein, die Fahrlässigkeit, der Mißbrauch, zu denen sie verführen, falsche »Folgeneinschätzung« und ungewollte Nebenwirkungen sind Alltag – oft gar nicht als Probleme bewußt, meist erscheinen sie in der Form einer aufwendigen Schuldzuweisung und ebenso aufwendigen Schuldabwehr. Vor allem beschäftigen uns die »Erfolge« – beispielsweise der medizinische Fortschritt, die Ausbreitung der europäisch-amerikanischen Kultur, die Steigerung des Bruttosozialprodukts, die Ausdehnung der öffentlichen Fürsorge. Deren Widrigkeiten bringen wir in Wörtern wie »Zivilisationskrankheit«, »Immunitätsschwäche«, »Wohlstandskriminalität«, »Überschußproduktion«, »Marktkorrektur«, »Betriebssanierung«, »Verrechtlichung«, »Sozialpädagogisierung«, »Therapismus« unter. Neunzig Prozent unserer Politik beschäftigen sich mit Problemen, die diese selbst verursacht hat. Vulkanausbrüche auf Java, Erdbeben in der Türkei, El Salvador und Indien sind die »erholsamen«, weil unschuldigen Ausnahmen. Schon beim Rinderwahn, bei AIDS, bei den Klimastürzen (Dürre in Afrika und Kältekatastrophe in der Mongolei, Stürme in Nordamerika und Fluten in Birma oder Mosambik) können wir nicht sicher sein, ob uns Schuld trifft. Vollends nicht beim Terrorismus.

Unsere politischen Tagesthemen sind Gesundheit und Altersversorgung, öffentliche Sicherheit und rechtsradikale Gewalt, Entsorgung des Atommülls und Verkehrsinfarkt, Umweltverseuchung und Arbeitslosigkeit – und jedes von ihnen hängt mit der »technischen Zivilisation« und ihrem heute stärksten Motor, der elektronischen Datenverarbeitung und -vermittlung zusammen. Das nötigt zu der Frage »Wie halten wir es mit dem Ganzen?«, bevor wir unsere Erwartungen und unseren Einsatz auf den *einen* neuen Faktor Informations- und Kommunikationstechniken (IKT) konzentrieren.

I

Der Auftrag der Menschenbildung heute: Der technischen Zivilisation gewachsen bleiben

1

Die Mittel werden zum Zweck, die Nebenwirkungen zum Hauptproblem, die Entwicklungen zum Programm – drei untypische Analysen unseres Umgangs damit

Ich habe nicht vor, an dieser Stelle eine neue Theorie des gegenwärtigen Zeitalters aufzustellen (oder eine alte in Erinnerung zu rufen). Aber der Leser – das Subjekt pädagogischer, erziehungswissenschaftlicher, bildungspolitischer Gedanken und Taten – braucht so etwas und hat es vermutlich auch. Ihn möchte ich auffordern, die machtvollen, in unserer Zivilisation wirksamen Prinzipien – ich verdichte sie auf sechs – bei der Erörterung des Themas »Computer und Bildung« im Sinn zu behalten, also in Anschlag zu bringen, wo immer »Medienkompetenz« definiert und als Antwort auf die IKT-Welten aufgetischt wird:

– die Akkumulation und die Akzeleration der Mittel

Dies meint: die Anhäufung der Mittel und die Beschleunigung ihrer Leistungen, ihrer Ausbreitung, ihrer Veränderung. Keine Maschine, kein technisches System ist die Erfindung eines einzelnen. Welch ein Weg von der Phantasie des Dädalus zum Flugapparat des Otto Lilienthal und von diesem bis zum Jumbo-Jet! Und 3000 Jahre zwischen dem ersten und dem zweiten, nur eineinhalb Jahrhunderte zwischen dem zweiten und dritten! Vor allem aber: Lilienthal verstand sein Gerät bis in seinen buchstäblich »letzten Winkel«; er hatte das Prinzip dem Vogelflug abgeguckt; er hatte das Gerät selber gebaut; er war der Herr seines Konstrukts und dessen Erprobung auf den Hügeln von Rhinow. Die Techniker des modernen Jumbo-Jets beherrschen je nur ein Tausendstel des Ganzen, und sie brauchen Konzerne für die Finanzierung, Piloten und Flugplätze für den Betrieb, Verkehrswege und Versicherungen für die Kundschaft. So akkumulieren sich die Voraussetzungen und Abhängigkeiten.

– die Rationalisierung, Messung und Ökonomisierung der Abläufe

Alle Mittel, Einrichtungen und Verfahren, deren wir uns bedienen, folgen dem Gesetz des Höchstertrags (oder doch der Amortisierung), der Reproduzierbarkeit, der Kompatibilität: Berufslaufbahnen und Impfungen, Altenpflege und Supermarkt, Bürovorgang und Betriebsmanagement, Landesverteidigung und Doktorarbeit.

– die Objektivierung aller Erkenntnis und Relativierung aller Bewertung

Die Objektivierung ist die Voraussetzung für das eben genannte Prinzip der Ökonomisierung und Funktionalisierung und heißt »science«. Die wissenschaftlich gewonnene Erkenntnis verzichtet auf Bewertung, die nun Sache der einzelnen Subjekte wird. Die Astronomie hat dem Himmel die Götter ausgetrieben; die Gentechnologie verscheucht das »Schicksal« aus Zeugung und Geburt. Ob du an Götter oder Schicksal »glaubst«, schert niemanden.

– die Anpassung der einzelnen an die Verhältnisse

Die Komplexität der technischen Zivilisation nötigt dazu, die Lösung von immer mehr Problemen in die Vorbereitung – die »Konditionierung« – der Menschen zu verlagern; ihre Lernfähigkeit wird voll ausgenutzt, die Lernzeit immer weiter ausgedehnt, der Lernvorgang immer genauer reguliert. Der Vorwegnahme der Lösungen durch Lernen entspricht die Vorwegnahme der Pannen durch Verwaltung und Versicherung.

– das Überwinden oder das Unterlaufen der historischen und geographischen Grenzen

Wir nennen dies Globalisierung.

– die Verdrängung der einzelnen Einrichtung durch allgemeine Systeme

Als Beispiel führe ich die Einrichtung »öffentliche Schule« an, die in den USA dem *home-schooling* zu weichen beginnt – unter Nutzung eines allen universal und permanent zugänglichen elektronischen Informationssystems; oder – ein anderes Beispiel – die Einrichtung »Stadtverwaltung«, die – wiederum in den USA – vielerorts durch ein Netzwerk privater Unternehmungen (für Müllabfuhr, Straßenbeleuchtung, Strom- und Wasserversorgung, Steuererhebung und Sicherheit) abgelöst wird, »zusammengehalten von einem Pendant im Cyberspace«, Suburbia und Edge City heißen diese Systeme; oder – bei uns – die Einrichtung »Ehe«, bisher ein Rechtsvertrag und für die Katholiken noch ein Sakrament, nun ersetzt durch ein System von Erziehungsgeld, Mutterschaftsurlaub, Babykrippen und Kindergärten, Steuervergünstigungen und gemeinsamer Berufsplanung, *safer sex* und Teletubbies.

Mit diesen »Geistern« – gigantischen und universalen! – haben wir es als Bürger, Berufstätige und Erzieher der kommenden Generation zu tun, nicht nur mit einem sich schnell wandelnden, anachronistisch »Computer« genannten Gerät, seiner weltweiten Verbreitung und Vernetzung, seinem Hunger auf ebenso wirksame wie wohlschmeckende Software, und mit der multimedialen Befriedigung unserer sinnlichen und geistigen Neugier.

Im Austrag eines einfachen Pro und Contra zu den oben (S. 22) aufgeführten Alternativen ist keine brauchbare Antwort auf die Herausforderungen zu erwarten, die die neuen elektronischen Medien in der Tat darstellen. Im Gegenteil, indem wir die IK-Techniken gleichsam zur Leitkultur unserer Gesellschaft machen, erklären wir das Problem zur Lösung. Wir überlassen den bewußtlosen Mittel-Aggregaten die Bestimmung des Kurses, der dann keiner mehr ist, sondern ein Sich-treiben-Lassen.

Ich bin kein Held, der diese unbequeme Wahrheit einsam vertritt, kein verlorener letzter Ritter der bürgerlichen Bildung des 19. Jahrhunderts. Aber wer nicht in Jubel über das anbrechende Wissenszeitalter ausbricht, wer nicht in die euphorischen Hoffnungen auf die nun endlich »informierte«, also »endlich zur Demokratie befähigte« Gesellschaft, auf neue Wohlstandschancen, auf ein »total neues«, selbständiges und kooperatives, lustvolles und gestrafftes (weil vom Abfrag-Wissen befreites) »Lernen am Netz« einstimmt, wer nicht seinerseits warnt, wir möchten »wieder einmal« den Anschluß an die internationale Entwicklung verpassen, den technischen Fortschritt verschlafen und so den Standort Deutschland gefährden, der wird schnell zu einem »Don Quichotte«, gar zu einem »kulturkritischen Bußprediger«. Es lohnt darum, andere fachkundige Skeptiker kurz in den Zeugenstand zu bitten. Ich rufe hauptsächlich solche auf, die ihrerseits über die Computerei hinaussehen, ihre Kritik mit einem Blick auf den Zusammenhang begründen und sich nicht mit der Aufzählung vermeintlicher Schäden begnügen.

Da ist die eher *kulturkritische Sicht* von Neil Postman, der den eigentlichen »Medienkrieg« zwischen (neuen) Techniken und (alten) Kulturgewohnheiten ausmacht. Er stellt fünf Regeln für ihre »Wechselwirkung« auf: (1) Durch jede neue Technik gewinnen wir etwas und verlieren wir etwas (wobei man guttut, darauf zu achten, wer da gewinnt und wer da verliert); (2) die Folgen neuer Techniken sind nur beschränkt vorhersehbar; (3) in jeder steckt eine zunächst meist unbewußte »Idee« (als Beispiel dient ihm die Einführung von Noten bei der Bewertung von Prüfungsleistungen an der Universität Cambridge vor 200 Jahren: die Idee – im Gegensatz zur praktischen Absicht – war ein mathematisches Konzept von Wirklichkeit); (4) jede Technologie (hier stimmt das Wort!) basiert auf einer »philosophy«, die der in der voraufgehenden Technologie enthaltenen widerspricht (hier kommt Postman zu der »philosophy« des gedruckten Wortes, das Wert auf Verstehen, Denkdisziplin, Folgerichtigkeit, Objektivität und Überprüfung legt – im Gegensatz zur »philosophy« der Welt des Fernsehens mit ihren Bildern und Erzählungen, wodurch sofortige Befriedigung, ein spontanes, meist emotionales Echo erzeugt werden); (5) technologischer Wandel vollzieht sich nicht additiv, sondern »ökologisch«, wie er sagt, »strategisch«, wie die Strukturalisten gesagt hätten: Ein einziger Zug auf dem Schachbrett verändert das gesamte Feld. Postmans mir wichtigste These schließt an diese Sätze an, ohne auf sie Bezug zu nehmen: Die Einführung der jeweils neuen Technologie erfolgt ohne Rücksicht darauf, ob die Menschen oder Kulturen darauf vorbereitet sind, auch ohne Rücksicht auf die Verluste, die dabei eintreten.

> An der Schwelle ins dritte Jahrtausend und in Anbetracht des weitverbreiteten Glaubens, die technologische Erneuerung diene dem menschlichen Fortschritt, ist es notwendig, sich die hier genannten Regeln immer wieder vor Augen zu führen. Vielleicht helfen sie uns, sozialpolitische und pädagogische Modelle zu entwickeln, mit denen wir unsere Humanität gegen die Tyrannei der Technologen verteidigen können.[1]

Da ist weiter die eher *erkenntniskritische Sicht* von Joseph Weizenbaum. Er zitiert Einstein: »Die Atombombe hat alles verändert, nur nicht unser Denken«, um zu sagen: Aber die Computer haben unser Denken verändert, nicht zuletzt unser Denken über uns selbst. Wir »verstehen« die Dinge und uns am Modell dieses digitalen Geräts, so wie man in der Neuzeit den Menschen und das Universum am Modell der Maschine, des Uhrwerks »verstand« – einem Denkmodell, das seinerseits die jahrtausendealten animistisch-organischen Modelle abgelöst hat. Wir sind aus erst Mitgeschöpfen, dann Konstrukteuren nun zu »Symbolverarbeitungssystemen« geworden. Diese »naive und im Grunde destruktive Vorstellung«, sagt Weizenbaum, sei inzwischen weitgehend akzeptiert – nicht nur von den Wissenschaftlern, sondern auch von den Laien.[2]

Wenn Weizenbaum mit beidem, der Behauptung und ihrer Bewertung, recht hat, ist leicht zu erkennen, warum der Pädagoge beunruhigt ist und seine Zunft bittet, sich eben darüber Gedanken zu machen. Wenn der Mensch sich als Computer begreift: Wer schreibt dann die Programme? Wer gibt ihm die Probleme auf? Was wird aus dem bisherigen Wesen, das mit Aristoteles »Anfang einer Handlung«, also Subjekt, sein konnte im Unterschied zu denen, die Objekte von Handlungen sind und deshalb niemals »ich will«, »ich entscheide«, »ich behaupte«, »ich ändere mich« sagen können? Mit der Preisgabe dieser Unterscheidung verlören wir nicht nur die bisher an unseren Schulen vermittelte Deutung der abendländischen Kultur als Ergebnis eigentümlicher, originaler, nicht programmierbarer Leistungen, es würde auch eine Grundidee unseres demokratisch verfaßten Gemeinwesens geschwächt. Weizenbaum illustriert die Gefahr mehr, als daß er sie begründet: durch die Größe der Systeme einerseits und die Kleinheit der Apparate andererseits.

Zur Größe der Systeme: »Der Jet-Pilot tippt nur das Flugziel in den Bordcomputer ein und überläßt ihm die Überwachung des Kurses.« An diese uns banal scheinende Beobachtung lassen sich die folgenden Spekulationen anschließen: Die zur eigenen Perfektion drängende Technik wird als nächstes den Piloten durch Apparate ersetzen. Sodann werden die verschiedenen Funktionen in einem einzigen technischen Aggregat zusammengefaßt: Motorkontrolle, Flugzeugsteuerung, Flugkoordination, Warnsystem, Rettungssystem, Versicherungssystem, Ausbildungssystem etc. Wenn Systeme, sagt Weizenbaum, »zu einem Netz gewisser Größe zusammengeschlossen« sind, entwickeln sie eine »Eigendynamik«; sie lassen sich nicht durchschauen und nicht beherrschen.

Zur Kleinheit der Apparate: Indem die Nanotechnologie sich mit der Datenverarbeitung vereinigt, kommt uns der Computer buchstäblich nicht mehr zu Gesicht; schon längst braucht der Mensch keine Computerkenntnis mehr, um ihn zu bedienen; er verliert sich an die ihn umstellende Technik; sie ist wie das Wasser, das den Fisch umgibt und das er nicht mehr wahrnimmt. Kommt die Biometrie hinzu (der Fingerabdruck entsperrt das Auto, die Stimme öffnet die Haustür, am Auge wird die Soforterkennung vorgenommen), wird man am Ende vor allem eines loswerden wollen: die lästige Verantwortung. Verantwortung aber ist neben der Würde des Menschen das Schlüsselwort unserer Kultur.

Das System dürfte uns, mit anderen Worten, den Willen abnehmen, unsere immer schwieriger werdenden sozialen und politischen Probleme zu lösen. Die Kontrolle scheitert schon heute an der Uferlosigkeit des Feldes. – Die apokalyptischen Folgen sind bei Weizenbaum impliziert und zugleich aufgehoben in dem Vorbehalt: wenn wir nicht bewußt gegenhalten. Aber das tun wir nicht.

Eine immerhin *gesellschaftskritische Sicht* nimmt die Sozialdemokratische Partei Deutschlands zu den Neuen Medien in der Bildung ein und verläßt damit die übliche pädagogische »Engführung« des Themas. Sie nennt drei Gründe für ihre Initiative, der sie den Titel »Jugend, Bildung, Internet« gibt[3]:

- »Wertschöpfung« werde immer mehr von »Wissen und Qualifikationen« abhängen;
- die größere »Konnektivität« – damit sei eine stärkere »Anbindung an Netze« gemeint – lasse neue Wirtschaftsstrukturen entstehen;
- durch die Neuen Medien finde eine »Dematerialisierung«, eine »Beschleunigung« und eine »Dezentralisierung« der ökonomischen Prozesse statt.

Eine Gegenüberstellung der Informationsgesellschaft mit der Industriegesellschaft soll die prinzipiellen Veränderungen deutlich machen:

In der Industriegesellschaft	*In der Informationsgesellschaft*
Hardware, Rohstoffe, Maschinen	Software, Wissen, Programme, Werte
hierarchische Strukturen, Kontrolle	Abbau der Hierarchien, Mehrheitsentscheidungen
machtbetonter Umgang mit Informationen	Informationsaustausch auf allen Ebenen; Aufbau des Informationsmanagements
Arbeitsteilung (Taylorismus)	Mischarbeitsplätze, Teamarbeit, Interdisziplinarität
Produktivität	Kreativität

Dieses von mir unerheblich vereinfachte Schema eines Umschlags ganz wesentlicher Züge unserer bisherigen Denk-, Arbeits- und Lebensweise in ihr Gegenteil müßte schon als solches stutzig machen; auch irritiert die einseitig positive Bewertung der uns bevorstehenden Phase; vollends aber vermißt man die Politik und den Wandel, den diese dabei erfährt: die Veränderung des Parlaments, des politischen Personals, der Wahlkämpfe durch das Fernsehen; die Wirkung der Bilderflut auf große, gleichzeitig erreichbare Massen; die Teilnahme an sehr fernen Ereignissen und »sehr fernen Lebensformen« mit den dadurch ausgelösten Forderungen und Protesten, Sympathien und Abneigungen; das Entstehen einer Zuschauerdemokratie; die Manipulations- und Täuschungsmöglichkeiten neben denen der politischen Aufklärung; die Internationalisierung von (unkontrollierter) Wirtschaftsmacht; die ungeheuerlichen politischen Folgen ungeheuerlicher elektronischer Finanzaktionen; den Fusionszwang und den Kulturimperialismus; die buchstäblich grenzenlose Verbreitung von politischer Agitation; die Hackereinbrüche in Behörden, Sicherheitssysteme und private Dateien; die Hochrüstung von Mafia und Terroristen durch High-Tech.

Dennoch: Die Überlegungen zu »Bildung und Internet« werden in dieser Schrift – gestützt vornehmlich durch Ergebnisse des »Bildungs-Delphi« aus den Jahren 1996 bis 1998 – in einen größeren Zusammenhang gestellt:

> Die Gesellschaft steht vor neuen Herausforderungen in Arbeit, Bildung, Ausbildung und Lebenswelt. Es geht um die Frage, wie die Politik angesichts der Veränderungsgeschwindigkeit (ihre) Gestaltungskraft behält. (S. 5)

Würden nun die neuen Herausforderungen im einzelnen erkannt und benannt, würde nicht statt dessen die »Entwicklung« nur statistisch abgebildet – der »Wachstumsmarkt E-Business« (alles, was mit Elektronik »Geld macht«), die Zunahme der Online-Nutzung (der Internet-Kunden), das Zusammenwachsen von Internet, PC, Fernsehen, Film, die Verteilung der Nutzung auf die Bevölkerungsgruppen und die Nutzungsarten, die Verteilung des Bedarfs an IKT-Spezialisten und dergleichen mehr –, würde also die geforderte Medienkompetenz auf das gesamte Leben in der durch IKT veränderten Welt hin bestimmt, auch auf Politik und Öffentlichkeit, auf Familie und Nachbarschaft, auf das Denken, Sprechen, Hoffen und Bangen der Menschen, man könnte getrost sein: Die werden schon noch auf die neuen Probleme im Neuen stoßen und nicht nur auf die alten, also die der Arbeitsplätze, der Chancengleichheit von Jungen und Mädchen, Hauptschülern und Abiturienten, der Ausfüllung der Freizeit. Aber nach zwölf Seiten einer an den wirtschaftlichen Möglichkeiten orientierten Zeitwahrnehmung wird das Thema stracks in eine neue Unterrichtsstrategie überführt – für den ganzen Rest der Broschüre.

Das Argument läuft so an:

- Die Informationsgesellschaft kann nur meistern, wer die modernen Informations- und Kommunikationstechnologien beherrscht;
- darum muß er zunächst über eine angemessene technische Ausstattung verfügen;

- er muß sich weiter die für die IK-Technologien nötigen Schlüsselqualifikationen aneignen;
- die Aneignung selbst wird durch die IK-Technologien geprägt sein.

Es läuft so fort:

Die Neuen Medien werden die Lerngegenstände aktualisieren und ihre Anschaulichkeit erhöhen; sie werden das Tempo des Lernvorgangs individualisieren, die Lernenden zugleich zur Kooperation motivieren und ihre Einzelleistungen genauer erfassen lassen, den Prinzipien des Lernens »on-demand« und »on-the-job«, des »distant-teaching« und des »life-long-learning« zur allgemeinen Geltung verhelfen; indem neue Netzwerke entstehen, tritt »an die Stelle der Vermittlung ›gültiger Wahrheiten‹ ein Prozeß der gemeinsamen Erkundung immer neu zu überprüfenden Wissens«; ja, Delphi zufolge wird in den nächsten zwei Jahrzehnten das Fachwissen von Platz 1 der in unseren Schulen wichtigsten Kompetenzen auf Platz 6 zurückfallen – verdrängt durch »lerntechnische« und »lernmethodische« Kompetenz (das »Lernen des Lernens« also), der die psychosoziale (oder humane) und die Medienkompetenz unmittelbar folgen.

Wer hofft, die Einführung der IK-Technologien und interaktiver Software, des »Networking« und des ortsunabhängigen Lernens mache uns der »Informationsgesellschaft« gewachsen, hat die Aufgabe mit der Lösung verwechselt. Eine Graphik aus der Broschüre wie die hier abgebildete könnte den Eindruck erzeugen: Es gebe einen von den Lern- und Kognitionsforschern ausgemessenen, durch klare begriffliche Unterscheidung geordneten, nunmehr von der Pädagogik beherrschten Übergang von den »klassischen Medien« zu den »multimedialen netzbasierten Technologien«.

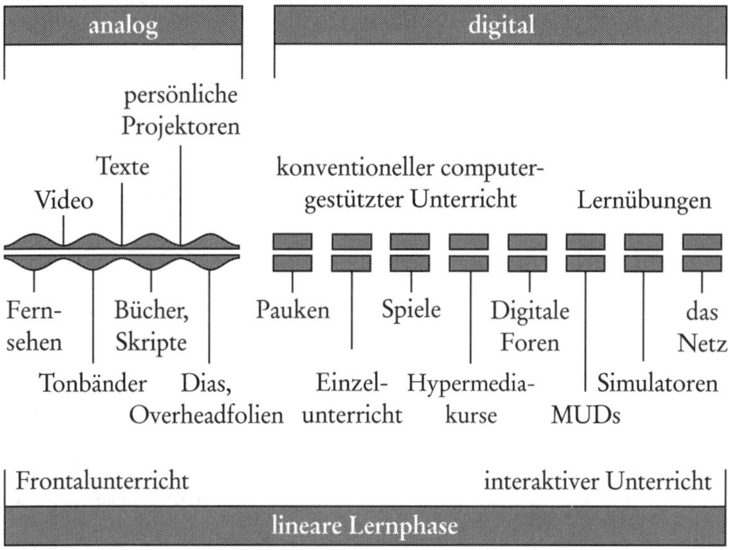

Der Lehrer möchte die Politiker warnen, den durch die Neuen Medien verstärkten großen gesellschaftlichen Bildungsauftrag solchem didaktischen Abrakadabra anzuvertrauen.

2

Der Alptraum des zum Computer mutierenden Menschen – vier zeittypische Reaktionen darauf

Vor zwölf Jahren hat Vilém Flusser[1] eine Vision vorgetragen, die ihn beflügelte und viele andere, darunter mich, erschreckte: von einer erst durch die Erfindung der Schrift ermöglichten, dann durch die Buchdruckerkunst dramatisch vorangetriebenen und nun durch die elektronischen Medien vollendeten Unterordnung des denkenden und wissenden Menschen unter das gespeicherte Wissen aller anderen – mündend in der Herstellung einer Omniszienz ohne einen Menschen, der redend und urteilend über sie oder, guten Gewissens, über einen Teil von ihr verfügt. Denn nichts begrenzt die Möglichkeit seines Wissens, alles hängt mit allem zusammen, und alles ist zugänglich, es gibt keinen »Teil« mehr. Dieser Alptraum hat mich viele Jahre hindurch verfolgt, nicht zuletzt, weil er von einem mit der Sache Vertrauten so siegessicher und siegesfroh vorgetragen wurde. Warum nur blieben meine Zunftgenossen so ruhig? Gab es gar einen »Stand der Diskussion«, den ich versäumt hatte – der mich hätte überzeugen müssen oder erlösen können? Ich beschloß, mich an verschiedenen Stellen umzusehen: bei einem Jugend- und Medienforscher, bei einem Experten für Computer und Computer-Didaktik, im Protokoll einer Anhörung von Fachleuten durch einen Ausschuß des Deutschen Bundestages, in der die Erkenntnisse zur Begründung oder Kritik realer politischer Maßnahmen gebündelt wurden, und schließlich bei einem System- und Gesellschaftstheoretiker. Aus der Musterung dieser Positionen werde sich, so hoffte ich, eine Differenzierung und Zuspitzung der Erkenntnisprobleme ergeben, die aus Ansammlungen von Themen Konstellationen und Kontroversen machen, aus Material Figuren, aus Wissen Denk- und Forschungsaufgaben.

Zuerst habe ich bei meinem für meine Frage speziell ausgewiesenen Kollegen Dieter Baacke nachgelesen: Was an den Neuen Medien – welche ihrer Wirkungen und Folgen – nötigt uns zu neuen Einstellungen, Maßnahmen, Einrichtungen und zu welchen?

In einem einschlägigen Aufsatz[2] über jugendliche Computernutzer, der mit der Frage beginnt: »Computer – eine Zeitwende?«, der also seine Sache groß anzugehen verspricht, urteilt Dieter Baacke zunächst, im Computer vollende sich die Moderne und trete gleichzeitig über ihre Grenzen. Er stellt dann Hoffnungen und Befürchtungen einander gegenüber. Welche mehr recht haben, entscheidet er nicht, dazu bedürfe es empirischer Untersuchungen, die »ausstehen«. Die Daten, die vorlägen, reichten aus, Tendenzen auszumachen, deren Deutung aber bleibe offen.

Positive Auslegungen durch Sherry Turkle[3] werden in diesem Aufsatz ausführlich zitiert. Ihnen werden radikale Überzeugungen von Vertretern der *artificial intelligence* zur Seite gestellt, die bestreiten, dass es ein denkendes Subjekt geben müsse, damit gedacht werden könne: »Der Substanz- und Subjekt-Begriff wird durch den des Systems und des Prozesses ersetzt« (S. 86). Und: »Im Regelkreis der Mensch-Maschinen-Interaktion ist jeder gleichwertig, solange er funktioniert« (ebenda). Gegenpositionen fehlen außer der seinen, die Baacke im vorletzten Satz andeutet:

> Solange den Menschen Emotionalität, Spontaneität und Empathie (beispielsweise) auszeichnen, ist weder ihre systemrationale, teilweise Ersetzung wünschenswert noch gar ihr allmähliches Verschwinden. Dies ist auch gar nicht denkbar. Die Psychodynamik des Menschen zwingt dem Computer die Nutzungsgesetze auf, und genau dies muß auch pädagogisch bedacht werden. (S. 87)

»Genau dies« wüßte ich gern genau, aber da ist der Traktat zu Ende – das wundersam unentschiedene Spiel mit den weiter reichenden, allzu weit reichenden Möglichkeiten.

Vielleicht war der Spezialist Dieter Baacke nicht spezialisiert genug oder nicht nah genug am neuen Medium selbst. Auch ist sein Text mehr als ein Jahrzehnt alt. Ein anderer von Klaus Haefner aus dem Jahre 1997 hatte den einen Mangel nicht und könnte dem anderen entgehen: »Bildung für eine computerisierte Gesellschaft«[4]. Nach kurzer Schilderung der zentralen Prinzipien der Informationstechnik folgert er: »Die breite Informatisierung führt vom sozialen zum soziotechnischen System« – also zu Telearbeit, Teleshopping, Telebanking, Telediagnostik, Telematik im Verkehr, zu interaktiver Medienunterhaltung und -information, zu computergestütztem Unterricht und vielem mehr. Weil das so sein wird, muß die Bildungspolitik »endlich das völlig veraltete Bild des Homo sapiens sapiens aufgeben« und sich statt seiner des »Homo sapiens informaticus« annehmen. »Es gilt nicht mehr, das autonome Hirn zu qualifizieren, sondern eine Kombination aus menschlicher und technischer Informationsverarbeitungsleistung.« Dabei müßten der Staat und sein Bildungswesen – und auch hierin läßt Haefner es an Entschiedenheit nicht fehlen – sich »aktiv an der Gestaltung der informationellen Umwelt beteiligen«. Medienpädagogik in der Schule vermöge wenig, vor allem, wenn sie »auf der heute durch kommerzielle Interessen entstehenden ›informationellen Müllhalde‹ (siehe Internet)« aufbaue. Das ist klar und in sich stimmig, aber wie man den Menschen dazu bringt, jene fabelhafte »Informationsverarbeitungsleistung« zu vollbringen, kurz, wie Homo informaticus entweder sapiens bleibt oder noch wird, ist bei Haefner nicht zu lernen.

Politiker, so war hingegen zu erwarten, würden sich weder mit weichen Philosophemen noch mit apodiktischen Behauptungen zufriedengeben; sie würden den Experten deutliche Unterscheidungen und Verknüpfungen abverlangen – eine Rangfolge von Problemen oder doch eine Auswahl zur eigenen Gewichtung. So allerdings lief es auf der 25. Sitzung des Ausschusses für Familie, Senioren, Frauen und Jugend zu dem Thema »Jugendschutz und Medien« am 31. Januar 1996 nicht: Die immobile Wirklichkeit setzte das Maß, nicht das Anstößige oder das Notwendige oder das Wünschenswerte. Man war schon zufrieden mit der Aussicht, die den öffentlich-rechtlichen Anstalten zugestandene Werbezeit über den ganzen Abend streuen zu dürfen, so daß die für die Kinder »sehintensiven« Vorabendprogramme etwas davon entlastet würden. Computerspiele mit SS-Symbolen zu indizieren habe wenig Sinn, wenn diese dann doch über Internet zugänglich seien. Medienpädagogik in der Schule komme schon aus mangelndem Interesse der Lehrer an der dafür notwendigen Fortbildung nicht auf den Weg. – Man erwirbt beim Lesen des Protokolls[5] ein Bewußtsein von den Problemen praktischer Pädagogik auf einem von Gesetzen und Interessen, pädagogischer Trägheit und pädagogischer Ideologie beherrschten Feld; man erfährt sehr viel über die Alltagswirklichkeit der Mediengeneration – und daß sie unsere Wissenschaft unterläuft; man möchte den Gelehrten ablegen und zum Guerillero werden.

Herausforderungen an meine Disziplin, die im Verschwinden der Wirklichkeit und in der Computerisierung des Menschen stecken, waren mit Sicherheit bei Niklas Luhmann zu erwarten, zumal unter dem Titel »Kommunikationsweisen und Gesellschaft«[6]. Keine der großen Erfindungen der Menschen auf dem Gebiet ihrer Verständigungsmittel und Gedächtnisstützen sei vorhergesehen worden; keine habe man in ihrer Bedeutung richtig eingeschätzt, als sie gemacht wurde; und keiner sei Mißtrauen oder Anfeindung oder Enttäuschung erspart geblieben, bei aller Befreiung oder Erleichterung oder Bereicherung, die sie gebracht habe. Denn nie sei eine Änderung in den »Medien« oder »Kommunikationstechniken« nur eine bloße Hinzufügung zum Vorhandenen, sie sei immer auch dessen Verwandlung – das hatten wir ja bei Neil Postman auch schon gelesen. »Das System der Gesellschaft besteht aus Kommunikationen. *Es gibt keine anderen Elemente, keine weitere Substanz als eben Kommunikation«* (S. 12). Es würden, schon um die »neuen Komplexitäten zu bewältigen«, neue Strukturen notwendig. Diesen Strukturwandel auch nur zu beobachten, geschweige denn zu planen oder zu verhindern, seien wir unfähig. »Das System evoluiert (sic) durch Selbstreferenz« (Ebenda). Resignieren müßten wir deshalb nicht, vielmehr sei diese Einsicht eine Voraussetzung für jeden realistischen Ansatz. – Lese ich den weiteren Text richtig, dann steht »realistischer Ansatz« für Vermeidung von Selbsttäuschung, von törichter Hoffnung. Alle drei von Luhmann aufgeführten Veränderungen (nichts ist bei ihm indikativisch, alles ist hypothetisch) enthalten unangenehme Möglichkeiten: Wir können erstens durch immer ausgedehntere Speicherung mehr und mehr »der toten Hand der Vergangenheit verfallen – vergangenen Tatsachen und vergangenen Phantasien« (S. 14). Und: »Wir könnten unfähig werden zu vergessen« (Ebenda). Es ist zweitens möglich, »daß die Kommunikation ihre spezifische Funktion, etwas der Welt hinzuzufügen, verliert«, nämlich »wenn jetzt *alles*, jenseits aller Umständlichkeiten der Sprache, ein möglicher Gegenstand der Kommunikation wird, und wenn *nichts* (davon) ausgenommen bleibt« (S. 15). Und: »Wie können wir angemessene Kriterien für Selektion und Verantwortung finden, wenn der ganze Prozeß eine totalitäre Zirkularität besitzt?« (Ebenda). Wie läßt sich drittens wissen und wie beweisen, welcher Faktor wofür ausschlaggebend war, nachdem sich die Kommunikationstechnologien miteinander verbunden und obendrein weiteren Strukturwandel nach sich gezogen haben? Wir geraten schon terminologisch in Schwierigkeiten: Ist ein Buch, das man im Computer beläßt, ein Buch? Ist ein Wissen, das kein Mensch im Kopf hat und das niemand braucht, ein Wissen? Was heißt »Lernen«, wenn Merken und Behalten im mechanischen Akt einer Computereingabe aufgegangen sind?

Der Schluß der Luhmannschen Darlegungen entspricht meiner Erwartung an ihn zunächst genau: Sein Ansatz stelle nicht auf Gründe und Folgen ab, sondern auf Probleme. Aber er zerstört diese Erwartung sofort wieder: Welche Art von Kultur diesen Problemen angemessen sei und unsere alte Kultur zu ersetzen vermöge, wüßten wir nicht. Probleme, die man nicht nur nicht lösen, sondern auch nicht verfolgen kann, sagen mir nichts – und meine Zunft scheint dies auch nicht als den »Stand der Diskussion« zu akzeptieren. Sie arbeitet emsig an dem weiter, was Niklas Luhmann verneint. Vilém Flusser dürfte siegen.

3
Eine andere Beschreibung des Zustands der Gesellschaft

Wenn der »Stand der Diskussion« uns nicht weiterbringt – den Pädagogen nicht hilft, ihren Auftrag verständig und austragbar (»operational«) zu formulieren, sie statt dessen mit didaktischen Beschwörungsformeln oder medialer Betriebsanleitung, mit komplexen Kommunikationstheorien oder philosophischen Rätseln abspeist –, dann hilft vielleicht ein Blick auf die angeblich so verwandelte Gesellschaft, ein Blick gleichsam auf den »Stand der Dinge«. Es soll dann auch gleich der Blick eines Pädagogen sein.

Die heute gängigen Bezeichnungen »Wissensgesellschaft«, »Informationsgesellschaft«, »Mediengesellschaft«, gar »Medienzeitalter« suggerieren die Vorstellung: Die elektronischen Medien seien für die gegenwärtige Epoche zur Lebensbedingung geworden – so wie für frühere Kulturen das Nomadentum, später die Landwirtschaft, wieder später die Industrie, oder, auf einer anderen Ebene, wie die Ergänzung der Menschenkraft durch Tiere, Wind und Wasser, später durch die Dampfmaschine, die Benzin- und Elektromotoren und schließlich durch die Atomspaltung, oder, wiederum auf einer anderen Ebene, wie der Animismus, der Polytheismus, die großen monotheistischen Religionen mit den von ihnen ausgebildeten Dogmen und Hierarchien, auf die dann spätere »Zeitalter« des Humanismus, der Aufklärung, der Säkularisation folgten. Sie alle haben in der Tat einem »Zeitalter« seinen Namen und sein Signum gegeben. Sollen die Neuen Medien dies für das unsere tun? Leben wir in einem »Medienzeitalter«? Wächst unter uns eine

»Mediengeneration« heran – eine Nachfolgerin zur Nachkriegsgeneration, zur Flower-Power- und 68er-Generation, zur Öko-Generation?

Vielleicht ist es nicht die törichtste Übung, der ich mich und meine Leser an dieser Stelle unterziehen kann: uns die anderen möglichen Kennzeichnungen des gegenwärtigen Zeitalters vor Augen zu führen – Merkmale, die zum Teil älter sind als die Neuen Medien, aber weiterwirken, ja vermutlich die Entwicklung der neuen Medienwelt mitverursacht haben. Ich nenne zwanzig, eine runde Zahl, wodurch ich die Willkür meiner Auswahl bezeuge, in einer nicht ganz so willkürlichen Reihenfolge. Dabei unterscheide ich bewußt nicht zwischen Bedingendem und Bedingtem, zwischen notwendigen, auffälligen, häufigen und uns besonders beschäftigenden Merkmalen. Daß viele meiner Charakterisierungen banal erscheinen werden, ist selber nicht banal: Wir haben uns an sie gewöhnt, nehmen ihre Gefahr oder Gefährdung nicht mehr wahr, finden uns mit ihnen ab, wie sie sind, statt an ihnen zu »arbeiten«.

(1) Wir Europäer leben in einer Spätkultur mit einer hohen Lebenserwartung und einer *niedrigen Reproduktionsrate* – und einer folglich, im Vergleich zu allen voraufgegangenen Epochen, »untypischen« Altersstruktur. Wenn die Beziehungen zwischen den Generationen, die Formen der Aufzucht, die wechselseitige Sorgepflicht, die Erfahrung bestimmter Werthaltungen im Familienverband, die Erbrechte, die aus alledem erwachsenden Loyalitäten und Abgrenzungen – und dergleichen mehr – als »grundlegend« für eine Kultur angesehen werden, dann sollte dies von der sie bedingenden Reproduktionsrate erst recht gelten.

(2) Wir leben in einer äußerst *mobilen Zivilisation*. Es gibt in Europa nur noch wenige Winkel und in unserem Lande gar keine mehr, aus denen die Menschen nicht »herauskommen«. Sie sähen auch ohne Medien andere Lebensweisen. Die schon früher gegebene Beweglichkeit von »people, goods, and ideas« hat sich enorm vergrößert – mit wiederum fundamentalen Folgen: vom Massentourismus über die Erkundung des Weltraums und

die Hinnahme von abertausenden Verkehrstoten bis zur Verbreitung von Moden, Drogen, Tierseuchen.

(3) Damit sind, wenigstens zum Teil, die großen *Migrationsbewegungen* verbunden, die jedenfalls eine in Europa seit der Völkerwanderung so nicht bekannte Mischung der Einwohner einer Region mit sich bringen – mit all ihren Begleiterscheinungen.

(4) Wir leben in einer Zeit *anhaltenden Wachstums der Weltbevölkerung*. Nur die Steigerung der Zunahme hat abgenommen, nicht die Zunahme selbst. Der Kinderreichtum verteilt sich unregelmäßig; eine Eindämmung wäre möglich; die Grenzen des Wachstums hat man berechnet. Wer also meint, dieses Merkmal habe doch keine Folgen für unseren Teil der Welt, der verdrängt das Problem – und das allein schon hat Folgen.

(5) Mit dem Wachstum der Weltbevölkerung geht eine *Verstädterung* einher. In zehn Jahren werden 3,3 Milliarden der dann vorhandenen 6,6 Milliarden Menschen in Städten leben – genau die Hälfte. Zur Zeit gibt es 14 sogenannte Megastädte mit mehr als zehn Millionen Einwohnern – in zehn Jahren wird es doppelt so viele geben. 1950 gab es 83 Städte mit mehr als einer Million Einwohner, heute sind es 280, und in zwanzig Jahren werden es 500 sein. Mit der Verstädterung gehen einher: eine Zunahme der Chemisierung unseres Lebens, der (in ihren Folgen noch weitgehend unbekannten) Elektrisierung der Atmosphäre, eine Zunahme der Verkehrsdichte, des Lärms und der Hast, der Anonymität und der Entfremdung[1] (der Tag wird zur Nacht, die Nacht zum Tage), eine Abnahme der Bewegungsräume, der nicht-veranstalteten Gesellung, der Besinnungsmöglichkeit, der Naturerfahrung.

(6) Mit der Verstädterung hängt auch der *Verlust* der sogenannten *Kohäsionskräfte* einer Gesellschaft zusammen. Das Wort »Entwurzelung« wird vielen zu sehr nach Kulturkritik und also nach Faschismus schmecken; aber es fängt das Gemeinte in einem kräftigen Bild ein. Die Dorfkirche und der Dorfteich, der Wochenmarkt und der »Gastwirt zur Post« haben andere Sozialisationswirkungen als das CinemaxX und das Aquadrom, das Restaurant auf dem Fernsehturm und das Kauf-

haus. Die Nachbarn, mit denen man das Grundwasser und die Hecke teilt, sind andere als die, die man zufällig in der Tiefgarage oder im Fahrstuhl des Hochhauses trifft. Hier ein schreiendes Kind, da ein schreiendes Tamagotchi. Die Beziehungen zum Ort, an dem man lebt, sind abstrakt; sie laufen über das Einwohnermeldeamt, die Finanzbehörde, das Nahverkehrssystem, nicht über den Stammtisch, den Friedhof, die Geräusche und Gerüche, mit denen »Our Town« von Thornton Wilder beginnt.

(7) In den Ballungsgebieten mit gemischter und wechselnder Bevölkerung bequemt man sich vernünftigerweise zu einer *Pluralismus* genannten Nichteinmischung in Glaubens-, Herkunfts- und Geschmacksfragen. Eine unvernünftige Folge ist der Fundamentalismus, die eifernde Identitätsbehauptung. Beides belastet den Erziehungsvorgang erheblich.

(8) Eine andere, ebensowenig erwünschte Folge wird zu einem eigenen Merkmal unserer Gesellschaft: ihre Neigung zur *Relativierung*. Diese nährt den Egoismus. Wo alles relativ ist, tue ich gut, meinen Vorteil zu sichern – der jedenfalls hat ein festes Maß in sich.

(9) Beteiligt hieran sind so verschiedene Erscheinungen wie die *Säkularisation* einerseits und das *Vordringen der Wissenschaft* in alle Lebensbereiche und Lebensschichten andererseits. Unschwer lassen sich zahlreiche Qualitäten – Annehmlichkeiten und Konflikte – unseres Lebens auf diese beiden verwandten Vorgänge zurückführen, lange bevor man die Neuen Medien bemühen muß.

(10) Ein Verfahren der Wissenschaft ist in besonderem Maß prägend für unsere Kultur geworden: die *Quantifizierung* und die durch sie ermöglichte Statistik, die durch sie beförderte Quoten- und Book-of-records-Mentalität. Wir sehen unsere Welt als eine riesige wechselnde Vergleichstabelle. Weihnachten – das ist der Tag im Jahr, an dem 59 Prozent der Christen in die Kirche gehen, 37 Prozent der deutschen Familien Kartoffelsalat mit Würstchen essen, 24 Prozent der Kinder sich einen Computer wünschen. Das Zahlenwerk, die Tabellen und Kurven der Demoskopie ersetzen den mühsamen Streit um die richtige Lö-

sung: Was der Wähler will, wissen die Politiker schon und bauen es in ihr Programm ein; was er ablehnt, wissen sie auch und meiden es.

(11) Als Korrelat hierzu könnte man die *Psychologisierung* unserer Verhältnisse ansehen: das Wahr- und Ernstnehmen des feinen inneren Gewebes als Gegengewicht zur Präokkupation mit Ratio und Zahl. Das Bedürfnis der Person nach Würdigung ihrer eigentümlichen Schwierigkeiten wird in der Regel freilich nur um den Preis erfüllt, daß sie sich für krank erklärt. Nur der Deviant ist interessant und darf mit der nötigen wissenschaftlichen Aufmerksamkeit rechnen. Vom Normalen erwartet man, daß er tüchtig und höflich ist, pünktlich »funktioniert«, für seine Tat einsteht. Am »Therapismus« offenbart sich dieses Zeitmerkmal am deutlichsten – und das Jugendalter ist sein bevorzugtes Opfer.

(12) Daß wir in einem *technischen* Zeitalter leben, weiß und sagt man seit über hundert Jahren. Die Bezeichnung hat nicht aufgehört, richtig zu sein, nur weil wir uns an sie und den Tatbestand gewöhnt haben. Im Gegenteil, von allen Merkmalen ist dieses das folgenreichste – und nimmt an »fundamentaler« Wirksamkeit in dem Maß zu, in dem wir dies nicht mehr wahrnehmen.

Die Reduktion der körperlichen Mühe auf den Knopfdruck reicht noch nicht, Sensoren müssen den Lichtschalter ersetzen; wir gönnen uns nicht die vier Minuten Aufmerksamkeit für das Eierkochen, es muß ein Apparat her, der uns dies abnimmt; das Gießen der Blumen, an denen wir uns dabei freuen könnten, überantworten wir einem kunstvollen Automaten. Man führe einmal Buch über alle mit fremder Energie versorgten technischen Hilfsmittel, die man im Laufe eines Tages oder einer Woche gebraucht, um sich zu veranschaulichen, in welchem Maß wir uns von Prothesen und Robotern abhängig gemacht, zu welchem Teil wir uns selbst außer Dienst gestellt haben. Die Frage, ob wir für eine Sache eine »technische« Lösung suchen oder eine im eigenen Verhalten, steht fast nie mehr zur Entscheidung. Das Wirtschaftssystem sagt uns: Es gibt die technische Lösung; sie ist besser als die menschliche; du bist dumm, wenn du sie nicht wählst. Die Folgen für das Aufwachsen der Kinder sind hier besonders deutlich – und beschäftigen in der Erziehungswissenschaft, soweit ich sehe, nur ganz wenige.

(13) Daß wir die technische Welt obendrein nicht beherrschen, ist nicht einfach die Kehrseite des eben dargestellten Merkmals, es hat seine Ursache auch nicht so sehr in der Technik, sondern in den bloßen Anhäufungen und Vernetzungen, zu denen sie verführt. Über die verlieren wir an einem bestimmten Punkt der Komplexität die Kontrolle. Ich nenne das das *Tschernobyl-Syndrom*. Es ist das größte Handicap der heute erziehenden Erwachsenen: Sie können die Jungen nicht überzeugen, daß sie die von ihnen gemachte Welt im Griff haben. Sie sind unentschieden, haben keine Zuversicht, können nicht zeigen, was es heißt, Verantwortung zu tragen – sie halten Fordern, Protestieren, Beschuldigen oder Beschwichtigen für eine hinreichende Erfüllung ihrer republikanischen Pflicht. Dieser politische und pädagogische Notstand ließ sich vertuschen, solange die Welt zweigeteilt war und unsere Republik auf der guten, tüchtigen, funktionierenden Seite stand. Niemand wünscht sich den Kalten Krieg zurück. Aber seit seinem Ende sind die Bewährung und die Verteidigung der Demokratie, des freien Wirtschaftens, der Aufklärung sehr viel schwieriger geworden.

(14) Das Merkmal *Ökonomisierung* steht dem Merkmal Technisierung kaum nach. Wir unterwerfen nicht nur unsere Politik, sondern auch unsere privaten Vorlieben den ökonomischen Bewegungen, Gesetzen und Drohungen. Wir nehmen die absurdesten Argumente »in Kauf«: Wir erwerben etwas, was wir nicht brauchen, nur weil es »im Angebot« ist; wir lassen unsere Schulen (eine außerordentliche »Expertenleistung«!) von Kienbaum und Co., einer Agentur zur Organisationsberatung ohne jegliche Kenntnis von Pädagogik, zurechtstutzen, auf daß sie billiger werden, nicht besser; wir schaffen den Eurofighter an, nicht weil wir von einem bösen und waffentechnisch überlegenen Feind bedroht sind, sondern um wirtschaftlich beteiligt zu bleiben (und um Arbeitsplätze zu sichern). In Kioto, Seattle und Lissabon verschachern die Regierungen unterentwickelter Länder die von ihnen nicht ausgenutzte Umwelt-Ver-

giftungsquote an die großen Dioxin-und-CO_2-Sünder. – Für das Aufwachsen in einer von der Wirtschaft bestimmten Welt ist deren unmittelbarste Wirkung die bedenklichste. In allen Jahrhunderten haben die Menschen Güter gebraucht und verbraucht. Verbrauchen war ein notwendiger, nicht vermeidbarer Lebensvorgang. Im 20. Jahrhundert hat man daraus einen Lebenszweck gemacht. Wir sind für die größere Lebensgemeinschaft in erster Linie als Konsumenten und Partner im Rentenvertrag wichtig. Der junge Mensch erfährt dies deutlicher als die Erwachsenen, die in der Regel auch Produzenten von etwas sind. Kein Wunder, wenn er diese Rolle entweder gründlich annimmt oder gründlich verachtet.

(15) Eifrige Stewards unserer atavistischen Anlagen – der passiven: Arbeitsscheu, Risikoscheu, Fremdenscheu, Denkscheu wie der aktiven: Habgier, Liebesgier, Machtgier, Neugier – sind die *Neuen Medien,* denen ich etwa hier ihren Rangplatz unter den zwanzig wirksamsten Merkmalen der heutigen Kultur anweise. Sie setzen aufs Raffinierteste eine Leistung der »alten« Kultur außer Kraft, die die Psychologen »deferred gratification« nennen, das Vermögen, die unmittelbare Befriedigung eines Bedürfnisses um eines langfristigen Gewinns willen zurückzustellen. Zur Zeit prangt an einer gigantischen Reklamewand am Bahnhof Zoo in Berlin ein Plakat, das für einen Handy-Telefondienst mit dem Spruch wirbt: »Erfülle deine Lust!« Jederzeit mit jedem über alles reden, was einem einfällt, jederzeit alles sehen können, was das Auge begehrt, jederzeit die fordernde Wirklichkeit mit Hilfe überwältigender Bilderwelten wegblenden können, Bilderwelten von Reichtum und Macht, Gewalt und Brunst, Schönheit und Kuriosität, ja, die Möglichkeit, diese Wunder jederzeit selber auszulösen, zu dirigieren, zu »vernichten«, das hat in der Tat bisher keine Epoche ihren Zeitgenossen geboten.

(16) Wir leben in einer Welt, der die Arbeit ausgeht – so lautet die falsche Formel für den *Wandel unseres Erwerbssystems*: Arbeit und Lebensunterhalt beginnen auseinanderzufallen. Das Interim bis zu dem absehbaren Zeitpunkt, an dem wir alle eine (minimale) Lebensrente von Geburt an beziehen werden –

Vollarbeitslosigkeit bezahlt durch Vollautomatisierung –, bringt uns ungleich größere Probleme als beispielsweise die »nicht bewältigte Vergangenheit«, nicht zuletzt, indem es deren Stimmungen und Denkfiguren wiederholt: Bei Arbeitslosigkeit droht immer Hitler.

(17) Weitere Folgemerkmale sind die *Verarmung* und die *Verschuldung der öffentlichen Hand,* die darum einen großen Teil ihrer Funktion entweder nicht mehr erfüllt oder deren Ausübung verkauft. Was einst die »verfaßte Gemeinschaft« für die Lebensgemeinschaft leistete – Sicherheit, Verkehr (Post, Telefon, Straßen, Eisenbahn), Bildung, Wissenschaft, Altersversorgung –, wird privatisiert, weil der Staat mit seinen Einnahmen nicht auskommt. Gegenwärtig wird noch immer jede fünfte Mark, die an Steuern eingenommen wird, für Zinsen aufgewendet. Die »Finanzkrise« des Staates ist eine Kulisse, hinter der sich die Ablösung des Staates durch den Markt vollzieht, ohne daß sich die Bürgergesellschaft konstituiert hätte, die die Verantwortung für die Civitas übernähme. Weil der Staat so geschwächt ist, wird er für die Bürger uninteressant; er gibt seine Ansprüche auf ihre Mitarbeit und Loyalität auf; er versäumt auch die pädagogischen Maßnahmen, die hierzu nötig und möglich wären.

(18) Dadurch gerät die *Demokratie in eine Krise* und mit ihr die Politik selbst. »Politikverdrossenheit« ist nicht eine zu- oder abnehmende Stimmung der Menschen aufgrund dieser oder jener Politik; sie ist die Abkehr von den dysfunktionalen Mechanismen des politischen Apparats und damit von der Idee des Staates. Die Abkehr wird unser Land (und die anderen europäischen Länder) viel kosten. Wohin der Zerfall des Staates führt, kann man in anderen Ländern der Erde sehen, wo der Staat sich noch nicht hergestellt hat. Wir sollten unsere Mobilität (das zweite der von mir aufgezählten Merkmale) nutzen, um uns dies anzusehen. Wir sollten auch rechtzeitig überlegen, welchen größeren oder kleineren Einheiten wir künftig die Rolle der »res publica« übertragen wollen.

(19) Auch daß wir in der *Einen Welt* leben, ist Signum unseres Zeitalters. Die Globalisierung – das Wort stellt sich hier ein

– hat gottlob den meisten längst ihren Januskopf gezeigt: Cap Anamur in Ruanda oder Nordkorea und erbarmungsloser Wirtschaftswettbewerb, internationale Friedenstruppen im Kosovo und aberwitzige Geldbewegungen auf den internationalen Börsen, »aid« und AIDS ohne Grenzen. In einer solchen Welt darf uns nicht nur die Jugend der Bundesrepublik Deutschland interessieren; es muß uns auch beschäftigen, was die kleine fünfjährige Angelica und ihre je um ein Jahr älteren fünf Brüder in der Vier-Millionen-Papp-und-Stroh-Hütten-Vorstadt von Lima für eine Zukunft haben – ob sie mehr lernen, als ihre Finger und Rippen zu zählen und die Nationalhymne zu singen, und ob sie eine andere Alternative haben als Drogendealer oder Drogenopfer zu werden. »The clash of cultures« fängt ganz allmählich an, den deutschen Bürger zu beschäftigen – mehr freilich als Geruch von Angebranntem, der ihnen aus Samuel Huntingtons Buch »Der Kampf der Kulturen« entgegenweht und ihnen aus Berlin-Kreuzberg und Solingen bekannt ist. Aber es geht nicht nur um Islam *versus* »christliches« Abendland oder jüdisches Israel – es geht auch um Lima oder Soweto *versus* Miami oder Kuwait.

(20) Noch immer leben wir in einer Zeit der *Steigerung von fast allen Lebensäußerungen* – der Reize, der Wirkungen, der Kosten, der Gegensätze. Wir haben so viele private Millionäre in Deutschland (eine Million!) wie wir Obdachlose, Asylbewerber und Flüchtlinge haben. Das private Geldvermögen hat seit 1982 von 1,6 auf 4,6 Billionen DM zugenommen. Allein zwischen 1990 und 1995 verdoppelte sich die Gesamtverschuldung von einer Billion auf zwei Billionen DM, wobei allerdings ein Drittel dieses Zuwachses durch die Übernahme der DDR-Altverschuldung verursacht worden ist. Alles wird lauter, greller, schneller, teurer: der BMW, der Libero von Hertha BSC, das Guggenheim-Museum, die EXPO. Die uralte Lebensklugheit der Bescheidung, des richtigen Maßes, der griechischen »sophrosyne« hat es besonders schwer in unserem Zeitalter.

Haben wir auf all dies schon befriedigende Antworten? Bewältigen wir dies – mit unseren Bildungskanones und Wertekatalogen, mit der Addition von Fachwissen und *skills,* mit Leistungsnachweisen und Schlüsselqualifikationen –, so daß wir uns jetzt vornehmlich auf die Informationsgesellschaft vorbereiten müssen: auf die Neuen Medien mit Hilfe der Neuen Medien?

Oder ist meine »Beschreibung« falsch? Was immer man an ihr tadeln mag: Übertreibung kann man ihr nicht vorwerfen, eher Unvollständigkeit.

Willkürlich habe ich meine Auswahl der möglichen Kennzeichnungen unserer Gegenwart genannt. Das wird mir Einwände nicht ersparen: Warum zum Beispiel ist der rapide Wandel, »the growing rate of change«, nicht genannt oder die Konformität, die Standardisierung, die Massenhaftigkeit der Verbrauchsgüter, der Verbrauchswörter und Verbrauchsmeinungen oder die weltweite Amerikanisierung des Lebens oder die zunehmende Bürokratisierung bei abnehmender Staatlichkeit oder die sich steigernde Produktivität, also die Herstellung von Stückgut je Person und Arbeitsstunde. Ich könnte antworten: weil sie in den gegebenen Kennzeichnungen stecken. Ich antworte lieber mit einem ganz anderen Bild unserer Zeit, das vor 34 Jahren erdacht worden ist und den zusätzlichen Reiz bietet, daß wir das damals Prognostizierte mit dem tatsächlich Eingetretenen zu vergleichen imstande sind. 1968 erschien – ein halbes Jahr nach der amerikanischen Originalausgabe – ein Buch von Herman Kahn und Anthony Wiener mit dem Titel »Ihr werdet es erleben / Voraussagen der Wissenschaft bis zum Jahre 2000«[2].

Dieses Buch beschreibt, was mit einem Ausdruck von Daniel Bell die »freizeitorientierte nachindustrielle Gesellschaft« genannt wird. In ihr können die Güter und Dienstleistungen so billig produziert werden, daß der Durchschnittsbürger und -konsument sich viel von beidem leisten kann, also reich ist. Für diese Gesellschaft gaben die Autoren damals die folgenden Merkmale an (vor allem auf den Seiten 175–191, von mir gerafft wiedergegeben):

- Die meisten Berufe sind Dienstleistungsberufe, nicht Produktionsberufe;

- die meisten Tätigkeiten werden freiwillig ausgeführt und nicht durch Profitaussichten in Gang gehalten;
- Leistungsdruck und Aufstiegswille sind sensualistischen und humanitären Einstellungen gewichen;
- das wird durch ein erhebliches Mindesteinkommen für jedermann gewährleistet, d. h., Arbeit und Einkommen sind entkoppelt;
- die Steuerung der gesellschaftlichen Prozesse erfolgt auf kybernetischer Grundlage;
- das Regulativ des freien Marktes spielt eine untergeordnete Rolle;
- Lernen, Information, Fernsehen und Beschäftigung mit dem Computer werden einen großen Teil der Zeit der Bürger einnehmen;
- die Veränderungsrate wird sich vermutlich weiter erhöhen (beispielsweise kann sich innerhalb einer Generation das Pro-Kopf-Einkommen verdoppeln);
- darum wird »der Bedarf an Anpassung und Kontrolle wohl das charakteristische Phänomen der frühen nachindustriellen Periode sein« (S. 177).

Das ist zu einem guten Teil eingetroffen oder weiterhin erwartbar. Die Entkoppelung von Einkommen und Arbeit ist auf dem Weg: Die vier Millionen Empfänger von Arbeitslosengeld in unserem Land sind die unwilligen Vorboten davon, »unwillig«, weil sie einstweilen die Ausnahme und der Ausschuß sind. Etliche Jahrtausende nach der Austreibung aus dem Paradies scheint nicht die Befreiung von lebensunterhaltender Arbeit, sondern das Beteiligt- und Beschäftigtsein erstrebenswert. Handy, Fax, Quix, Anrufbeantworter, E-Mail, Personalcomputer und Internet zeigen ja ihrerseits an, daß man überall »mit drinhängen« will. Die Freizeit wird von der Kommunikation wieder aufgefressen und von der Wartung, dem Austausch, der »Inbesitznahme« der jeweils neuen Geräte. Zeit gewinnt, wer kein Auto, kein Telefon, kein Büro hat. Er verliert damit freilich auch Einfluß und gesellschaftliche Funktion.

Neben der Freizeit treten bei Kahn/Wiener auch die Medien

in den Vordergrund. Sie sind sowohl Produkt als auch Motor des geschilderten Wandels. Die ihnen zugeschriebene »Steuerung auf kybernetischer Grundlage« begann damals gerade, die geforderten Anpassungs-, Rückkoppelungs- und Kontrollfunktionen durch elektronische Geräte zu vollziehen, deren integrierte Schaltung sich seither potenziert hat. Der in der Bibel zur Arbeit verurteilte Mensch schafft sich technische Kräfte und füllt die so gewonnene Zeit mit Phantasmen und mit Gespräch, und beides erscheint in neuer kunstvoller Form: Aus Vorstellungen sind bewegte und bewegliche Bilderwelten geworden – Virtualität; aus Gespräch hat sich jener Dauerkontakt mit den Mitmenschen entwickelt – Kommunikation. Die Vertreibung aus dem Paradies können wir vergessen.

Ich denke, Kahn und Wiener haben das getan, worum es mir hier geht, ohne daß ich ihren »Spekulationen« oder auch nur deren Richtung zustimmen müßte: Sie haben die einzelnen Merkmale und Entwicklungen in eine Verbindung zueinander gebracht, wodurch wiederum jedes bzw. jede einzelne in seiner bzw. ihrer besonderen Potenz sichtbar und wirksam wird. Natürlich ist unsere Zeit auch »Medienzeitalter«. Aber das ist dann der von mir gewählte Aspekt, mit dem ich das Ganze nicht wegblenden darf. Wer zum Beispiel möchte, daß die kommende Generation den Medien gewachsen ist – sie beherrscht und nicht bedient –, der wird sich kaum auf eine sogenannte Medienkompetenz verlassen dürfen, die dieses Ganze nie ins Auge gefaßt hat, sondern nur auf die Nutzung dieser oder jener Möglichkeit, auf die Abwehr dieser oder jener Gefahr hinarbeitet.

Die Medien haben sich vor allem aus zwei Gründen so sehr in das Rampenlicht der Aufmerksamkeit gedrängt: Sie sind erstens die Botschafter ihres eigenen Siegeszugs; sie haben Macht, indem sie sie verkünden. »The medium is the message« (Marshall McLuhan) ist noch immer die genialste Zusammenfassung dieses unheimlichen Phänomens. Sie haben sich zweitens ungeheuer schnell durchgesetzt, so daß unser Nachdenken unserem Staunen weit hinterherhinkt. Das Auto hat neunzig Jahre von seiner Erfindung bis zur Vollmotorisierung Deutschlands gebraucht; das Fernsehen hat das in drei Jahrzehnten, der Computer in eineinhalb Jahrzehnten geschafft. Der Jahresumsatz der elektronischen Industrie hat inzwischen den der Automobilindustrie hinter sich gelassen – und hat noch ungeheure Entwicklungsmöglichkeiten vor sich! Erfolg und Folgen der Neuen Medien sind dramatisch und die Auswirkungen nicht entfernt abzusehen. Das erzeugt natürlich beides: Hoffnung und Angst – und heftigen Streit, was von beidem berechtigt ist.

Wäre unsere Gesellschaft allein durch den jeweils letzten, umstrittenen, erregenden Entwicklungsschritt bestimmt, der Streit würde nach gewohntem Muster ausgehen: Indem das Neue dauert, wird es »normal«, ein »Besitzstand« aller – bis das nächste Neue lockt oder droht. So aber ist es im Fall der behaupteten »Mediengesellschaft« oder »Wissensgesellschaft« oder »Informationsgesellschaft« (und anderer konkurrierender Kennzeichnungen) nicht. Das Neue ist, wie wir gesehen haben, durch Akkumulation entstanden; es kann den »Sockel«, auf dem es steht, nicht entbehren; die wichtigsten Prinzipien (also Anfangsgründe) gelten weiter: Philosophie und Aufklärung, Politik und Recht, Arbeit und Muße, objektivierte Erkenntnis durch Wissenschaft und subjektive Gestaltung durch Kunst – und wollen um so sorgfältiger gepflegt, um so genauer verstanden werden, je aufdringlicher das Neue »sich geltend macht«.

4
Eine andere Beschreibung des Auftrags der Pädagogik

Am Anfang des letzten Jahrhunderts stellte in Amerika der Pädagoge John Dewey die Theorie auf, es gelte den Vorsprung aufzuholen, mit dem die wissenschaftlichen, technischen, ökonomischen Entwicklungen der Entwicklung des sozialen Bewußtseins vorauseilten. Die Kultur müsse mit dem zivilisatorischen Fortschritt des voraufgehenden Jahrhunderts gleichziehen. Der »Überbau«, wie ein Marxist dies ausgedrückt hätte – also das sittliche Denken und Empfinden, die Ideale und Formen der Politik, die Ästhetik –, sei hinter den Veränderungen des »Unterbaus« – den praktischen Lebensverhältnissen – weit zurückgeblieben, weiter als in der bisherigen Geschichte üblich. Diese Theorie vom *cultural lag*, vom Nachhinken des Ethos und der Aufklärung einer Gesellschaft hinter ihren Lebens-Mitteln, ist der wichtigste Motor der Pädagogik von John Dewey geworden. Gleichwohl hat die öffentliche amerikanische Schule, die sich fast ganz seiner Pädagogik verschrieben hat, nicht mehr für die philosophische und politische Beherrschung der technischen Zivilisation getan als für ihre Fortsetzung und Bedienung: weil sie gleichzeitig »pragmatisch« sein wollte und mußte. Es galt, die Kinder unterschiedlicher Herkunft auf den *American way of life* zu führen. Außerdem hatte sie sich den trefflichen Grundsatz des *learning by doing* verschrieben, wodurch man zwar Herr über die Handlung und das Mittel wird, nicht aber über das Handlungs- und Mittelsystem – und schon gar nicht über den »Fortschritt«.

Welche Chance hat unser Bildungssystem, dem eine andere Bildungsphilosophie jahrhundertelang anderes vorgeschrieben hat, diese Aufgabe besser zu erfüllen – drei Generationen später, in denen die Entwicklung von Wissenschaft und Technik sich um ein Vielfaches beschleunigt und eine auch von den schärfsten Kulturkritikern nicht vorhergesehene Selbständigkeit erreicht hat? Längst verändern auch wir mehr, als wir beherrschen. Auch wir lehren unsere Kinder und Jugendlichen lieber das Fortschreiten als das Schritthalten. Auch wir sind Zauberlehrlinge ohne den Zauberspruch. Und von alledem abgesehen könnte das Bild vom *cultural lag* falsch sein!

Ich greife auf John Deweys Denkfigur zurück, weil sie den ebenso verbissenen wie müßigen Streit zwischen Fortschritt und Bewahrung hinter sich läßt: Das Fortschreiten der Zivilisation ist »Fortschritt« nur, wenn es verstanden, verantwortet, beherrscht wird. Eine Verzögerung, die dies ermöglicht, kann fortschrittlicher sein als ausgreifende Veränderung. Es geht darum, den Veränderungen gewachsen zu bleiben, die ohnedies – unabhängig von jenem Gegensatz – geschehen; in der, gottlob, veränderlichen Welt weder alles Wagnis einzustellen noch ständig nach vorn zu fliehen; nicht den erreichten Zustand als den letzten, gerade noch erträglichen um jeden Preis festzuhalten und auch nicht jede Bewegung gutzuheißen, weil sie doch wenigstens das Problem X oder Y lösen helfen könnte. Dazu gehört, daß wir uns eine deutliche Vorstellung vom Verhältnis der Mittel, Zwecke und Folgen in der technischen Zivilisation machen – in einem Zusammenhang also, der selbst kein »technisches System« ist, sondern sich solcher Systeme bedient.

Ginge es um einen Apparat, er ließe sich »technisch« vervollkommnen, bis alle seine Folgen in seinem Zweck aufgehen. Ginge es umgekehrt nur um »Bewegung« oder »Stillstand« des Lebensverbandes, man könnte sich von Fall zu Fall entscheiden – für Verkabelung und gegen Atomenergie, für Legalisierung der Abtreibung und gegen Geschwindigkeitsbegrenzung; oder von Lebensbereich zu Lebensbereich – wohnen, rechtsprechen, erziehen, an Gott glauben wie gehabt, aber produzieren, kommunizieren, forschen, Künste treiben nach dem modernsten Stand; oder von Land zu Land – in den Bergen konservativ und einheitlich leben, an den Küsten wechselvoll und pluralistisch.

Aber dazu sind die Menschen nicht nur zu dicht aneinander gerückt, die Tätigkeiten zu sehr ineinander verschränkt – ihr Zusammenhang ist von einer ganz bestimmten zwingenden Art: Sie sind auf technische Mittel angewiesen, von denen jedes auf seinen besonderen Zweck hin erdacht und unter Kontrolle gebracht ist, deren gemeinsame technische Natur aber zu einem ungedachten System mit unkontrollierten Folgen zusammenwächst.

Immer hat sich der Mensch zur Lösung seiner Probleme der Hilfe von Werkzeug bedient. Das zeichnet ihn aus. Immer ist ihm etwas Neues eingefallen. Immer hat dieses Neue auch neue Folgen gehabt, die er um so weniger wahrnahm, je heftiger er die Lösung seines Problems suchte und je treffender sie war.

Als er das Auto erfand, um sich die Mühsal des Gehens und Tragens zu erleichtern, war nicht zu erkennen, daß er dereinst täglich für ein bis zwei Stunden in die neue Blechkutsche eingesperrt sein und einen Tag in der Woche für diese arbeiten würde, ja, daß Kriege geführt werden müßten, um die Benzinversorgung zu sichern. (Der weiter steigende Kraftstoffverbrauch des Autos ist die eigentliche Ursache aller »Ölkrisen« und natürlich »Ölkriege«.) Als er das Fernsehen erfand, hielt er es für eine visuelle Ergänzung des Radios. Daß es sein ganzes Leben verändern würde – die Familie und die Nachbarschaft, das Lernen und die Freizeit, die Demokratie und die Weltpolitik –, hat er nicht vorhergesehen, ja bis heute noch nicht ganz verstanden.

Im zwanzigsten Jahrhundert und vollends in seinen letzten Jahrzehnten sind die langfristigen Folgen der voraufgegangenen Erfindungen zusammengetroffen und durch weitere Erfindungen beantwortet worden, die sich ihrerseits nach dem gleichen Muster richten: genaue Zweckerfüllung und diffuse, außerhalb davon liegende Folgen.

Und nun kommt etwas auf unschuldig-tückische Weise zur Wirkung – der Umstand, daß alle Erfindungen und Maßnahmen buchstäblich »eines Geistes« sind. Gleich gedacht, auf gleiche Weise hergestellt, gleich gerichtet, eindimensional, wie sie sind, fängt keines zufällig die Folgen des anderen auf, sondern steigert sie vielmehr. Wie sie sind – ihre Struktur – ist zugleich der Grund ihres Erfolgs und der »Schadstoff«. Aus isolierten Dingen wird eine umfassende Be-Dingung.

Das Ganze hält sich eine Zeitlang in Spannung. Eines Tages, wenn genug zusammengekommen ist, stirbt der Wald, »kippt« der See, bricht die Immunisierungskraft des Körpers zusammen, ist das Zutrauen der öffentlichen Vernunft nicht mehr da und nicht wiederherzustellen. Ja, eines Tages geht der Sinn für die Verwundbarkeit des Ganzen verloren – für Gefahren, die wir alle verschulden und die niemand verantwortet.

Die Menschen werden ihrer Entmachtung durch ihre Mittelsysteme in immer größerer Zahl gewahr, und das ist selbst wohl der wichtigste Anlaß für Parteien, Politiker, *opinion leaders*, öffentlich darüber nachzudenken. Dies haben die Grünen und ihre Propheten erreicht. Lösungen aber sind nicht in Sicht. Wo die Lösung heißt: »Unser Denken, unsere Wahrnehmungsweise und unsere Wertvorstellungen müssen sich grundlegend wandeln«[1], hat man das Problem nur anders gestellt und überhaupt nicht hilfreich. Wie soll das zustande kommen? Wer soll das von wem lernen? Durch die Lektüre eines Buches, »das sich an den interessierten Laien wendet« (Capra, S. 12), wendet sich noch nichts. Ja, es könnte die Erwartung geweckt werden, die das zitierte Buch leugnet, es gebe eine »linear« weiterreichbare Erkenntnis, der man nur zu folgen habe. Je mehr wir Grund haben zu meinen, die Antwort müsse mit einem neuen Bewußtsein daherkommen, um so weniger Gründe haben wir zu meinen, die Pädagogik könne sie geben. Und vor allem: Es gibt überhaupt keinen Grund zu meinen, das hier gestellte Problem verdränge oder verschlucke irgendein anderes: die Chancenungleichheit, die Verschulung, die Bürokratisierung …

Kein Eingriff in die »Entwicklungen« (wer sollte ihn mit welcher Vollmacht leisten?), kein Austrocknen der Übel durch Verzicht (wer hielte ihn ein?), keine wundersame Wandlung des Menschen, sei es zurück zur Natur, sei es nach vorn in eine neue Spiritualität, eine neue Askese, ein New Age (wie kämen sie wirklich, nicht nur verbal zustande?), vor allem aber kein gehorsamer oder besinnungsloser Vollzug eines »waltenden«, d. h. für nicht aufhaltbar gehaltenen, notwendigen Fortschritts zu New Economy und High-Tech, zu konsequenter Digitalisierung der Sachwelt und Vollvernetzung der Menschen (wer wollte das verantworten?) – diese vier Verneinungen lassen mir außer der Resignation, außer der Einwilligung in die gar nicht mehr schleichende Perversion unseres Lebens nur die Hoffnung auf eine Mischung aus milden Katastrophen (BSE / »I love you«-Viren / Tankerunglücken vor Badestränden / weltweiten Börsenabstürzen), Aufklärung und Einübung in vernünftiges Verhalten. »Aufklärung« meint die geduldige, anstrengende, konsequente Herstellung von Einsicht in die Grundverhältnisse: von Mensch und Natur, Mensch und Mensch, Mensch und von ihm gemachter Welt, Zweck und Mittel, Absicht und Folge, Quantität und Qualität, Wandel und Dauer, Wirklichkeit und Schein. »Einübung in vernünftiges Verhalten« meint die frühe und stetige Festigung von Gewohnheiten, die sich an der genannten Einsicht ausrichten und bewährt haben. Beides fasse ich in der Formel zusammen: »Der (technischen) Zivilisation gewachsen bleiben.«

Ich formuliere dies in der nüchternen Überzeugung,
- daß ich nichts Neues sage;
- daß damit keine der alten Forderungen an die Bildung und die Bildungspolitik erledigt ist;
- daß die dem historischen Bildungsprozeß eigenen »gegenhaltenden« (retardierenden) und »gegengewichtigen« (kompensierenden) Momente eher zur Beherrschung unserer Verhältnisse beitragen als die Forderung, man müsse sich mit einer neuen Bildung an die Spitze der Entwicklungen stellen;
- daß die Schule hiermit erneut überfordert ist;
- daß folgerichtig die Öffentlichkeit allgemein aufgerufen ist, sich dieses Auftrags anzunehmen: Sie muß erst die Vorstellung fallenlassen, man könne ruhig »fortschreiten«, die Schulen würden nachkommen und die nächste Generation fit machen – für den vernünftigen Umgang mit Fernsehen und Computer, mit Arbeitslosigkeit und Dauerkommunikation, mit Globalisierung und Pluralismus, mit rapider und radikaler Veränderung und zunehmender Komplexität aller Ver-

hältnisse; sie kann dann dem Bildungssystem den Auftrag und die Möglichkeit geben, junge Menschen so zu erziehen, daß sie den Zuständen und Wandlungen der Zivilisation gewachsen sind;

- daß dieser Auftrag voller Abgründe ist, die sich mit dem Bild vom *cultural lag* allein nicht fassen lassen; und schließlich
- daß das schwerste und vor allem drängendste Stück Arbeit in der Politik anfällt: Keine Schule wird bei den Jugendlichen fruchten, wenn sie in Arbeitslosigkeit mündet; keine Schule wird bei den Kindern fruchten, wenn deren Eltern und Lehrer selber falsch leben oder lügen oder verzagen;
- daß also drei Viertel dieses Auftrags den Erwachsenen insgesamt obliegen.

Wenn die Gesellschaft der Erwachsenen nicht weiß, wie man verantwortlich und vernünftig mit Wandel und Ungewißheit umgeht; wenn sie nicht weiß, wie man sich Ziele setzt und sie einhält, wie man die Folgen der eigenen Erfindungen einschätzt, wie man Notwendiges und Wünschenswertes von Unnötigem unterscheidet, wenn sie sich den Entwicklungen blind überläßt und alles, was man machen kann auch macht, zum Programm erhebt oder es blind blockiert, dann muß sie aufhören, die nächste Generation zu erziehen und zu belehren. »Seht zu, wie ihr zurechtkommt!«, müßte sie ehrlicherweise sagen. An unserem Ende der Menschheitsgeschichte kehrte sie zum Anfang zurück: zu *trial and error.* Sie gäbe unsere Zivilisation auf, deren Bemühung darin bestand, den Menschen zum vernünftigen Herrn seiner Verhältnisse zu machen.

Es hat zwei Gründe, wenn ich mit einer gewissen Emphase und mit dieser Formulierung dafür eintrete, daß an der Spitze eines Aufgabenkatalogs der Pädagogik am Anfang des 21. Jahrhunderts stehen solle »der technischen Zivilisation gewachsen bleiben« und nicht

- die Entfaltung der Anlagen, die Erziehung zu Verantwortung, Selbständigkeit, Toleranz und zu Widerstand gegen Konformismus

– die Überlieferung der kulturellen Werte
– der richtige Gebrauch unserer Demokratie
– die Völkerverständigung[2]
oder
– Aufstieg durch Bildung
– Förderung der gesellschaftlich Benachteiligten
– Orientierung der Bildung an der Wissenschaft
– Stärkung des Wertbewußtseins
– Kreativität und Innovationsbereitschaft
oder einfach die wirksame und menschliche Erfüllung des Lernpensums der Schule, was viele Menschen lieber an dieser Stelle sähen.

Die zwei Gründe sind:

(1) Es wird heute – mit Nachdruck und fast ohne Widerspruch – von der Schule erwartet, daß sie die jungen Menschen auf die durch die neuen elektronischen Medien veränderte und bestimmte Welt vorbereite, vornehmlich durch Einsatz der Neuen Medien im Unterricht; daß sie sie für ein Berufsleben mit PC und Internet »fit« mache; daß eine besondere »Medienerziehung« mögliche Schäden vorbeugend auffange.

(2) Die in der Schule versammelten Kinder offenbaren schon die Folgen der technischen Zivilisation, der ihre Eltern nicht gewachsen sind.

Ich habe oben (S. 57) gesagt, daß ich unter der »technischen Zivilisation« den Zusammenhang (also mehr als die Summe) der durch technische Rationalität bestimmten Lebens-Mittel verstehe. Diesen Zusammenhang habe ich angedeutet, nicht aber dargestellt (»keine Theorie des gegenwärtigen Zeitalters«, s.o. S. 29). Indem ich hier aus den zwanzig Merkmalen fünf auswähle, wird die Konfiguration – das »System«, das sie miteinander bilden – erkennbar und kann jedenfalls beim Übergang vom einen zum anderen leicht mitgedacht werden. Weil es in diesem Buch nicht um eine Kritik unserer Kultur, sondern um die Wiederherstellung eines ihrer Instrumente – der Bildungspolitik – geht, sind die Beispiele so gewählt, daß sich Folgerungen für diese daraus ziehen lassen.

(1) Die technische Zivilisation erhöht – fortwährend – die Wirksamkeit und die Macht der Mittel. Es gilt, der Mediatisierung unseres Lebens gewachsen zu bleiben.
Ich stelle die Aufgabe und die wünschbare politische wie pädagogische Antwort der Erwachsenen am Beispiel der Neuen Medien dar, insbesondere an der Verbindung von Telekommunikation und elektronischer Datenverarbeitung.

Seit langem kann man in andere Kontinente fliegen – nach Afrika zum Beispiel – in wenigen Stunden und für kurze Zeit. Aber man kommt nicht in Afrika, sondern auf einem Flughafen an, der in Lagos nicht anders aussieht als in Liverpool; man wohnt nicht bei Afrikanern, sondern in einem klimatisierten Hotel einer internationalen Kette; man ißt nicht, was Afrikaner essen, sondern ein Wiener Schnitzel und trinkt Beck's Bier dazu; man bleibt unter seinesgleichen; man macht eine Reise »von uns zu uns«. – Schon die »alten« Mittel verlangten Widerständigkeit, wenn man sie richtig nutzen wollte.

Erdacht, damit sie das Leben erleichtern und bereichern, werden die Neuen Medien es in einem beträchtlichen Maß sowohl verändern als auch berauben. Im dritten Bericht an den Club of Rome wurde uns vor zwanzig Jahren unser künftiger, von den Neuen Medien bestimmter Alltag – in der Wohnung, am Arbeitsplatz, in der Öffentlichkeit – zum ersten Mal ausführlich beschrieben. Viele Tätigkeiten, die wir »heute« noch taten, würden wir »dann« nur noch beobachten, steuern, überprüfen. Zum Einkaufen, Buchen von Reisen, Erledigen von Schularbeiten, Abhalten von Konferenzen, zur Konsultation des Arztes, des Seelsorgers, des Sozialexperten, für den Verkehr mit Behörden, Banken, Parteien würden wir uns des Bildschirms und der ihm angeschlossenen computerisierten Datenzentren bedienen.

Der Nachbar F. auf meiner Etage im 17. Stock stirbt – und ich merke es nicht. Denn ich lebe in der Kunstwelt meiner vermittelten Beziehungen, Telefonanrufe, Bücher, Zeitungen, Fernsehsendungen, Internet-Connections; ich befinde mich auf den Fußballplätzen von Barcelona und Rio oder bei den verhungernden Kindern im Sudan. Ich habe sie öfter gesehen als Frau P. von nebenan. Durch die Verkabelung und Perfektionierung aller Dienste des Bildschirms wird sich der Abstand der Menschen zueinander vermutlich nicht verringern, sondern vergrößern.

Gesteigert wird auch die Fülle und Eindringlichkeit vorgestellter Welten. Wenn der Mensch Abend für Abend auch nur einen halbwegs guten Spielfilm mit einem halbwegs bewegenden Schicksal sieht – bloßgelegte und dramatisch geraffte menschliche Erfahrung –, vervielfältigt er gleichsam sein eigenes Leben um das 365fache im Jahr; von den Berichten über die erregenden Ereignisse, die schwierigen Probleme, die großen Geheimnisse und Schönheiten auf dieser Welt oder von den Diskussionen, den Sportwettspielen, den Unterhaltungssendungen ganz abgesehen, die ja auch ihre Wirkung tun! Das Fernsehen als Droge – wer hätte dies noch nie an sich gespürt: den Sog der Bilder und Ereignisse, die »ohne mein Zutun« ablaufen, keine Entscheidung fordern, spannend, neu, schön, erschrekkend sind und die die anderen Pflichten entweder vergessen machen oder durch mindestens »ebenso Wichtiges« wegschieben?

Das Medium ist nicht, was das Wort sagt, ein Mittleres und dadurch Vermittelndes zwischen hier und dort; es ist selbst der *terminal*, die Endstation unserer Wahrnehmung.

Die Mittel der Telekommunikation, der Bildherstellung, der Datenspeicherung, -ordnung und -ausgabe symbolisieren, was die anderen technischen Mittel auch tun: Sie fesseln uns an sie. Die den technischen Geräten beiliegenden »Bedienungsanweisungen« sagen nicht, wie und wozu das Gerät uns dient, sondern, wie wir es zu bedienen haben. Der Bildschirm gibt mir zwischen zehn und zwanzig Befehle, bevor ich ihm meinen Auftrag erteilen kann. Wir merken es nicht mehr, wenn wir »mit ihm arbeiten«. Wir werden Teil des Systems – eines Systems, das Ivan Illich ein »radikales Monopol« nennt, eines, das über seine eigenen Funktionen hinaus einen ganzen Lebenssektor beherrscht. Man hat noch gar nicht begonnen, sich vorzustellen, welchen Zwängen zur Vereinheitlichung aller Austausch zwischen Menschen unterworfen wird, wenn er über den einen Bildschirm geht. Und mehr als einer wird es nicht sein, weil eine Person nur ausnahmsweise mehr als einen beobachten kann und man den Wechsel zwischen mehreren Apparaten für verschiedene Zwecke bald als lästig zu vermeiden lernen wird.

Wir müssen mindestens dies tun: uns klarmachen, was von alledem wir tatsächlich wollen und was nicht, und sodann das Vermeidbare vermeiden, für das Unvermeidbare bewußt einen Ausgleich suchen.

Der *Mediatisierung* gewachsen bleiben heißt:

- Den Verlust an Unmittelbarkeit systematisch kompensieren: soviel Zeit wie für die Zeitung und das Internet, für Handy und Walkman, für E-Mail und Fernsehen, soviel Zeit auch für Gespräch und Begegnung, für Anschauung und körperliche Arbeit, für die Übung der Einbildungskraft durch Lesen und Für-sich-Sein – nicht weil diese »ein Gut an sich« sind, wohl aber, weil es Folgen hat, wenn sie auf der ganzen Linie ausfallen.
- Prüfen, wo der unmittelbare Umgang mit den Menschen, mit denen man es zu tun hat, möglich und befriedigender ist als der vermittelte.
- Die Alternativen zum Gerät kennen und nutzen, wo sie tauglicher zu sein versprechen.
- Aus der Fülle der Bilder, Daten, Beziehungen, Eindrücke, die über uns kommt, diejenigen bewußt (und das heißt: mit einer gewissen Anstrengung) auswählen, die wir aus gutem Grund an uns heranlassen wollen; umgekehrt diejenigen bewußt abwehren, die uns entweder von uns selbst ablenken oder uns tiefer in uns selbst verstricken, uns entweder der Politik entziehen oder uns in eine politische Arena zerren, die nicht die unsere ist.
- »Fernsehdisziplin« üben, wie wir Fahrdisziplin oder Alkoholdisziplin üben, und sie den Kindern auferlegen, bis sie ein bestimmtes Maß an Übersicht, Verantwortlichkeit und Tat-

Kraft erworben haben. Wer ihrer eigenen Neugier Ansporn und Nahrung gibt, kann sich in der Regel das »Auferlegen« ersparen.

Die meisten dieser Verhaltensweisen kann man lernen, und es gibt auch Vorstellungen davon, wie dies geschehen kann. Einige sollten zur Gewohnheit werden, andere fordern aktuelle und bewußte Entscheidung. In abgewandelter Form gelten die genannten Regeln für alle Mittelsysteme, die wir haben. Sie alle sollen uns dienen, und die Probe auf dieses Prinzip besteht darin, daß wir zwischen mehreren Mitteln wählen können. Hört diese Möglichkeit auf, sind wir in Gefahr, von dem einen verbleibenden Mittel beherrscht zu werden.

(2) Die technische Zivilisation zwingt den Menschen in immer höherem Maß das Gesetz ihrer eigenen Funktionalität auf. Es gilt, den Folgen der Rationalisierung und Ökonomisierung gewachsen zu bleiben.
Ich stelle die Aufgabe und die wünschbare politische wie pädagogische Antwort der Erwachsenen am Beispiel des Schwundes der Berufsarbeit dar.

Der Computer und die Chips erfüllen gleich drei uralte Träume des Menschen:

Seit er aus dem Paradies vertrieben worden ist, hat er den biblischen Fluch »Im Schweiße deines Angesichts sollst du dein Brot essen« rückgängig zu machen versucht. Die Kraft-Maschinen haben diesen Fluch gebrochen; die Denk-Maschinen reduzieren ihn auf die Betätigung einer Tastatur. Das ist das erste: Der Mensch läßt seine (Un-)Heilsgeschichte hinter sich.

Seit Platon kennt er die »Ideenpyramide«, die Anordnung alles Seienden und seiner Begriffe so, daß die letzte vorhandene Individualität durch bloße Verzweigung der Frage ermittelt werden kann. Die Digitalisierung und die Elektronik haben diese gedachte Möglichkeit wirklich werden lassen: Sie ist durch einmalige, akkumulierbare Fleißarbeit in einem Apparat unterzubringen. Das ist das zweite: Der Mensch macht sich den Kosmos, das Universum der wißbaren Dinge verfügbar.

Seit eben der Zeit träumt man davon, die Gedanken eindeutig zu machen und dadurch allen Menschen gemeinsam. Gelingt es, jede denkbare Bedeutung aufzuzeichnen und durch einen anderen unverändert wiederauffinden zu lassen, dann hat man das positive Wahrheitskriterium erfüllt. Über den Rest mögen sich die Philosophen streiten – er ist ohne empirischen Belang. Der Computer stellt gleichsam die Meßbarkeit des Geistes her. Das ist das dritte: Der Mensch kommt ans Ende seiner Erkenntnis- oder Wissenschaftsgeschichte.

Es ist das Zusammentreffen dieser drei Möglichkeiten, das den Widerstand gegen die Computer und die Mikroelektronik so aussichtslos macht. Im Prinzip *wollen* die Menschen, was man ihnen verspricht. Mit den widrigen Folgen meinen sie fertig zu werden – womöglich mit Hilfe der IK-Technologien.

Die erste widrige Folge, die sie als widrige erkennen und anerkennen, ist die Arbeitslosigkeit. Mit der Arbeit, die hier verloren geht, ist freilich nicht die Mühe gemeint, sondern der gesellschaftlich organisierte Beruf. »Beruf« wiederum bedeutet dreierlei: (a) eine bestimmte Tätigkeit, die man in der arbeitsteiligen Gesellschaft übernimmt – eine Leistung innerhalb und an der Gemeinschaft; (b) Selbsterfüllung; (c) Beschäftigung zum Zweck des Erwerbs. Geht (a) verloren, entfällt heute meist auch die Möglichkeit von (b) und (c).

Das Schema der Entwicklung wird im allgemeinen so dargestellt:

- Wir werden, dank der Maschinen, immer weniger Arbeit für die Gemeinschaft aufbringen müssen;
- was wir aufbringen müssen, wird immer weniger von unseren persönlichen Merkmalen und Fähigkeiten abhängen, vielmehr von einem Funktionstyp;
- die Erfüllung eines Funktionstyps kann kaum mit der Erfüllung unserer selbst übereinstimmen;
- an die Stelle des alten Berufsmodells tritt ein anderes: ein Koordinatensystem aus – in der Vertikalen – Qualifikationen und – in der Horizontalen – Kompetenzen.

Vielleicht stimmt das Schema nicht. Am Ende könnten doch die Personen und ihre biographisch bedingten Merkmale für die Verrichtung einer Aufgabe wichtiger sein als ihre Funktionsmerkmale. Solange man das nicht erfahren hat, folgt man dem Schema und bestärkt es dadurch. Die Lehrer sind hierfür ein gutes Beispiel; sie könnten wissen, daß sie vor allem durch ihre Person und die von ihr verarbeitete Lebenserfahrung wirken; aber sie lassen sich in die Kompetenz »Deutsch« oder »Erdkunde« und in die Qualifikation »Studienrat« oder »Hauptschullehrer« zwängen und verteidigen das Koordinatensystem durch ihre Berufsverbände. Ihr Motiv ist so offenkundig wie verständlich: Sie wollen ihre Beschäftigung behalten. Aber sie zerstören ihren »Beruf« dadurch doppelt: In Kompetenz und Qualifikation sind sie auswechselbar und ablösbar – nicht zuletzt durch mediatisierten Unterricht. Und: Der Beruf wird fad, ja falsch.

Der gewerkschaftliche Kampf gegen die Computer – gegen Bildschirmarbeitsplätze und Roboterisierung – ist kurz aufgeflammt, aber bald wieder erloschen, unter anderem weil sich die Elektronik zu einer Wachstumsbranche ohne absehbare Grenzen entwickelte und heute (allen gelegentlichen Börsenschwächen zum Trotz) sämtliche anderen Industrien – Autos und Luftfahrt, Werkzeug und Schiffahrt, Chemie und Landwirtschaft, sogar die Rüstung – überrundet hat. Man kehrte also zu dem Schlachtruf »Erhaltet die Arbeitsplätze« zurück. Aber mit ihm ist der Kampf nicht zu gewinnen – nicht gegen das System der rationalen Arbeitsbewältigung, dem wir die hohe Produktivität, den Wettbewerbsvorsprung, den Reichtum der Industrienationen verdanken. Die Parole lautet darum auch vielerorts (bleibt aber unerfüllt): Die Arbeit umverteilen und auch die nützlichen oder notwendigen Tätigkeiten bezahlen, die wir bisher »ehrenamtlich« oder gar nicht getan haben. Ich habe sie die drei großen »P« genannt: Politik, Philosophie und Pädagogik. In Zukunft werde ich von den vier großen »P« sprechen und die Poiesis einbeziehen – die poetische, aber nicht auf das Wort beschränkte Erfindungskraft.

Ich will dies am Gegenbeispiel des Computers erläutern, der

uns Anlaß gibt, über den Charakter unserer Kultur gründlicher nachzudenken. Der Computer steht hier für das Prinzip der Rationalisierung, das allen technischen Mitteln eignet und das er zu kategorischer Absolutheit vorangetrieben hat.

Die dem Computer zugrundeliegende Digitalisierung – die Ja/Nein- oder 0/1-Entscheidung – gibt ihm beziehungsweise seinen Ergebnissen die gewünschte Eindeutigkeit. Mehrdeutiges kann er gar nicht aufnehmen: Er verwandelt es mit dem Akt der Aufnahme in etwas Eindeutiges – möglicherweise das falsche. Die Computer-Sprache spiegelt die Eindeutigkeit des Geräts. Sie ist auf eine raffinierte Weise primitiv. Das, wovon sie sich reinigt, ist freilich nicht ein Laster der Gesprächs-Sprache, sondern deren eigentliche Lebenstüchtigkeit, um nicht zu sagen Lebenstugend. Jede Äußerung der Gesprächs-Sprache hat eine gewisse Unschärfe. Sie ist die Folge der Tatsache, daß Sprache mit endlichen Mitteln – Wörtern und Beziehungsregeln – eine unendliche Welt abzubilden hat. Die Endlichkeit der Mittel ist die Bedingung ihrer Lernbarkeit. Die Unschärfe der Äußerung wird vom Gesprächspartner wenn nicht »gewußt«, so doch immer für möglich gehalten: Er fragt nach; ich gebe eine präzisierende Auskunft oder bestätige die Unklarheit; dies regt Zweifel in mir an; und am Ende verstehe ich auch selber besser, was ich sagen wollte. So kreisen wir die Sache mit der Sprache ein, machen aus Widerfahrnis Erfahrung, aus Erfahrung gemeinsame Erfahrung, also Wissen. Dies ist das Grundgesetz unserer Geisteskultur. Und der Unterricht in der Schule bildet diese ab oder auch vor: Er besteht aus einer viele Jahre dauernden Annäherung an die Gegenstände durch Gespräch. Würde man an seine Stelle, ja, an die Stelle des ersten Sprechenlernens, die Eindeutigkeit von Computern setzen, die Menschen dächten möglicherweise gleich und kommunizierten auf gut gespurten Bahnen, aber die Welt könnten sie sich nicht deuten, nicht einmal die Computer und das Gesetz, nach dem diese und sie selber miteinander »reden«, womit wir wieder bei dem Fisch und dem Wasser wären, in dem er schwimmt (s.o. S. 34).

Dieses Problem kennt die Sprachwissenschaft seit langem. Sie macht einen Unterschied zwischen Signalen und Sprache.

Signale haben je nur eine Bedeutung, und Tiere beispielsweise, die auf solche Signale reagieren oder sich solcher Signale bedienen, sind in ihrem Verstehen darauf festgelegt. Sie können sich mit ihrer Hilfe über relativ komplizierte Sachverhalte verständigen, über eines jedoch prinzipiell nicht: über das Signalsystem selbst.

Dies ist meine Pointe: Wir brauchen für eine Welt, in der es Computer gibt, vor allem etwas, was wir an den Computern gerade nicht lernen können – das offene, dialogische, zweifelnde, entwerfende, bewertende, philosophische Denken.

Ich habe mir einmal den Ärger meiner Zuhörer zugezogen, als ich zur Veranschaulichung dieses Gedankens auf die Naturwissenschaften verwies: Die suchten ihre Bestimmungsstücke so exakt zu definieren wie möglich; sie seien darum gleichsam »sprachlos«; sie kämen mit Formeln aus und besser zurecht als mit den Wörtern der Umgangssprache. Die Geistes- und Sozialwissenschaften dagegen seien auf Gesprächs-Sprache angewiesen; ja, sie entwickelten diese weiter, um die gemeinten Phänomene zu erfassen: weil ihr Gegenstand sich unter ihrer Hand verwandle. – Man hat wohl eine Verurteilung des einen oder anderen Denkens darin gesehen. Meine Absicht war dies nicht. Es ging mir darum zu sagen: Unsere Kultur vereinigt in sich beide Prinzipien – das definitorische und das dialogische. Diese liegen nicht auf einem Kontinuum von »eindeutig« zu »vieldeutig«, sondern bezeichnen zwei ihrerseits dialektisch aufeinander bezogene Möglichkeiten. Je vollständiger die positivistische Erfassung der Welt gelingt – im Großcomputer ist sie potentiell vollkommen –, um so mehr Räsonnement, Entscheidung, Verantwortung fordert sie. Umgekehrt braucht eine nicht-dogmatische, eine historisch und philosophisch offene, eine politisch plurale Kultur gemeinsame und gemeinverständliche Daten und Regeln der Interpretation. Ich könnte auch sagen: Die Demokratie – die die Meinungen freisetzt – braucht die Wissenschaft – die die Bedeutungen objektiviert.

Zurück zur Arbeitslosigkeit. Dieter Mertens hat einmal das seither vielzitierte »Qualifikationsparadox« formuliert: Wie kann es sein, »daß Qualifizierung und Höherqualifizierung allseits als Strategie gegen das Beschäftigungsrisiko angepriesen werden, ... während gleichzeitig die Arbeitslosigkeit der Qualifizierten zunimmt«[3], ja, den Hochschulabsolventen mehr »Anpassungsbereitschaft nach unten« empfohlen wird? Das objektive Paradoxon scheint sich in einem subjektiven zu spiegeln: Einerseits stellt man fest, daß die Bedeutung der »Arbeit« im Wert- und Weltbild der nachfolgenden Generation abnimmt, andererseits »ist die Nachfrage [nach] und Bemühung um qualifizierte, also auch anstrengende, mit Verzicht einhergehende Ausbildung noch nie so groß gewesen wie heute« (Mertens, S. 443). Der Wertewandel hat keine praktischen Folgen.

Ich meine, das Paradoxon ist keines: Man braucht einen Lebensunterhalt, aber der ist nicht mit alternativem *life-style* zu haben. Eine Subsistenzwirtschaft ist inmitten unserer hochtourigen Marktwirtschaft vielmehr nur möglich, wo es den Gewinnüberschuß rationalisierter Produktion gibt und obendrein ein Wirtschaftsgefälle zu armen Ländern in Afrika, Asien, Südamerika. Wir Arrivierten kaufen die klobige Keramik der Ex-Studentin und den von Hand gearbeiteten, nach Arnika duftenden Birkenholzrahmen für einen Spiegel von dem bärtigen jungen Drop-out oder einen – ebenso überflüssigen – Bettvorleger aus dem Dritte-Welt-Laden. Fast alle Subsistenzwirtschaft, die ich kenne, ist obendrein Subventionswirtschaft: Die Frau ist Lehrerin; der Vater bekommt eine gute Beamtenpension; die Tante hat eine Erbschaft hinterlassen, wodurch die jeweilige Idylle unterstützt wird. Nein, jeder zweite Markt, der einen zweiten Arbeitsmarkt hervorbringen könnte, lebt nur, solange er klein bleibt und nicht ernstlich beansprucht wird.

Der Fehler der bisherigen Betrachtungsweise hängt mit dem vorgestellten Koordinatensystem von Qualifikation und Kompetenz zusammen: Es gebe in jedem Sachbereich (= Kompetenz) eine Hierarchie der Fertigkeiten und Kenntnisse (= Qualifikation) derart, daß die höhere immer die niedere miteinschließt. Schon die Dimension »breite Ausbildung / Spezialisierung« widerspricht diesem Bild, paßt nicht in das Oben / Unten. Auch Wolfgang Sachs' Gegensatz »Hochbeschulte« versus »Niederbeschulte«[4] sperrt sich – den Bezeichnungen zum

Trotz – gegen die Einordnung in das Schema. Der an seinen Erfahrungen Lernende hat nicht schon darum eine »niedere« Qualifikation als der Dipl.-Ing. oder der Dr. phil., sondern eine »andere«, z. B. eine, die seiner vielgestaltigen und wechselvollen Unterhaltswirtschaft entspricht, in der praktische und theoretische Fähigkeiten zugleich gefordert werden.

Wir werden in unserer Gesellschaft zunehmend das eine wollen (unser Leben leben) und das andere müssen (das komplexe System am Laufen halten). Und dies wird beides nur möglich sein, indem wir auf beiden Gebieten, in beiden Richtungen viel lernen. Wenn es keine sichere Korrelation zwischen Schulabschlüssen und Lebenschancen mehr gibt, muß man die Lernerfahrungen – den Inhalt und die Form – ändern. Man muß wohl auch überlegen, ob »Abschlüsse« nicht nur der falsche Begriff, sondern auch die falsche Sache sind, wenn es darum geht, für ein Leben in einer sich schnell verändernden Welt zu lernen. – Eines aber scheint mir absolut sicher: Nach Arkadien können wir nicht zurück.

Den Folgen der *Rationalisierung* und *Ökonomisierung* gewachsen bleiben heißt:

- Erkennen, in welchem Maß der Mensch seine geistige, politische und ökonomische Existenz der verstandesmäßigen Ordnung seiner Verhältnisse verdankt und welche Alternativen es dazu gibt – wo und wie diese auch in unseren modernen Gesellschaften walten.
- Erfahren haben und verstehen, daß das Prinzip der Arbeitsteilung dazugehört und welche Vorteile und welche Abhängigkeiten sie den Menschen bringt. (Platon begründet die politische Gemeinschaft der Menschen mit ihr.)
- Erfahren haben und verstehen, wie erst Werkzeuge, dann Maschinen zur verständigen Einrichtung des Lebens beitragen.
- Die unterschiedliche Leistung von Arbeitswerkzeug und Denkwerkzeug, von Kraftmaschinen und Steuerungsmaschinen verstehen. Verstehen, was die einen und was die anderen dem Menschen ersparen – die ersten die Mühsal, die zweiten

viel unnötige Mechanik, die auch heute noch in der maschinellen Produktion und in der Verwaltung von Abläufen Zeit, Raum, Stille, Nervenkraft und Menschengeduld frißt.
- Verstehen, was mit einer Sache, einem Gedanken, einem Wort geschieht, wenn sie zu einem »Datum« gemacht werden.
- Verstehen, daß, je mehr Daten und Steuerungsmöglichkeiten wir haben, wir zu um so mehr Verantwortung verpflichtet sind, zu P P P P (s. S. 71); daß es also keine Vermehrung der Freizeit gibt, die man privat beliebig verprassen dürfte; daß vielmehr die kollektiv erwirtschaftete Zeit der Steuerung dieser technischen Zivilisation geschuldet wird.
- Die Vielfalt und Unverfügbarkeit vieler Dinge aushalten angesichts der Verführung, sie zu einem Datum zu verarbeiten.
- Die Gesprächsfähigkeit und -freude bewahren und pflegen; sie nicht mit einer Kommunikations-Kultur verwechseln und die Bildung nicht der Datenverarbeitung opfern oder sie gar mit dieser gleichsetzen.

Letztlich geht es um nichts anderes als: die Rationalisierung und Ökonomisierung von vornherein und immer als Mittel oder Korrektur erfahren zu lassen. Die Schule stellt, weil sie das ungeordnete, unbekümmerte, mit seinen Ressourcen großzügig umgehende Kind vor sich hat, Rationalisierung und Ökonomisierung unwillkürlich in den Vordergrund und als Ziel hin – *quae non sunt*.

(3) Die technische Zivilisation verändert das Verhältnis des einzelnen zur Gemeinschaft – in der Regel zu seinen Ungunsten. Es gilt, der *Kollektivierung* und *Organisierung* unseres Lebens gewachsen zu bleiben wie der mit ihnen einhergehenden Vereinzelung.
Ich stelle die Aufgabe und die wünschbare politische wie pädagogische Antwort der Erwachsenen am Beispiel der Bürokratie dar.

Bürokratie ist ein Schimpfwort. Es meint die Verwaltung, die herrscht, statt zu dienen. In der Regel sind damit Menschen angeklagt – phantasielose, ihre Vorschriften blind erfüllende, unökonomisch arbeitende Beamte oder Angestellte. Was hat das mit der technischen Zivilisation zu tun? Die Kunst, Akten anzufertigen, abzulegen, wiederzufinden und in den neuen Vorgang einzubeziehen, hat durch die Vervollkommnung der Büroapparate an Wirksamkeit gewaltig zugenommen. Das Verschwinden endloser Aktenwände in einer Festplatte erspart die physische »Ablage« und erleichtert das Aufsuchen; die Aufzeichnung, Umarbeitung und der Verschnitt von Texten, die Ausfertigung von Rezepten und die Registratur der Krankengeschichte, Berechnungen nach X und Abrechnungen nach Y können auf dem gleichen Gerät vorgenommen werden, mit dem man Tabellen, Graphiken, Beschriftungen herstellt; in Banken und Geschäften wird der Kunde, statt von Personen, von PCs und Automaten bedient. Das alles spart Zeit, Platz und Personal. Aber es hat, wie man weiß, nicht nur positive Folgen. Immer wenn Standards möglich sind, werden sie auch notwendig. Das Handbuch der Universität Chicago, in dem die Regeln für die äußere Zubereitung von Dissertationen zusammengefaßt waren, zählte während meiner Studienzeit 62 Druckseiten und las sich selbst wie eine schwierige Dissertation. Die Prüfung einer wissenschaftlichen Arbeit durch das *Dissertation Office*, das nur auf die Äußerlichkeiten achtete, wurde mehr gefürchtet als die durch die gelehrte Fakultät. Auf meinem Dachboden in Bielefeld standen achtzig laufende Meter Leitzordner, die Ablage der Akten und Ablagerungen meiner Tätigkeit als Gründer und Wissenschaftlicher Leiter von zwei öffentlichen Einrichtungen aus den Jahren 1968 bis 1978. (Was danach kam, stand in meinem Büro.) Eine Sekretärin und ein Assistent verbrachten etwa ein Zehntel ihrer Zeit mit »retrieval«, wie das schonende Fremdwort für Suchen-und-Wiederauffinden heißt. Diese Akten nicht zu haben wäre für mich keine Erleichterung gewesen, hätte mir die Sache vielmehr noch schwerer gemacht: Alles hat seinen Vorgang und möglicherweise auch einen Vorgänger – zumal an einer Einrichtung, die Ungewöhnliches tut, also »aus der Reihe tanzt«. Sie muß ihre Maßnahmen fortwährend nach innen und nach außen begründen. Eine Reformschule lebt in hohem Maß von der Selbstregulierung. Sie muß jede Woche eine oder mehrere Konferenzen abhalten – verschiedene mit verschiedener Kompetenz – und sie in weiteren Konferenzen koordinieren. Dies alles wird protokolliert, damit alle alles erfahren können, weil jede Tätigkeit mit jeder anderen zusammenhängt. Computer können dies erleichtern, die oben genannten Einsparungen bringen. Aber die Vorgänge der Selbstverwaltung selbst können sie nicht abschaffen. Ja, sie werden sie einerseits vermehren, andererseits unumgänglicher machen – weil sie sie gleichsam ohne physische Mühe, ohne psychischen Widerstand hervorbringen. Statt der zwei bis fünf Mitteilungsbögen, die der Lehrer an einer sich selbst verwaltenden Schule in seinem Postfach vorzufinden pflegt, wird er seinen persönlichen *terminal* täglich fragen müssen, was für ihn eingegeben worden ist – und wird es eines Tages sein lassen, weil es immer mehr wird. Er wird also nicht einmal mehr wissen, was und wieviel er versäumt. Er wird darum auch nicht rechtzeitig Einspruch erheben können. Er wird, in einem Wort, schuld sein, wenn die Dinge falsch laufen. Verlangsamung, Hemmung der »sekundären« Kommunikation, die Vermeidung der Erledigungs-Illusion, das tapfere Aufsuchen der Reibungsstelle wären jedenfalls in Einrichtungen, deren natürliche Agenda Unterschiede, wechselnde Entscheidungen, persönliche Verständigung heißen, nützlicher.

Mein Verkehr mit meiner Bank ist mir weitgehend unverständlich geworden – »ihr« vermutlich auch, denn dort gibt es keine Person, die meine Eingaben »liest«; sie sind auf Formularen eingetragen und werden automatisch verarbeitet. Die Mühe der Überprüfung und die Verantwortung werden mir zugeschoben.

Meine Unterlagen für die Steuererklärung schicke ich in einer bestimmten Ordnung meinem Steuerberater. Der macht daraus endlose Zahlenkolumnen, die, wenn ausgedruckt, ein kleines Buch ergeben. Es ist mir nicht vorstellbar, daß ein Beamter im Finanzamt dies kontrolliert, indem er es »liest«. Das überläßt er seinem PC. Das bürokratische Labyrinth, das Karl Valentins »Buchbinder Wanninger« empfängt, erwartet auch uns noch täglich: Es besteht nun aus automatischen Auskunfts-Relais, Warteschleifen, vorgefertigten Antworten – bis nach unendlicher Zeit die Sachbearbeiterin auftritt, sich die Zeit nimmt, den Vorgang zu verstehen. *Nihil sine homine …*

Reformen im Rahmen staatlicher Schulaufsicht wären nicht denkbar ohne technische Mittel. Freilich, gäbe es keine technischen Mittel, wären Reformen vielleicht überflüssig. Die Ordnungen wären nicht so festgelegt, daß man die gewollte Veränderung nicht auch ohne ausdrückliche Umwandlung erreichen könnte. Die individuelle Einrichtung bildete ihre eigene Wirklichkeit aus. Sie hinge nicht so sehr an dem gedachten Gesamtsystem.

Dies gilt vollends für die einzelne Person. Die Mittel, die ihr ihre Rechte sichern sollen, sind selbst oft ihre ärgsten Fesseln, wenn sie allgemein gemacht werden. Die Bielefelder Laborschule bemüht sich, ihre Schüler nach deren individuellen Möglichkeiten zu fördern. Soll dies gelingen, darf sie sie nicht gleichzeitig den abstrakten Maßstäben des allgemeinen Beurteilungssystems unterwerfen. Sie schreibt jedem Kind zu jedem Kurs einen eigenen Bericht. Am Ende muß der Schüler gleichwohl mit einem Notenzeugnis entlassen werden; er wäre sonst gegenüber anderen benachteiligt. Dieses Zeugnis aber muß auch begründet werden. Wie soll das geschehen?

Von normalen Schulen fordert die letztlich für dies alles verantwortliche Schulaufsicht als Begründungsmittel nachweisbare Leistungen des Schülers X im Verhältnis zu nachweisbaren Leistungen seiner Mitschüler, ja der Schüler überhaupt. Der Nachweis geschieht durch »Messung«. Was gemessen wird, hängt von den vorhandenen Meßinstrumenten ab. Nichtmeßbares fällt nicht ins Gewicht, zum Beispiel die Leistung, mit seiner Gruppe und der größeren Gemeinschaft von Schülern und Erwachsenen in Freiheit und Frieden zu leben.

Man kann sich ausrechnen, wie die Einführung der Fachzensur in Jahrgang 10 im Laufe der Zeit die gesamte pädagogische Arbeit der Laborschule erodiert. Neil Postmans Warnung (vgl. oben S. 32) ereilt uns hier.

Ich will damit sagen: Die Technik kann diejenigen gesellschaftlichen und individuellen Tätigkeiten zur Geltung bringen, entlasten, steigern, die zu ihren Gesetzen passen. Sie beeinträchtigt in der Regel diejenigen Tätigkeiten, die anderer Art sind. Sie bedient die verteilende Gerechtigkeit. Sie stört die ausgleichende Gerechtigkeit, denn diese muß ungleich verfahren.

Noch hat jede technische Erneuerung die Einrichtung oder Organisation gegenüber dem einzelnen gestärkt. Das liegt s.v.v. in der Natur der Technik: Sie steht in strenger »Übereinstimmung mit den Gesetzen der Natur« (Max Eyth). Diese sind gnadenlos gegen das Willkürliche und Unregelmäßige und gleichgültig gegen das ganz und gar einzelne.

Der liberale Staat ist an der Schwelle zum Industriezeitalter unter Berufung auf die Idee des Gesellschaftsvertrages entstanden. Sein ursprünglicher Auftrag war, die Freiheit auch des schrulligsten einzelnen zu schützen, solange dieser die Freiheit der anderen nicht beeinträchtigte. Unter dem Einfluß der Industrialisierung – obendrein innerhalb der allgemeinen Nationalstaatenstruktur – ist dem Staat zunehmend eine andere Aufgabe zugefallen: die Lebensbedingungen aller in ihm lebenden Menschen zu sichern. Daraus ist im Laufe der Zeit das systematische Bemühen geworden, die einzelnen zu befähigen und anzuhalten, daß sie jene gemeinsamen Lebensbedingungen einhalten und fördern. So werden heute unbekümmert und offen schulische Maßnahmen gesetzlich erlassen oder behördlich angeordnet mit dem Argument, daß die Wirtschaft dies brauche, daß das Land sonst nicht wettbewerbsfähig bleibe, daß die Individuen sonst keine Beschäftigung fänden. Auf diese Weise verbindet sich der Versorgungs- und Sicherheitsstaat mit dem technischen System gegen den Eigenwillen. Mit der (Natur-)Gesetzmäßigkeit der Technik verbindet sich die Machbarkeit und die Mechanik. Alle gesellschaftlichen Subjekte bedienen sich ihrer; eines nötigt das andere dazu; allen voran der Staat als das machtvollste gesellschaftliche Subjekt. Aus einem durch Gesetz geöffneten und geregelten Spiel-Raum wird der Staats-Apparat, der neue Leviathan. Wie sehr dies auch unserer Staatsphilosophie widerspricht, er ist es durch die Organisation von Fiskus, Recht, Bildung, Wissenschaft, Verkehr, Post, Rundfunk und Fernsehen, Verteidigungswesen, Gesundheitswesen, Rentenversorgung ...

Wird er es bleiben – oder übernimmt nun einerseits der Markt, andererseits die Kybernetik die Regulierung der gesellschaftlichen Prozesse, wie Kahn/Wiener dies vorhergesagt haben (siehe oben S. 55)? Die technische Zivilisation ist eine Mittel-Zivilisation. Die Hoffnung ist, durch mehr und geeignetere Mittel mehr Aufklärung, mehr Freiheit und mehr Mitsprache zu bekommen. Diese Hoffnung ist nur berechtigt, wenn die Mittel als einzelne »Mittel zum Zweck von ...« bestehen und nicht zu Mittel-Systemen werden. Wenn man diese neuerdings als »interaktiv« oder »dereguliert« oder »dezentralisiert« hinstellt, lenkt das nur vom Bewußtsein unserer Abhängigkeit ab.

Es mag die Bürger beruhigen, daß ein (staatliches) Gericht einer Firma verbieten kann, die Benutzung des Telefons am Arbeitsplatz durch einen Computer zu überwachen, oder daß der Regierung vom höchsten Gericht untersagt wird, das Volk auf eine besondere Weise zu zählen. Meine Pointe war freilich eine andere: nicht, daß unser Staat gefährlich, sondern daß er in seiner liberalen Funktion gefährdet ist. Das Gericht hat den einzelnen vor einem Übergriff auf seine Rechte bewahrt. Die Technik war im Begriff, diese Rechte zu unterlaufen. Und dem Staatsapparat war das recht.

Die Organisation einzelner in durchsetzungsfähigen Verbänden, sei es in Vereinen, sei es in Unternehmervereinigungen, sei es in Gewerkschaften, ist eine verständliche Reaktion auf die Macht der staatlichen Verwaltung. Aber erstens sind solche Verbände selber in Gefahr zu »verbürokratisieren«, und zwar um so mehr, je größer sie sind. Zweitens sind sie nicht immer gleichmäßig wachsam gegenüber den Mitteln und Mittelsystemen. So haben sich zum Beispiel die Gewerkschaften des einigermaßen mechanischen Rechtsinstruments zur Einklagung von Arbeitsplätzen bedient und damit nur eine weitere rechtliche Verriegelung der Einstellungspraxis gefördert. Das tauglichere Mittel wäre das beweglichere gewesen, das zugleich die Beweglichkeit erhält – die Politik. Politik heißt, jederzeit neu mit Argumenten um die Entscheidung streiten und diese nicht immer durch ein Gesetz für alle Zeit festlegen, ein Gesetz, das den Erkenntnisstand und die Machtverhältnisse des Augenblicks spiegelt. In einer »dynamischen« Gesellschaft ist nicht jeder strittige Sachverhalt schadlos durch ein Gesetz zu regeln.

Der *Kollektivierung* und *Organisierung* unseres Lebens wie der mit ihr einhergehenden Vereinzelung gewachsen bleiben heißt:

- Verstehen, daß unser heutiges Leben auf gegenseitiger Abhängigkeit beruht, die wir mit Hilfe kunstvoller Rationalität instrumentieren und aushalten.
- Verstehen, daß und wie diese Rationalität durch technische Mittel, sei es ermöglicht, sei es erzwungen wird.
- Verstehen, daß dies fast ein totales System konstituiert, das selbst das Ausbrechen aus ihm als eine seiner Funktionen regelt.
- Einsehen, daß uns dies bestimmte Verhaltensweisen und Tugenden abverlangt: Selbstdisziplin, Öffentlichkeit, Gemeinverantwortung, Toleranz, Solidarität, die Fähigkeit und Bereitschaft, sich selbst zu helfen, aber auch Wachsamkeit, Kritik, Zivilcourage, Überzeugungstreue – Tugenden, die die technische Zivilisation *prima facie* nicht fordert oder fördert.
- Der Verführung widerstehen, den Zwängen dieses Systems durch Kollektivierung der Interessen beikommen zu wollen, weil dies nur weitere Zwänge erzeugt.
- Der Verführung widerstehen, ihnen durch vorgängige Festlegung der Handlungsmöglichkeit (also durch Verrechtlichung) beikommen zu wollen, weil auch das nur neue Zwänge erzeugt.
- Verstehen, daß die Bürger das System immer wieder durch Politik bewegen und beweglich halten müssen, und daß das fast wichtiger geworden ist als (einengende, stillegende) Kontrolle zu üben.
- Die Ansprüche des Individuums nicht nur nicht dem Leviathan, sondern auch nicht den scheinbar neutralen und machtfreien technischen Entwicklungen opfern.
- Bereit sein, der »Formatierung«, der Standardisierung um

des Apparates willen, der Prämie für Reibungslosigkeit Widerstand zu leisten, wo und weil sie die gesellschaftliche Vernunft untergraben: Der Gesellschaftsvertrag gilt der geordneten Freiheit, nicht der DI-Norm.

(4) Die technische Zivilisation führt zu einer Vermehrung der Beziehungen und Verantwortungen und einem Verlust an Übersicht und Entscheidungsfähigkeit. Es gilt, der *Komplexität* unserer Verhältnisse gewachsen zu bleiben.
Ich stelle die Aufgabe und die wünschbare politische wie pädagogische Antwort der Erwachsenen am Beispiel des Friedens und seiner Gefährdung dar.

Daß ein Krieg, der Deutschland zerstört, in Kuba oder am Persischen Golf oder wieder einmal auf dem Balkan ausbrechen kann, das haben wir inzwischen alle verstanden. Wir leben endgültig in der einen Welt. Wir hören in den Abendnachrichten mehr über Probleme in entfernten Ländern als über die in den heimischen. (Diesen wird eine andere Sendezeit mit anderer, kleiner Besetzung eingeräumt.)

Aber dieses Wissen hilft nicht – es hilft nicht helfen, nicht kämpfen, nicht lösen, nicht entscheiden. Ich kann Geld für die verhungernden Kinder in Äthiopien spenden; aber ich lerne auch (in der gleichen Sendung), daß das eine zweifelhafte Hilfe ist. Das langfristige Problem könnte durch die kurzfristige Lösung unter Umständen verschlimmert werden. Ich kann ein weiteres Mal vor der Botschaft einer despotischen auswärtigen Macht protestieren, weil sie erneut Rechte ihrer eigenen Bürger mißachtet; aber ich erfahre auch, daß gerade dieser Protest zur Rechtfertigung der nächsten Verhärtung benutzt werden kann. Die wenigsten politischen Fragen versteht man durch das, was man in Nachrichtensendungen, ja selbst in ausführlicheren Presseberichten über sie vernimmt; dazu sind sie in der Regel zu kompliziert; wirklich versteht sie meist nur der, der sie gerade handelnd zu lösen sucht.

Es darf angesichts solcher Erfahrungen niemanden wundern, wenn die Menschen am Ende ihre politischen Urteile durch moralische ersetzen. Die Vermehrung der Information, die einem begründeten Urteil zugute kommen sollte, wird durch die Komplizierung des Problems überholt, die wir dem gleichen Mittel verdanken. Die Menschen, die irgendwo um Asyl bitten, können dadurch zu Opfern werden, daß die Medien über ihren Fall berichtet haben. Denkbares und Machbares bedingen sich gegenseitig. Der nächste Krieg ist in verbindungs- und verzweigungsreichen Verhältnissen tausendfach schon angelegt. Wenn er nicht ausbricht, liegt es nicht daran, daß die Menschen die Verzwicktheit des »Zündschnursystems« besser durchschauen, sondern daran, daß sie politische Erfahrungen und Grundsätze haben. Hier gibt es keine Lösung mehr im Fortschreiten der *sophistication*, sondern meist nur noch in der »Fundamentalisierung«. Diese von den Grünen aus Anlaß der Atomfrage in die öffentliche politische Debatte eingebrachte, in der BSE-Krise wiederholte, durch Umwandlung in eine Glaubensfrage alsbald wieder verdorbene Denkfigur wird in Zukunft noch an Bedeutung gewinnen: Es kann nicht darum gehen, daß wir uns immer neue Modelle für immer neue Gefahrenkonstellationen und unsere Reaktionen darauf ausdenken. Wir müssen beginnen, uns auf das einzurichten, was wir selber allenfalls zu erleiden bereit sind – und was nicht. Dies schien mir der pädagogische Nutzen der klugen Überlegungen zu sein, die Albert C. von Müller Mitte der achtziger Jahre vorgetragen hat[5]: Die beiden sich damals gegenüberstehenden Mächte inventarisieren ihre eigenen Waffenarsenale, geben die Aufstellung mit einer von ihnen selbst vorgenommenen Einschätzung dem Gegner bekannt (das Gesamtpotential sei 100 %, jeder Waffenteil mache davon einen genannten Prozentsatz aus) und erlauben dem anderen, daraus die ersten 3 % zu streichen, die ihm am gefährlichsten erscheinen, dann die nächsten 3 % und so fort, bis nur noch solche Verteidigungswaffen bleiben, von denen sich niemand bedroht fühlen muß. Im Prinzip und ein Stück weit sind Gorbatschow und Reagan diesem Gedanken gefolgt.

Ich schreibe über Pädagogik und Bildung, nicht über Abrüstungsstrategie. Ich berühre jene Theorie aus zwei Gründen: erstens, weil ich mir nicht vorstellen kann und mag, daß die

Schulen, die die jungen Menschen in dem Alter entlassen, in dem sie den Wehrdienst leisten sollen (oder ihn verweigern dürfen), sie nicht mit der Frage der Friedenssicherung befaßt haben; zweitens, weil das pädagogische Vorgehen bei anderen komplexen politischen Fragen ähnlich sein wird. Mir scheint zweierlei fruchtlos: einfache Glaubensbekenntnisse und komplizierte Kalküle. Beide können angesichts einer hochspezialisierten und sich obendrein weiterentwickelnden Materie – Weltbevölkerung, Genmanipulation, Sterbehilfe, Ökologie und Ökonomie und so fort – zu nichts führen. Vor deren Komplexität zu kapitulieren (und auf den Eingriff des lieben Gottes oder die Beseitigung des bösen Menschen oder die Astrologie zu hoffen) ist falsch. Sie mit den Mitteln eines Schulunterrichts rekonstruieren und die Schüler daran »handlungsreif« machen zu wollen, ist auch falsch. Aber sich an den Prinzipien versuchen und sie ein Stück weit an einem »Fall« durchspielen, damit man die praktischen und theoretischen Schwierigkeiten erfährt, ist richtig. Und die Überzeugungen und Bewertungen bekennen, begründen, besprechen, auf die man angesichts jener Schwierigkeiten zurückzufallen geneigt ist, ist auch richtig. Es ist schließlich richtig und wichtig, daß man versucht zu erklären, wie es zur gegenwärtigen Lage gekommen ist. Wehe, die eine Maxime schließt die andere aus!

Auch hier gilt es, der Komplexität gewachsen zu bleiben. Der Lehrer muß sein Teil davon schultern. Damit er die richtige Vereinfachung trifft, das heißt, die sachliche und moralische Schwierigkeit auf ein lernbares einfaches Grundproblem zurückführen kann, muß er sich jenen Schwierigkeiten selbst ausgesetzt haben. Ich gebe *ein* Beispiel einer solchen Reduktion:

Frieden erhalten, es also nicht zum Krieg zwischen Staaten kommen lassen, ist nicht Aufgabe von Kindern und Jugendlichen, sondern der Erwachsenen. Auf einem Umweg freilich kommt diese Aufgabe doch in die Kinderstube und in die Schule. Krieg zerstört Menschenleben, Natur, unsere mühsam errichteten äußeren Werke, aber auch die noch mühsamer errichteten inneren Werke: Gesittung, Menschenfreundlichkeit, Vertrauen in die Vernunft. Vernünftige Menschen wollen darum keinen Krieg. Unvernünftige, wenn schon intelligente Menschen wollen einen schnellen Krieg und einen sicheren Sieg. Den aber bekommen sie in der Regel nicht. Israel bekam ihn nicht, als es 1967 das Westjordanland und die Sinaihalbinsel besetzte und 1982 den ganzen Libanon; die Sowjetunion bekam ihn nicht, als sie 1979 in Afghanistan einmarschierte und später zweimal die Tschetschenen als Staatsterroristen zusammenkartätschte; der Irak bekam ihn nicht, als er 1980 im Iran einfiel; und Jugoslawien bekam ihn nicht, als es 1999 kurzerhand die Albaner vertrieb. Und Bürgerkriege scheinen überhaupt »endlos« zu sein – in Nordirland, in Ruanda, im Sudan.

Aber die Mittel, mit denen wir den Krieg zu verhindern suchen, haben ihrerseits schlimme Folgen – und dies schon seit langer Zeit. Vor vierzig Jahren wurde Hiroshima durch eine Atombombe zerstört. Die Hälfte der heute lebenden Menschen ist in einer Zeit geboren, in der der Weltfriede angeblich von der gegenseitigen Abschreckung der Großmächte durch diese Waffe abhing. Dann lernte man erleichtert um: seit Gorbatschow und Reagan das atomare Wettrüsten aufgaben. Man fürchtete nun die Atomwaffen nicht mehr, aber es gab und gibt Krieg in allen Erdteilen (außer dem glücklichen Australien). Am Persischen Golf und im Kosovo-Konflikt richtete sich die Hoffnung der Militärs (und unser aller) auf die Möglichkeit eines Präzisionskrieges, in dem Erkennungssysteme und ferngesteuerte Waffen für die Zerstörung der Kampfmittel des Gegners sorgen, ohne daß auch nur ein einziger eigener Soldat gefährdet wird. Bald darauf zeigte sich, daß dieser Präzisionskrieg ein Phantomkrieg war – ein Selbstbetrug und ein Betrug an der Öffentlichkeit.

Versuchen wir uns vorzustellen, wie sich die Welt in den Kindern malt – in Kindern von Eltern, die selbst in diese Zeit hineingeboren worden sind. Sie müssen den Eindruck haben, High-Tech-Waffen habe es immer schon gegeben; mit ihnen zu drohen sei »notwendig« und akzeptiert; ihre Wirkung sei zweifelhaft – und ihre Abschaffung unmöglich. Die Erwachsenen haben weder den Frieden durchgesetzt, noch dieses Mittel preisgegeben. Im Gegenteil, die Regierungen geben sich wechselseitig dauernd Anlaß, die Zerstörungskräfte ihrer Waffen zu steigern – und sie schließlich einzusetzen.

Man sieht schon die Pointe: Kinder und Jugendliche wachsen mit »Botschaften« auf, die in ihnen einen tiefen Unglauben an die Möglichkeit der Politik hinterlassen müssen. Sie lernen zwar, gottlob, noch, daß die Wahrheit zu sagen richtig ist, daß man Gewalt nicht ausüben soll, daß Leib und Leben nicht verletzt werden dürfen, daß, wo es zwischen Menschen schon keine Liebe und kein Vertrauen gibt, wenigstens Vernunft walten möge – aber sie lernen auch, daß es unerläßlich ist, mit Krieg zu drohen, Waffen herzustellen und zu verkaufen, Minen auszulegen, ob die Abschreckung nun funktioniert oder nicht. Mit anderen Worten: Ich muß Antworten bereit haben für den Zwölfjährigen (nicht den Achtzehnjährigen!), der fragt: Was ist der Unterschied zwischen der vorgehaltenen Pistole des Geiselnehmers und der vorgehaltenen Raketenwaffe? Ich werde dann nicht sagen dürfen: daß im Fall der Rakete der andere auch eine habe. Die Rakete ist nicht auf die Regierungen, sondern auf die Bevölkerung gerichtet, die ebenso unbeteiligt/unschuldig ist wie der Bankbeamte oder die Geisel. Und ein Zwölfjähriger fragt so, denn er hat den Film »War-Games« gesehen.

Ich muß eine Antwort haben, wenn er fragt: Warum muß die Rente meiner Oma schrumpfen, wenn wir unvorstellbar große Summen für Waffen ausgeben – für einen Starfighter oder einen Panzer oder eine Rakete –, mehr, als meine ganze Familie in ihrem ganzen Leben haben wird? (Von Kindern, die in Afrika hungern oder verhungern, gar nicht zu reden!) Ich werde ihm zunächst bestätigen müssen, daß seine Vorstellung von den Größenordnungen richtig ist: In der Welt werden 600 Milliarden Dollar jährlich für Waffen ausgegeben, 1 Million Dollar in jeder Minute. Aber ich werde der Komplexität der Probleme gerade dann nicht gerecht, wenn ich sie – einem Zwölfjährigen – vorstelle und dies für eine Erklärung halte.

Vor der Pubertät teilen wir die Welt in Gut und Böse ein. Mit der Pubertät kommen Zweifel, beginnen wir zu relativieren, mißtrauen wir den Teufeln und Engeln, den glatten Lösungen. Aber damit diese prüfende Haltung entstehen kann, muß es vorher das Gute und das Böse geben. Ich antworte also mit klaren Urteilen: *Wir* sollten nicht mit Krieg drohen. *Wir* sollten dieses teuerste aller Mittel nicht zu Lasten anderer Möglichkeiten ausbilden und unterhalten, von Möglichkeiten, die freilich mühsamer und langwieriger sind. Und ich füge hinzu: *Du* und *ich* können etwas dafür tun, daß diese Möglichkeiten und nicht die zerstörerischen bedacht, beredet, besorgt werden. Wir haben eine Demokratie. Sie bleibt eine, auch wenn wir uns in ihr fünfzig Jahre lang in einer wichtigen Frage geirrt haben. Ich wähle, sage ich weiter, die Partei, die diese Probleme nicht vertuscht, sondern uns die notwendigen Zumutungen macht.

Ich weiß, daß ich diesen Schülern, wenn sie drei oder vier Jahre älter sind, mehr sagen muß. Hier ging es mir um etwas anderes: Die Waffen, die wir haben, bereiten uns ungeheure Lebensprobleme – in diesem Fall Erziehungsprobleme –, ohne daß wir sicher sein können, daß sie die anderen Probleme lösen, die sie zu lösen behaupten. Wohlgemerkt, Waffen, die nicht einmal mehr in den Krieg, an die Front getragen oder gefahren oder geflogen werden müssen, sondern die sich selbst ins Ziel bringen, haben die Welt auch im Frieden verändert, einfach, indem sie da sind. Mit einer Steigerung der Zahl und des Raffinements der Mittel lösen wir in der Regel das Problem nicht; wir vermehren damit die Komplexität und erschweren unter Umständen die Lösung: Statt das Übel zu vermeiden, bekämpfen oder bedrohen wir es nun mit unseren teuren und wunderbaren Apparaten – wir machen uns von diesen abhängig.

Komplexität heißt wörtlich Verflochtenheit. Am Beispiel der Friedenssicherung wird diese Eigenschaft unserer Welt deutlich – zumindest für uns Ältere. Sie überwältigt auch die Antwort auf die Frage, wie man mit ihr »fertig werden« solle.

Der *Komplexität* unserer Verhältnisse gewachsen bleiben heißt:

- Sie voraussetzen und zunächst allen einfachen Erklärungen und Lösungen mißtrauen.
- Sie sich im eigenen Fall theoretisch klarmachen, so gut es geht.

- Sich nicht der Verführung hingeben, alles über einen Sachverhalt wissen zu wollen, bevor man überhaupt entscheidet – die Fülle der möglichen Informationen also nicht zum Vorwand für Unentschiedenheit nehmen.
- Sich bewußtmachen, was für das eigene Urteil und das eigene Handeln wichtig ist und woran man das mißt.
- Also die Probleme, mit denen man es aufnehmen will, bewußt wählen.
- Die eigenen Motive und die der anderen in diesem Vorgang prüfen.
- Sich klarmachen, ein wie verständliches, mächtiges und tükkisches Motiv in der organisierten Gesellschaft der Wunsch nach Übersichtlichkeit, Einfachheit und Sicherheit ist.
- Aushalten, daß »absolute« Mittel (ABC-Waffen, die Todesstrafe, das Klonen von Menschen, das Denkverbot) unter allen Umständen verwerflich sind, wir darum nicht auf sie setzen, nicht einmal mit ihnen argumentieren sollten.
- Die moralischen Grenzen politischen Handelns erkennen: Opfer dürfen sein, sinnlose Opfer nicht.

(5) Die technische Zivilisation verändert unser Verhältnis zur Natur – zu der uns umgebenden und zu der in uns. Es gilt, der *Objektivierung* und *Entfremdung* gewachsen zu bleiben, die mit der Beherrschung der Natur einhergehen.
Ich stelle die Aufgabe und die wünschbare politische wie pädagogische Antwort der Erwachsenen am Beispiel der menschlichen Gesundheit dar.

Objektivierung ist das Verfahren, mit dessen Hilfe die Wissenschaft ihren Gegenstand für jedermann, einen gedachten Standardbeobachter erkennbar macht. Es ist ein ingeniöses, für unsere Kultur außerordentlich wichtiges Bemühen, das uns namentlich in den Naturwissenschaften zu großen Erfolgen verholfen hat. Man kann es mißbrauchen und mißverstehen. Und vor allem: Es hat ärgerliche Folgen, wenn man es verabsolutiert. Denn obwohl man den Versuch zu »objektivieren« mit so gut wie jedem Gegenstand vornehmen kann, wird uns das doch nur unterschiedlich gut gelingen, und aus manchem Gegenstand wird dabei einfach ein anderer. So kann man zum Beispiel den religiösen Glauben eines Menschen objektiv erklären – kulturanthropologisch, geschichtlich, psychologisch, tiefenpsychologisch, als Mittel bewußter Verdummung. Die Wirklichkeit, die der Glaube dem Gläubigen ist, erfaßt man damit nicht. Man kann sie ihm verleiden, verstellen, verletzen.

Unsere Gesundheit ist nicht in dem »gleichen Fall«, aber sie ähnelt dem Glauben mehr, als ein Teil der Mediziner, die harten Naturwissenschaftler unter ihnen, zugeben mag. Da der Fortschritt der Medizin in den letzten Jahrhunderten im wesentlichen ein naturwissenschaftlicher war, haben auch die Laien zu ihrem Körper ein ihnen von den Ärzten vorgeführtes »objektives« Verhältnis eingenommen, eine versachlichende Distanz. »Der Mensch als Arbeitskraft«, die taylorisierten Produktionsbedingungen, der Leistungssport, das Militär, die Statistik, die Krankenversicherung, die einseitigen und künstlichen Lebensformen: die Sitz- und Stehberufe, die klimatisierten Wohnungen, das Stadtleben mit falscher Tageseinteilung und ständiger Hetze, die Mode und nicht zuletzt die Moral – sie alle haben dazu beigetragen, uns dem eigenen Körper zu entfremden. Der Körper rächt sich, der falsch aufgeteilte Mensch fühlt sich unwohl, bringt Neurosen hervor, versagt schließlich auch geistig. An keiner Stelle ist der schädliche Einfluß der technischen Zivilisation so einfach zu erkennen wie an dieser. An keiner auch vergessen wir so leicht, was sie uns Gutes gebracht hat: Entlastung von deformierender Schwerarbeit, eine vielseitige Ernährung, vergnügliche und also verlockende Sportarten und -gelegenheiten. Die Zahl der Kinder beispielsweise, die nicht schwimmen können, ist in Deutschland fast null. Keines wohnt weiter als zwölf Kilometer von einem Schwimmbad entfernt.

Mein Gegenprogramm zur Entfremdung vom eigenen Körper – seinen Wahrnehmungen, Regungen, Bedürfnissen – heißt: sich mit dem eigenen Körper befreunden. Ein anderes Gegenprogramm heißt: ihn zu seinem Heil zwingen – durch Jogging,

Trimm-Pfad, Aerobics, Sauna (das heißt regelmäßige, medizinisch kontrollierte Kreislaufanregung durch berechneten Temperaturwechsel), Diät, Frischzellenkur, Heimtrainer – Maßnahmen, die ich möglicherweise aus Unkenntnis falsch gewählt habe, die hier aber für kalkulierte kompensatorische Anstrengungen stehen, die uns das falsche Leben weiterzuleben erlauben, uns den Körper noch fremder machen und prinzipiell nicht mehr leisten als Kaffee gegen Unausgeschlafenheit und Zigaretten gegen Nervosität. Objektivierung/Entfremdung findet extreme Erfüllung in der Vorbereitung zur Manipulation der menschlichen Gene, in der künstlichen Insemination, der extra-uterinen Zeugung, der Organverpflanzung, der Verlängerung des Lebens gegen den Willen des Leidenden ... Über all das soll hier nicht geurteilt werden. Es soll nur als eine Folge jener »Objektivierung«, jenes kunstvollen Absehens vom subjektiven Befinden wahrgenommen werden, das mit der wissenschaftlichen Erkenntnis und den technischen Verfahren insgesamt einhergeht.

Dem entspricht in der umgekehrten Richtung die Flucht der geplagten Seele in die physische Krankheit, des geistig und moralisch überforderten Menschen in die Therapie: Hier übergibt er die Verantwortung für sich dem Arzt oder der Klinik oder dem Psychiater oder der Therapiegruppe. Denn man kann in dieser sonst so unbarmherzigen Gesellschaft alle Last – Pflichten, Süchte, Schuld und Schulden – loswerden um den Preis, daß man sich für krank erklärt.[6] Die technische Zivilisation, die der Steuerung durch unsere Vernunft so dringend bedarf und uns mit dieser Forderung an den Rand des Wahnsinns treibt, entbindet uns umstandslos davon, sobald wir bereit sind, dem vernünftigen Eigenwillen zu entsagen.

So menschlich-nachsichtig gehen wir mit den anderen Mitgeschöpfen nicht um. Sind Rinder krank, schlachten und vernichten wir sie – nicht aus Mitleid, sondern zur »Marktbereinigung«. Das Unkraut ist eine Erfindung des Gärtners, das Ungeziefer eine Erfindung der Hygieniker. Hier hat das Wort »Objektivierung« immer auch die Bedeutung »zum Objekt machen«, zum Gegenstand unserer Verwertung.

Der *Objektivierung/Entfremdung* gewachsen bleiben heißt:

- Sich den wohlbegründeten, wohldefinierten Sinn des wissenschaftlichen Verfahrens immer wieder vergegenwärtigen und dadurch seinem Mißbrauch wehren; »Wissenschaftsfeindlichkeit« ist Zeichen mißverstandener Wissenschaft.
- Die Vernunft unserer Naturerkenntnis gegen unsere unvernünftigen Kulturgewohnheiten einsetzen.
- In unseren Entscheidungen den Körper und seine Sinne mitreden lassen, ihn nicht rigide durch den Willen und das Wissen bevormunden.
- Früh die Freude am Körper wecken und sie mit einigem Aufwand an Zeit und Phantasie aufrechterhalten; die Körperkultur darum jedoch nicht wichtiger nehmen als die geistige und die politische Kultur.
- Vor und neben der Naturwissenschaft Naturerfahrung suchen; wieder mit Tieren leben, sich an ihnen als Partnern freuen, sie vor den Folgen unserer Zivilisation schützen – das macht unsere Menschlichkeit aus.

Ich habe weit ausgeholt. Die Bildungspolitiker und Bildungspraktiker unter den Lesern werden ungeduldig geworden sein. Die Bildungspolitiker sind es gewohnt, ein ja immer schon fahrendes Schiff zu steuern – es auf dem richtigen Kurs zu halten, obwohl die Sicht unklar, der Seitenwind heftig, die Maschinenkraft aus irgendeinem Grund schwächer geworden ist. Sie »reagieren« in der Regel: auf die öffentlichen Finanzen, die Arbeitslosenstatistik, den Bedarf an qualifiziertem Nachwuchs, die Schülerzahlen, ein wissenschaftliches Forschungsergebnis, beispielsweise internationale Leistungsvergleichsstudien, ein Interesse der Öffentlichkeit oder dessen Nachlassen. Gelegentlich geben sie Kurskorrekturen, weil das Schiff abgedriftet ist oder sonst jemand seine Pflicht versäumt hat. – Aber warum sollen sie sich nun gleichsam mit allgemeiner Meereskunde, Schiffsbau und den Bedingungen des Seehandels befassen?

Es wäre auch falsch, von ihnen zu erwarten, daß sie etwas anderes tun – das Ziel ändern, die Fahrt abbrechen, auf ein anderes Schiff umsteigen lassen, oder diesseits der Metapher: der Gesellschaft einen Wandel vorschlagen oder gar verschreiben, der sich durch Pädagogik verwirklichen ließe. Sie können der Pädagogik nicht einmal ernstlich neue Ziele setzen. Sie können sie herausfordern, kritisieren, an der eigenen Absicht oder an den Leistungen anderer messen; sie können ihr die Wege in einer bestimmten Richtung ebnen und in einer anderen erschweren. »Die Ziele« der Pädagogik aber ergeben sich aus dem Ziel – Kindern zu helfen, erwachsen zu werden. Das macht die Pädagogik zu einem störrischen Partner.

Die Bildungspraktiker werden auch unzufrieden sein. Was ich in diesem Abschnitt gesagt habe, paßt nicht in die gewohnten Muster der Auseinandersetzung. Es scheint aus der Geschichte der pädagogischen Konfrontationen auszubrechen.

Wenn ich mich nicht täusche, hat sich zwischen 1975 und 1985 in der Pädagogik etwas vollzogen, was man heute gerne einen »Paradigmenwechsel« nennt und was in dem Bild vom Schiff – mit Kurs und Kapitän – nicht recht unterkommt, in dem es dann heißen müßte: Das Schiff fahre zwar weiter zum gleichen Ziel, aber es nehme eine andere Route oder ein anderes Tempo oder ändere den Zweck der Reise – aus dem Transport werde eine Kreuzfahrt oder aus dieser eine Demonstration.

Das Paradigma, dem wir in den 70er und 80er Jahren zu folgen begannen, war: Die Schule diene – gleich, wofür sie gedacht sei – in erster Linie als Aufenthaltsort für die Kinder und Jugendlichen; hier machten sie einen großen Teil ihrer Erfahrungen oder bestätigten sich diese unter den hier versammelten anderen Kindern und Jugendlichen; die Belehrung, einst wichtigste Aufgabe der Schule, trete hinter die Bewältigung von Lebensproblemen zurück und setze an diesen an; Schule bereite auf diesem Weg für das Leben nach der Schule vor; Schul-Erfahrung müsse darum mit Lebens-Erfahrung zu tun haben und nicht von dieser ablenken oder diese verstellen; Schule sei sonst eine Einübung in Schizophrenie. In dieses Konzept fügte sich der Auftrag »die jungen Menschen so ausstatten, daß sie der technischen Zivilisation gewachsen sind«.

Seit Mitte der 90er Jahre setzt sich ein anderes Muster durch

– dasjenige, gegen das sich die Neufassung dieses Buches wehrt: Die Schule sei eine Karriere-Anstalt – bilde den einzelnen für die spätere Erwerbstätigkeit aus und versorge die Wirtschaftsgesellschaft mit dem nötigen Nachwuchs.

Andere Paradigmen in der Geschichte der Pädagogik waren zum Beispiel Platons philosophische Menschenbildung, Rousseaus Wiederherstellung der natürlichen Kindheit um des Erwachsenseins in der Kultur willen, das Ideal der Lebenstüchtigkeit europäischer und amerikanischer Pragmatisten, die Einübung in Politik und gesellschaftliche Konflikte in den sechziger Jahren des 20. Jahrhunderts – und nun die wundersame Verbindung von »Die Schule ans Netz« mit kompensierender »Werteerziehung«.

Keines dieser Paradigmen ist durch seine Nachfolger »erledigt«. Jedes neue hat die Erfüllung, Abwandlung, Kritik des voraufgehenden in sich aufgenommen, es aber um einer neuen Notwendigkeit oder Möglichkeit willen überschritten.

Auftrag *und Grenzen* der Pädagogik hätte richtigerweise über diesem Abschnitt stehen sollen. Aber die letzteren haben wir noch nicht erreicht. Wenn die Bildungseinrichtungen an Entscheidungen der Bildungspolitik mitwirken und nicht nur den ihnen zuletzt zugedachten Auftrag erfüllen *wollen,* müssen sie sich theoretisch, um nicht zu sagen philosophisch sehr viel besser rüsten. Sie müssen sich vor allem selber sehr viel mehr verändern, als ihnen ihre »Reformer« einstweilen zumuten – und sie selber auch nur ahnen.

5
Ein anderes Vorgehen der Pädagogik

Ging es im voraufgehenden Abschnitt um die Einsicht, daß Fortschritt nur Fortschritt ist, wenn er verstanden, nicht nur vollzogen wird (weshalb die vorherrschenden Verben »verstehen«, »sich klarmachen«, »erkennen« lauteten), geht es in diesem Abschnitt um die Möglichkeiten und Grenzen pädagogischen Handelns, ja, um eine Aufforderung zur Tat.

Nehmen wir an, wir Pädagogen hätten uns von beidem überzeugt: vom Nutzen *und* von der Gefahr der Neuen Medien, wir hätten uns nicht in den unversöhnlichen Gegensatz treiben lassen, die Neuen Medien seien notwendig und unvermeidlich oder überflüssig, dem Menschen unbekömmlich und darum unter allen Umständen abzuwehren. Was können und was müssen wir tun?

Anders als vor fünf Jahrzehnten, als es in der Bundesrepublik um die Errichtung und Festigung der Demokratie und also um die Unterstützung dieses Prozesses durch eine politische Bildung ging; anders als bei den gesellschaftlichen Aufgaben »Friedenssicherung« und »Umweltschutz«; anders auch als bei der Bewältigung der sozialen Probleme durch soziale Reform oder bei der Hilfe für die Dritte Welt – Aufgaben, bei denen die Pädagogik damit rechnen konnte, die jungen Menschen für ihre Absichten zu gewinnen, sie zu Bundesgenossen in der Sache zu machen – kann sie hier nicht hoffen, mit den Schülern und mit der Gesellschaft zu arbeiten, sie muß darauf gefaßt sein, daß sie sie beide gegen sich hat. Ja, sie ist in ein kaum lösbares Dilemma geraten: Leistet sie der sich vollziehenden, um das Aufwachsen der Kinder unbekümmerten Mediatisierung

Widerstand, isoliert sie sich und kündigt ihren bisherigen gesellschaftlichen Auftrag, auf das Leben vorzubereiten, wie es ist. Läßt sie sich auf die Mediatisierung ein, betreibt sie ihren eigenen Abbau, denn längst unterlaufen oder überlagern die Neuen Medien viele Bemühungen und Wirkungen der Schule. Sie bedient dann zwar eine bestimmte Erwartung der Wirtschaftsgesellschaft, aber sie tut es mit Notwendigkeit schlecht (ihre Ausstattung und das Know-how ihrer Lehrer werden immer hinter den Entwicklungen zurückbleiben) und verschult erneut ein Stück Leben, erzeugt Zwang und Unlust, wo einstweilen noch Selbständigkeit und Neugier herrschen.

Natürlich ist es möglich, in der Schule einen Teil der Jugendlichen zu Computer- und Bildschirm-Stürmern zu machen, wie sie auch früher einen Teil der Jugendlichen gegen die jeweilige Moderne mobilisiert hat – sie zu Tacitus- und Schopenhauer-Lesern, zu Hölderlin-Schwärmern und Langemark-Helden, zu Kritikern Amerikas und Verteidigern Alteuropas hat werden lassen. Aber die Mehrheit der heutigen jungen Menschen wendet sich den neuen Techniken zu, erobert sie sich selbständig, eilt den Erwachsenen, vor allem den Lehrern und der antiquierten Schule, davon, deren Gegenstand und Verfahren noch nie bei allen gegriffen haben.

Unmittelbar mit diesem Problem verwandt ist jenes, das Jerry Mander die »Enteignung der Erfahrung«[1] nennt, womit er die Entfremdungstheorie von den Produktionsverhältnissen, der Technik und der Wissenschaft auf einen Bestandteil des Lebens ausdehnt, der ihr seinem Begriff nach widersteht. Wir sehen nun deutlich: Nur seinem Begriff nach! Zwar waren uns auch früher die Natur, die Geschichte, die Völker in anderen Teilen der Erde zumeist nur durch Abbildungen, gedruckte Texte, Berichte aus zweiter und dritter Hand bekannt, aber diese gaben ihren Abbildcharakter offen zu. Man blieb selber in der beschränkten, wahren, erfahrenen Welt, von der jene Mittel ein eigentümlicher Teil waren. Das Fernsehen und das Internet hingegen geben uns das Gefühl, da, hinter der Mattscheibe, gehe ständig die eigentliche Welt vor sich; hier in der Wohnstube, im Büro, am Fließband, *erführen* wir ohne diesen Apparat nichts davon; hier sind wir eingeschlossen und ausgeschlossen zugleich. Das Fernsehen und der ans Netz angeschlossene Computer stellen eine Verschärfung eines in der technischen und wissenschaftlichen Zivilisation überhaupt waltenden Entfremdungszustands dar.

Die Schule ist selber ein Teil dieser Zivilisation, ein Entfremdungs-Institut: Welche Lebens- und Entfaltungsmöglichkeiten außer der rationalen kann sie mit ihren Mitteln ernstlich fördern? Wären ihr andere Erkenntnis-, Erlebnis-, Mitteilungsweisen als die wissenschaftlichen und funktionalen wichtig – müßte sie dann nicht schon äußerlich ganz anders aussehen, anders gebaut und ausgestattet sein? Könnte ihr das jetzt bewußt werden, da die Computer und Bildschirme ihr die mechanisierbaren, objektivierbaren, materialisierbaren Tätigkeiten abzunehmen im Begriff sind?

Was Jerry Mander gefühlig und mit dem Eifer des Renegaten von Pflanzen und Indianern gelernt zu haben behauptet – die Möglichkeit ganzheitlicher Erfahrung und kollektiver Weisheit –, hätte ihn nicht so bewegt, wenn er nicht Jahre seines Lebens mit der Herstellung von künstlicher, berechneter, zweckhaft eingeschränkter Erfahrung zugebracht hätte – bis er sich eines Tages erschrocken abwandte.

Damit wiederum ist ein altes Schulproblem verwandt, das die Neuen Medien – der Computer mit Internet und das Fernsehen – in unterschiedlicher Weise neu auftischen: die unnatürliche Passivität der Belehrten, die doch aktiv Lernende bleiben oder werden sollten. Das mit ungeheurem Aufwand und kunstvoll vorproduzierte Schau-Werk, das auf den Bildschirmen erscheint, erzieht zu einer Zuschauer-Mentalität. Diese wird auch dann bleiben, wenn alle Neuen Medien »interaktiv« geworden sind. Wenn es den Rückkanal gibt, werden wir merken, wie wenig er uns braucht, wie wenig er »mich« meint. »Das Zeug langweilt mich, und doch bin ich davon gebannt, es interessiert mich nicht, und doch sehe ich es bis zu Ende an« – so ungefähr läßt Jerry Mander (S. 259) einen seiner Freunde reden und nennt das die »hypnotisierende Wirkung« des Fernsehens. Aber das ist keine Erklärung. Das Fernsehen tut vielmehr dies: Es erlaubt mir, untätig zu sein, indem es mir ununterbrochen mitteilt: »Was du hier siehst, ist wichtig, und darum ist es auch wichtig, daß du dasitzt und zusiehst.« Langeweile hebt, wie man weiß, diese Behauptung nicht auf.

Die Verwischung der Grenzen zwischen dem Modus der Arbeit und dem der Freizeit hat unmittelbar mit der Bemühung der Schule um eine Vorbereitung auf die letztere zu tun. Ich halte nicht viel davon, aber es dauert mich, wenn ich sehe, welchem Widerspruch ihre guten Absichten verfallen: Die Freizeitwelt, die wir für unsere private halten, wird zunehmend von den gleichen Mitteln/Medien bestimmt, die die gesellschaftliche Arbeit bestimmen, ja, der Arbeitsplatz kann mit Hilfe dieser Mittel in die Freizeitwelt vordringen, und der Bürger wird sich obendrein einbilden, individueller über ihn zu verfügen. Die Sozialwissenschaftler sagen eine beträchtliche Zunahme von nervlicher und psychischer Anspannung an den intensiv genutzten Bildschirmen voraus – und fragen sich, ob das Heim, die Wohnung, die Familie dies dann noch auffangen können, wenn der Computerterminal dort steht. Der Zwang zum ständigen Online-Sein, die Zunahme des »Sitzungswesens«, die Erwartung, daß die Medien-Zeitgenossen fortwährend weiterlernen, wenn sie denn ihren Job behalten wollen, werden schon nicht mehr prognostiziert[2], sondern festgestellt[3]. Gibt es eine neue Familien-Pädagogik, die der Schule in dem Bemühen zu Hilfe kommt, »auf dieses Leben in einer solchen Gesellschaft« vorzubereiten? Ich kenne sie nicht.

Eine Erziehung zu alternativen Lebensformen, zu Selbsthilfe und Subsistenzwirtschaft fruchtet hier nicht, weil schon jetzt sichtbar ist, in welchem Maß die neuen technischen Systeme diese Bewegungen unterstützen und damit unterwandern: Do-it-yourself ist eben dadurch ein blühender Industriezweig, und die Verkabelung könnte (Irrtum inbegriffen) geradezu von den antizentralistischen Subkulturen erfunden sein!

Bei der Vorbereitung der jungen Menschen auf das Leben als Bürger ihrer Republik hat die Schule schon immer ihre Not mit dem Tatbestand, daß die Politik in ihr nur indirekt »erfahrbar« gemacht werden kann, daß sie also weitgehend auf Belehrung angewiesen bleibt. Immerhin kann sie Vorgänge in der Schulgemeinschaft als Vorgänger der Politik draußen deuten und nutzen – Konflikte, Macht der einen und Ohnmacht der anderen, Cliquen und Anstifter, Vorurteile und die leidigen Ungleichheiten. Die Schüler bringen dazu unterschiedliche Erfahrungen, Prägungen, Bewertungen aus ihrer jeweiligen Umwelt mit, und der Lehrer verwandelt diese in ein »Modell«, an dem man die »Verhältnisse« verstehen lernt. Unterschiedliche Meinungen sind der Rohstoff des politischen Unterrichts. Wie verhält sich der Konflikt im Klassenraum zu dem »in der Welt«? Die Beziehung herzustellen fällt nicht immer leicht, und diese Schwierigkeit ist nicht nur nicht falsch, sie ist pädagogisch fruchtbar: Nun muß man den Abstand zwischen dem unklaren eigenen Zustand und dem gedachten klaren Modell ausfüllen – muß fragen, vergleichen, mit Hypothesen arbeiten und sich am Ende einigen oder weiterprüfen. Was aber kann und muß geschehen, wenn »die Welt« in allen Köpfen gleichzeitig durch starke, ja überwältigende Bilder erzeugt worden ist: ein »Blitzkrieg« am Golf, steinewerfende Intifada, die Vertreibung von zigtausend Albanern aus dem Kosovo, die hungernden Menschen im Sudan, die täglichen Bilder von Tierkadavern, die zu Tiermehl verarbeitet werden, das wiederum an Tiere verfüttert wird, die täglichen Bilder von Klimakatastrophen, die täglichen Bilder von kindisch streitenden Politikern. Alles ist deutlich erkannt, alles weit weg, alles ohne mich/uns entschieden – man kann es nur hinnehmen. Daß diese »Welt« eine ausgewählte, einseitige, künstliche ist, »sieht« man nicht, das muß der Lehrer dazusagen. Aber er selber verfügt über keine andere. Auch verdanken wir sie nicht bösen Machthabern (wie in »1984«), sondern unseren eigenen Vorlieben: Wir wollen die Nachrichten so – dramatisch, anrührend, empörend und uns allen gemeinsam. Wer sie abschaltet, schließt sich von der »Welt« aus. Wer sich ihnen täglich stellt, kann dieser »Welt« schlecht entrinnen. – Die Aufgabe der Schule ist wieder einmal schwieriger geworden, nicht größer und nicht kleiner, sondern komplizierter.

Das gilt auch für das Gewaltproblem. Über den Einfluß des Fernsehens auf die Zunahme von Gewalttaten Jugendlicher wird unter den Experten gestritten. Ich vermute, der Streit rührt daher, daß zu häufig Statistik mit monokausalen Erklärungen verbunden und allein für »beweiskräftig« ausgegeben wird. Wären die Argumente »commonsensical«, wie Tony Blair gern sagt, und würde man insbesondere andere »Einflüsse«, »Ursachen«, »Wirkungen« mitgelten lassen, man würde nicht länger streiten, sondern etwas tun. Die Unentschiedenheit der Wissenschaftler rechtfertigt kein Stillhalten der Politiker und Pädagogen. Der Augsburger Gutachter in zahlreichen Prozessen, in denen der Einfluß von Filmen und Videos auf den jungen Straftäter geltend gemacht wurde, Werner Glogauer, hat recht, wenn er (in einer Studie über medieninduzierte Sexualdelikte) zu verstehen gibt: Schon wenige Fälle eines eindeutigen Einflusses von Filmen und Videos müßten genügen, um der Hypothese *immer* nachzugehen. Die Bevölkerung glaubt an eine solche Beziehung (einer Umfrage von DIE WOCHE zufolge: 82 %); Richter und Staatsanwälte ebenfalls (nur 8 % von ihnen halten die Beziehung für »unwahrscheinlich«). Am skeptischsten sind die Forscher, denen die Politiker im doppelten Sinn folgen (Süddeutsche Zeitung vom 24.01.01). – Obrigkeitliche Verbote sind in der modernen Gesellschaft unwirksam. Aber es gibt drei Mittel, die den Schaukonsum von Gewalt einschränken könnten: öffentliche Ächtung, vernünftige Selbstbeschränkung, hohe Besteuerung. Öffentliche Ächtung gibt es fast nicht mehr. Allzuleicht gerät sie unter »Faschismusverdacht«; auch erschwert die durch das Grundgesetz garantierte Freiheit der Kunst den Kritikern, einen Film von Kubrick oder Tarentino, von Lynch oder Lee wegen der darin gezeigten Gewalt zu »indizieren«. Ächtung müßte heißen: den Jugendschutz nicht geringer veranschlagen, also öffentlich sagen: Dieser Film ist künstlerisch hochinteressant, aber die exzessive Darstellung der Gewalt ist für Jugendliche (und vermutlich auch die meisten Erwachsenen) schädlich. So reden wir ja auch von anderen Dingen: vom Alkohol und vom Rauchen, von den Drogen und vom Hochleistungssport, vom Glücksspiel und vom Luxus. Daß Ächtung nicht genügt, beweist uns täglich die Anmerkung der Gesundheitsminister Europas auf den Reklamen für Zigaretten, ja, auf jeder Zigarettenpackung: daß das Rauchen gesundheitsgefährdend sei. Darum das zweite Mittel: eigene Enthaltsamkeit – insbesondere, wenn man Kinder hat oder Lehrer ist. Beim Rauchen gelingt diese nur selten, weil es sein Werk schon getan hat. Aber auf Gewaltfilme kann man verzichten – das Opfer kostet keine größere Anstrengung als der Verzicht auf Mangos oder Kiwis. Das wirksamste Mittel schließlich, die Besteuerung, fordert Umdenken – »Umdenken« gebraucht wie »Umsteigen«: vom Auto auf den Nahverkehr, von nackter Marktwirtschaft zu sozialer Marktwirtschaft, von Ökonomie zu Ökologie. Wie wir den Umweltschäden durch entsprechende Steuern auf umweltschädigende Vorgänge beizukommen versuchen, könnten wir es auch mit den Seelenschäden halten.

Der »Inhalt«, den die »Mittel« transportieren, und die private, aber massenhaft gleiche Form des Konsums verlangen eine umständlichere Behandlung, als ich sie hier geben kann. Daß er zum Thema »Verschwinden der Wirklichkeit« gehört, ist offenbar: als deren Ursache wie als deren Folge. Welche Abenteuer, welche Bewährung, welche Geselligkeit, welche Politik begleiten uns in unser Cubiculum auf der zwölften Etage im Schlafsilo der Vorstadt! Was die Person in ihrer Welt nicht bekommt, das holt sich das Auge vom Bildschirm – und die Seele von der Netzhaut. Mir ist, als ob sich immer mehr junge Liebespaare so verhalten, wie sie es im Fernsehen erlebt haben. Was es bedeutet, wenn Porno-Filme zur Vorlage für den Vollzug der Liebe werden, darüber mag sich jeder seine eigenen Gedanken machen. Daß uns das Videogerät mit dem entsprechenden Angebot von Heim-Sexualität die hartnäckige christlich-bürgerliche Prüderie austreibt und das entkrampfte Zeitalter beschert, das die Aufklärung uns bisher umsonst verheißen hat, ist eine verbreitete Meinung. Ich vermute, das Soft-Porno-Dauerprogramm bekommt der Glücksfähigkeit der Menschen schlecht – es wird sie unempfindlich machen oder auf eine heimtückische, schwer zu bekämpfende Weise unersättlich oder hilflos.

An dem Abend des Tages, an dem ich dies hier schrieb, war ich im GRIPS-Theater. Zu sehen, nein zu erleben gab es »Ganz große Pause«, ein Theaterstück von Anja Tuckermann & Ensemble über Schulschwänzer und Tagträumer, »für Menschen ab 13«. Svenja, eine vitale Dreizehnjährige, und Philipp, ein in sich gekehrter Vierzehnjähriger, repräsentieren darin die Jugend, beider Lehrerin und Frau Dambrowski, Svenjas Mutter, repräsentieren die Erwachsenen. Jugendliche wie Svenja und Philipp erleben wir täglich – so recht »erkennen« wir sie erst in der Verdichtung und Verdeutlichung durch das Theater. Welche Rolle spielten in den zwei Stunden die Neuen Medien? – Keine. Svenja hat soviel Drama mit ihrer Mutter, mit der Schule und mit Philipp, daß sie kein Fernsehen braucht; und Philipp hat so phantastische Träume, daß wir auch bei ihm kein TV vermissen. Aufwachsen ohne Fernsehen – kann das stimmen?

Wie Svenja sich kindlich-unverschämt gegen die Lehrerin, die Forderungen der Erwachsenen und der Schule behauptet, hat seinen Grund in der Tatsache, daß sie ausschließlich Objekt belangloser, gutartiger, stocklangweiliger Pädagogik ist. Die Lehrerin hat Arbeitsbögen und »Aussprachen« für sie bereit, aber keine Gelegenheit und keinen Grund, auf das kleine Monster einzugehen. Die Mutter ist selber noch nicht erwachsen, sucht nach Geborgenheit bei einem neuen Freund, schaut ständig auf die Uhr, um ihn nicht zu versäumen. Mit wenigen Strichen zeichnet das Stück, wie ein heutiges Kind das »probing« seiner selbst und der Mitmenschen, der eigenen und der Grenzen der anderen betreibt: herausfinden, wie weit das geht. Je weiter das geht, um so unglaubwürdiger, nervöser und schließlich unbeherrschter werden die Erwachsenen. Daß Svenja mit soviel Lebensnot einen Unterricht über die Schnecke »ableisten« muß, ist so unerträglich sinnlos wie das Schulgebäude aus Beton, das Aufstehen um sieben, die Drohung mit der Polizei, wenn sie noch einmal schwänzt. Nichts, keine Person und keine Idee, haben Macht über sie. Nur wenn der altersgemäße Sound groß aufgedreht wird, ergreift sie Bewegung, macht aus dem Nur-Protest ein sich selbst gehörendes Ereignis – total ekstatisch bis ins letzte Gelenk.

Svenja und Philipp kommen stets auf die Bühne gebraust, mit einem Stuhl über der Schulter, einem Schultisch vor der

Brust – Gladiatoren in der täglichen Unterrichtsarena; oder sie »kaboltzen« herein – zweifache, dreifache Rolle mindestens; Philipp braust noch schneller hinaus. Er sucht einen Park auf, wo er sich seinen Phantasien hingibt: einsame Insel, eine Villa, ein Swimmingpool, keine Schule, keine Forderungen. Oder: Ich bin ein Monster, ich räche mich an allen, ich lösche sie aus – ein Flammenwerfer wäre das Größte, aber ein Maschinengewehr oder ein Terminatorschwert gingen auch. Oder: Wenn »Feinde« auftauchen – das ist, wenn er träumt, jedermann –, dann sofort runter in Schießstellung, über den Boden robben wie in Kriegsgefahr, ganz schnell sich verwandeln können wie die Pokémons. Bei ihm haben die Videos volle Arbeit geleistet. Auf ihre Welt antwortet er selber mit Video – schreiben und reden kann er nicht, er kann sich und seine Taten für die Handkamera inszenieren.

Ich erzähle dies so ausführlich in der wohl vergeblichen Hoffnung, etwas von der Verwirrung, der Intensität, der Unfähigkeit der »Kids« zu Form, Selbstbeherrschung und Begrenzung wiederzugeben. Das Fernsehen hat hier hauptsächlich die Ausdrucksmittel geliefert, Urheber dieses Chaos ist es nicht. Schuld scheint mir ein Leben voller Attrappen und ohne ernste Forderung, voller einstudierter Beziehungen und ohne Aufmerksamkeit und Geduld, voller Abläufe und ohne Phantasie. Wenn da einer »ausrastet« – ist das ein Fall für Medienpädagogik? Und wenn er jemanden dabei umlegt – ein Fall fürs Gefängnis?

Das *hidden curriculum* des Fernsehens ist oft beschrieben worden und unseren Lehrern bekannt: Die in Zehn-Sekunden-Einstellungen zerstückelte, an- und abschaltbare, vereinfachte, gleichgeschaltete (Gott, Goldener Schuß und Gorillas in einem Format), ausschnitthafte, aus einer Perspektive gesehene, permanent ablaufende Welt, in der ich offenkundig nichts auszurichten habe – das muß den prägen, der dies täglich mehrere Stunden lang erfährt. Die Lehrer kennen die Folgen: die der Konzentration unfähigen, heftig auf jeden Reiz ausschlagenden, flippigen Kinder, die gestern auch im GRIPS-Publikum saßen und mit ihren ungehemmten Äußerungen das Geschehen auf der Bühne bestätigten. Die Lehrer haben gelernt, mit diesen Kindern umzugehen – aber überhaupt nicht mit den Ursachen.

Die Antwort wird von der Medienpädagogik erwartet, die sich auf neuen Lehrstühlen einrichtet, Ausbildungsgänge entwirft, Institute und Gesellschaften gründet (und die ich im Kapitel III, 2 genauer mustere). Ich bekenne, fast alles, was in ihrem Namen geschieht, macht mich mutlos, ja elend. Wie völlig inkommensurabel zum Gewicht und zur Tragweite der Probleme ist, was diese Branche unserer Zunft weiß, kann und sagt! Ich sehe falsche Geschäftigkeit, falsche Hoffnungen, falschen Trost, falsche Standhaftigkeit als Kehrseite falscher Kapitulation:

Falsche Geschäftigkeit nenne ich alle von Regierungen, Landesinstituten für Schulentwicklung, einschlägigen Stiftungen, Fortbildungseinrichtungen, Verlagen unternommenen Bemühungen, den Weg zum Computer zu ebnen, bevor die pädagogischen Gründe für seine Einführung diskutiert, diese verständlich formuliert und die Einwände dagegen bedacht worden sind. Ganz besonders »falsch« ist diese Geschäftigkeit, wo sie vorliegende ausführliche Gegengründe einfach überrennt – zum Beispiel bei der Einführung des PC in der Grundschule. Ein Buch, das dieses Thema im Titel führt[4] und 1997 erschienen ist, beginnt mit einem fünfteiligen Aufreißer: Computer sind alltäglich / Technologie ist schnellebig / Computer sind männlich, aber auch weiblich / Computer sind dumm (womit wir beruhigt werden: »Odyssee im Weltraum 2001«, in dem ein Computer die Menschen überlistet, wird so bald nicht wahr: »Der PC ist schließlich ›nur‹ ein ›Rechner‹«) / Didaktik (das Thema PC bezeichnet »nicht nur einen Aspekt im Unterricht, sondern auch einen Aspekt des Unterrichts«; die Einführung des PC verlangt »auch die Bereitschaft zur Öffnung für neue Unterrichtskonzepte«). Es folgen alsbald »wichtige Empfehlungen für den Einsatz von Computern in Grundschulen«, und diese betreffen – nein, nicht die pädagogischen und sonstigen Argumente, nicht den Umgang mit Widerständen, nicht die Preisgabe einer mühsam erarbeiteten Grundschulpädagogik, sondern in dieser Reihenfolge – Kontakte zu Firmen, Banken und

Versicherungen (um »zu Sachspenden funktionstüchtiger Computer [zu] gelangen«); günstige Aussichten für die Unterstützung von Computerprojekten (wenn man den Schwerpunkt der Werbung auf »freies Schreiben« legt); die Notwendigkeit schulinterner Lehrerfortbildung; die Einstellung eines »trouble-shooters«; die Gewinnung der Schulträger, der Elternschaft und der Lokalzeitung für das PC-Projekt; Hinweise auf die wünschenswerte Einheitlichkeit und Mindestkapazität der Geräte …

Zur falschen Geschäftigkeit gehören auch die schon unzähligen Ratgeber und Handreichungen, Unterrichtsmodelle und methodischen Hinweise für den mediengestützten Unterricht, ja, sogar die vielen zum Teil trefflichen Erfahrungsberichte, solange sie nicht sagen, was sie womit bezwecken. Mit der Abhaltung eines Unterrichts unter Verwendung von PC, Internet und Video mag man sich inzwischen auskennen – aber auch mit den Wirkungen dieser Medien auf den einzelnen und den Folgen für die Gesellschaft?

Falsche Hoffnungen nenne ich unter anderem[5], was uns ein bekannter Mediendidaktiker von dem Sammelsurium des »Medienensembles« verspricht: Es werde als »eine Art Baustelle für die eigene Identitätsarbeit benutzt«. Weil es keine zusammenhängenden Bilder der Wirklichkeit biete, würden die Kinder heilsam »gezwungen (beziehungsweise haben auch die Chance), eine Synthese in ihrem Kopf und in ihrem Tun selbst herzustellen«.[6]

Derselbe Pädagoge meint, »verglichen mit der Signalvielfalt der Informationsflut, der Zerstückelung und Parzellierung des Alltagslebens … leistet die Medienwelt durchaus auch Orientierungshilfen«. Die wiederkehrenden Rituale, das gleichbleibende Personal, die Erkennungsmusik, die identischen Dramaturgien garantierten Sicherheit und gäben das Gefühl, »sich auszukennen« (S. 10).

Diese Hoffnung ist nicht deshalb falsch, weil nicht eintritt, was hier erwartet wird, sondern weil sie so peinlich bescheiden ist.

Eine falsche Hoffnung setzt er auch in die Individualisierung des Mediengebrauchs, die er fälschlich mit der Individualisierung der Erfahrung, der personalen Entwicklung gleichsetzt.

Falschen Trost nenne ich es, wenn der Amerikaner John Naisbitt behauptet, High-Tech ziehe High-Touch nach sich – ein hohes Kontaktbedürfnis. Er setzt die Vermehrung der technischen Apparatur mit einer Vermehrung des »human potential« gleich; dieses entstehe gleichsam als natürliches Komplement zur Telematik:

> Seit Angestellte am Textverarbeitungsgerät sitzen, schreiben sie Mitteilungen wieder von Hand und abends wieder mehr persönliche Briefe ... An amerikanischen Schulen wird nicht nur programmiert, sondern neuerdings auch mehr gebetet.[7]

Was soll man davon denken! Ich übe »Ausgewogenheit«, wenn ich folgende Sicht daneben stelle:

> Eltern können die elektronischen Medien auf vielfältige Weise für erzieherische Aufgaben nutzen. So sind zum Beispiel für Vorschulkinder verschiedene Arten bildlicher Anregung förderlich, und das traditionelle Bilderbuch kann sinnvoll vom Monitor ergänzt werden. Dies hat den Vorteil, daß die ›vertonten‹ Bilder nicht zusätzlich von den Eltern erklärt werden müssen und es ihnen eine zeitliche Entlastung bringt.[8]

Die Hoffnung des einen hebt den Trost des anderen auf. Wie die »bildlichen Anregungen« durch elektronische Geräte aussehen würden, vermochte man damals noch nicht zu wissen. Aber wie ein Pädagoge es für einen »Vorteil« halten konnte, daß Eltern überflüssig werden, wenn ihre Vorschulkinder Bilder erleben, zeigt, wie nah man 1982 der Orwellschen Welt tatsächlich gekommen war.

Ein anderer Trost angesichts der zu befürchtenden psychosozialen Isolierung der Kinder durch Fernsehen und Video lautet: Die Medienwahrnehmung sei ohnedies »flüchtig«, und so müsse man ihr keine große Bedeutung beimessen (Hengst, 1983, S. 8). Das Kind, dem wir nur zu lernen und zu spielen erlauben und nun auch auf den Bildschirm zu schauen, nehme vorweg, was Schicksal aller sein werde – folgerichtig, denn Kindheit sei selber durch die massenhafte Freisetzung der kleinen und schwachen Mitglieder der Gesellschaft von der Lohnarbeit zustande gekommen. Die Willfährigkeit der Erziehungswissenschaft ist schon erstaunlich! Sie ist der eigentliche Skandal, nicht falsche Urteile oder falsche Prognosen.

Falsche Standhaftigkeit nenne ich die von Klaus Haefner vorgenommene Trennung von Bildung und Qualifikation. Die letztere sei, so argumentierte er 1982 kühn, ohnedies an das Beschäftigungssystem übergegangen, und dieses wiederum könne seine »Bedürfnisse an Informationsverarbeitung« (was für ein Wort!) zunehmend technisch lösen. Bildung könne daraufhin »autonom« werden, sich der Entwicklung des »humanen Menschen« für eine »menschlich-soziale Welt« widmen. Der Computer habe die Schule überrundet; Rechnen zu können sei schon überflüssig geworden; Schreiben werde es spätestens sein, wenn die Sprechschreiber auf den Markt kommen. Wieso Bildung dadurch »autonom« wird, ja, wieso ein Pädagoge sich das überhaupt wünschen kann, ist »Bildung« doch das, was uns befähigt, die »Verhältnisse« zu beherrschen, blieb und bleibt unverständlich.

> Der Mensch in seiner Ganzheit muß durch ein flexibles, adaptives, interaktives Bildungssystem hingeführt werden dazu, in der Welt konkret ›richtig‹ zu handeln, sein Einkommen ›richtig‹ zu nutzen, seine Berufswahl ›richtig‹ zu treffen, seine Wohnung ›richtig‹ zu planen, sich politisch ›richtig‹ zu verhalten. Was da ›richtig‹ ist – im Sinn übergeordneter Ziele – muß das Bildungswesen zu vermitteln suchen.[9]

In dieser Aufzählung »richtig« einzurichtender Verhaltensweisen fehlen auffällig die Nutzung der Neuen Medien, die Wachsamkeit gegenüber ihren Folgen in unserem Denken, Empfinden und Handeln. Welche Unterschätzung der elektronischen Systeme drückt sich in diesem Zitat aus! Wie unheimlich, daß einer meint, humanistischer Idealismus und Computer-Pragmatismus seien einfach zueinander zu addieren! Mir jedenfalls ist nicht erkennbar, wie die auf Sozialhygiene und Wertevermittlung beschränkte, von der Technik und ihren Systemen getrennte Bildung irgend jemanden befähigen könne, die technische Zivilisation zu bestehen.

Was bleibt zu tun?

Als Pädagogen sollten wir uns bemühen, besser zu verstehen, was geschieht, uns elementare Erkenntnisse der Medienforschung aneignen, oft genug einfache Einsichten, die es ernst zu nehmen gilt – beispielsweise wenn Kinder einen Fernsehfilm sehen (Kognitives vergeht, Emotionales bleibt; Hertha Sturm, 1979); oder wenn Kinder mit Müttern über die gemeinsam gesehene Sendung sprechen (sie verstehen mehr, sie behalten länger, sie üben ein wichtiges soziales Verhalten ein; Hans-Bredow-Institut, 1975); oder wenn Kinder von dem Gesehenen stark berührt sind (sie ahmen es nach, um es sich anzueignen; dem muß man stattgeben, ja, man muß es fördern und formen; Mander, 1978).

Informatikunterricht ist ein wichtiges Mittel zur Entmythisierung und Entmystifizierung der Computer. Er ist freilich zunächst vor allem für die Lehrer nützlich, damit sie einerseits ihren unternehmendsten Schülern gewachsen sind und andererseits wissen, wie banal die Prozesse und wie groß die Effekte sind.

Die Lehrer sollten sich in der Medienkritik versuchen. Medienkritik heißt nicht, Fernsehen, Videos, Computer und Internet »schlechtmachen«. Ein Großteil der Programme verdient das nicht, und wir, die Kritiker, machen uns und unsere Sache damit unglaubwürdig. (Es ist die Schwäche des Buchs von Jerry Mander, daß er am »TV« kein gutes Haar läßt, obwohl doch auch er sich oft genug von ihm beeindruckt zeigt und ein prinzipieller Unterschied zwischen dem Kinofilm und dem Fernsehfilm als Kunstwerk und Darstellungsereignis nicht auszumachen ist.) Im übrigen könnte Jerry Manders Analyse des Indianerfilms (S. 279 ff.) als Prototyp einer eindringenden und ergiebigen Behandlung im Unterricht dienen. Seine Liste von Gegenständen, die fernsehgerecht sind oder umgekehrt schwer im Fernsehen wiederzugeben (S. 274–279), ist ein nicht minder guter Einstieg in die Medienkritik.

Da die Medien noch immer außerhalb der Schule mehr genutzt werden als in ihr, gebe ich ein Beispiel dafür, was eine Familie, in diesem Fall ein Heim, tun kann. Das Landerziehungsheim Schondorf hat am 9. März 1984 den Eltern seiner Schüler mit einer verständigen Begründung mitgeteilt, daß es – mit den Stimmen der Schülervertretung – die folgenden Regeln beschlossen habe:

1. Der schon in zwei Kursen laufende Informatikunterricht wird durch die Anschaffung weiterer Geräte verstärkt. Für den Unterricht steht ein Raum im Laborbau zur Verfügung.
2. Von den Schülern dürfen keine Computer mitgebracht werden.
3. Computerspiele sind im Heimgebiet verboten.
4. Fernseh-Empfangsgeräte und Fernseh-Monitoren sowie Video-Recorder sind auf den Schülerzimmern verboten.
5. Die Vorführung von Videokassetten ist nur der dafür zuständigen Gruppe bei offiziellen Filmabenden gestattet.

Das kann man erzreaktionär finden, man kann es auch »Mut zur Erziehung« nennen. Ob ich diesen selber hätte – als Familienvater oder Heimleiter (beides bin ich nicht) – und ob ich zu den gleichen Maßnahmen griffe (man muß sie schließlich durchhalten!), bezweifle ich. Aber das kann kein Einwand gegen das Prinzip sein: deutliche Einschränkung beliebiger Mediennutzung einerseits und deutliche Vermehrung bewußter, zweckgerichteter Nutzung.

Hinzu kommen muß in der Tagesschule das, was im Internat, zumal in einem »Landerziehungsheim« gegeben ist: reichliche Möglichkeiten zu eigener Erfahrung. Hierzu zählt nicht zuletzt das Gespräch. Wenn Schüler und Erwachsene über Computerspiele, Surfing-Erlebnisse im Internet und vollends über Videofilme und Fernsehsendungen reden, wenn die Schüler sie also nicht nur »reinziehen«, muß man dies alles nicht so sehr kategorisch verbieten als vielmehr zeitlich und örtlich einschränken.

Als politische Bürger sollten wir versuchen, die Entwicklungen, die wir nicht aufhalten können, wenigstens abzufedern. Wir sollten stets auf dem Nachweis bestehen, daß eine Entwicklung nicht nur möglich, sondern auch wünschenswert, nicht nur hinnehmbar, sondern auch unschädlich ist. Dieser Nachweis wird den Politikern, Technikern und Wissenschaftlern nicht so leicht gelingen wie die Berechnungen der Kosten und die Drohung mit der wirtschaftlichen Provinzialisierung unseres Landes. Wir müssen unsererseits die Gefahren schildern – undramatisch, nüchtern, mit dem moralischen Gewicht, das ihnen zukommt. Wir müssen ertragen, daß man uns als Schwarzseher bezeichnet, wenn wir zur Vorsicht mahnen. Wir müssen umgekehrt den Politikern die Kapitulation vor den Promotern und Profiteuren schwermachen. Im Januar 1982 konnte ein prominentes Mitglied der SPD angesichts der kommenden Telematikflut die Bürger, seine Wähler, auffordern, sich gegen eine Gesellschaft zu wehren, die »wir nicht wollen. Noch haben wir die Chance zur Umkehr – nutzen wir sie« (Björn Engholm, 1982). Zwei Jahre später glaubte seine Partei, diese Chance verloren zu haben, willigte in die breite Zulassung privater Sender ein und setzte mit großem Eifer auf die bildungspolitische und wirtschaftspolitische Förderung der Neuen Medien. Als ob diese des Ansporns bedürftig wären! – Ich denke, daran tragen wir Bürger die Hauptschuld.

Jerry Mander berichtet am Ende seines Buches, wie die Menschen auf seine Argumente reagiert haben:

- Wollen Sie denn wirklich die Abschaffung des Fernsehens vorschlagen?
- Ja, denn es ist eine schädliche Technik, an der nichts zu retten ist. Ohne Fernsehen wären wir alle besser dran.
- Da kann ich Ihnen nur recht geben, aber Sie werden doch nicht im Ernst glauben, daß Sie damit durchkommen?

Jerry Mander teilt nicht mit, was er darauf geantwortet hat. *Ich* kann »im Ernst nicht glauben«, daß ich den Einzug der Neuen Medien in unsere Schulen aufhalte. Ich kann nicht glauben, daß irgendeiner dies tut. Die Hoffnung, es möchte uns ein Argument einfallen, das die Politiker, die Produzenten und ihre Abnehmer überzeugt, daß die elektronische Vernetzung der *Gesellschaft* unnötig, schädlich, unsinnig sei, ist selbst unsinnig. Es gibt zuviele Gegen-Argumente, die sich an den unter ihrer Anleitung geschaffenen Gegen-Tatsachen weiter nähren. Aber die Hoffnung, daß wir den Folgen besser gewachsen sind, wenn wir sie gründlich prüfen und redlich darstellen, wenn wir die Neuen Medien nicht als das neue Heil verkaufen, ist sinnvoll. Zeit gewinnen und sich gegen die Gefahren rüsten, das scheint mir geboten und möglich. Die Zeit müssen die Politiker für uns gewinnen. Auf die Gefahren müssen die Wissenschaften vorbereiten. Ein geordnetes mutiges Nachdenken über die Möglichkeiten der Schule in dieser Frage könnte zu einer Veränderung ihrer Aufgabe führen: Ihr kompensatorisches (gegenhaltendes) Geschäft könnte wichtiger und wirksamer werden als das vorbereitende.

Dieser Wandel kann nicht aus der Pädagogik allein kommen. Dazu muß ihr die Öffentlichkeit verhelfen.

Meine Überzeugung, daß die Entwicklung falsch läuft, ist hiervon nicht berührt. Falsch läuft sie, solange wir sie so wenig beherrschen, wie das offensichtlich der Fall ist.

II

Erwartungen an die Neuen Medien

1
Die Gärten des Adonis

Vor Tausenden von Jahren lebte in Ägypten ein Dämon namens Theuth. Dieser sei zum König Thamos von Ägypten gekommen und habe ihm seine Erfindungen angeboten: die Zahl, die Rechen- und Meßkunst, die Sternenkunde, das Würfel- und Brettspiel – und die Buchstabenschrift. Auf diese letzte Erfindung sei Theuth besonders stolz gewesen: Sie werde dem Gedächtnis des Menschen beistehen. Thamos habe alle anderen Gaben dankbar entgegengenommen, die Schrift aber habe er zurückgewiesen: Eines sei es, eine Erfindung zu machen, ein anderes, sie richtig einzuschätzen. Die Schrift werde nicht, wie Theuth meine, das Gedächtnis der Menschen stärken, sondern allenfalls ihre Erinnerung; seinen Schülern bringe sie nur den Schein der Erkenntnis, nicht die Wahrheit. Die Menschen würden, mit Hilfe der Schrift, vieles aufnehmen, ohne es zu verstehen – wie Leute, die auf dem Marktplatz vieles gehört haben und nun meinen, sie wüßten es oder hätten es erlebt. Das Geschriebene sei kein Gesprächspartner. Wenn man es etwas frage, »antwortet es immer das gleiche«; es könne über sich selbst nicht Auskunft geben. Wie ein Kind bedürfe es eines Vaters, um sich zu erklären. Wolle einer ernstlich einen Gedanken aufbewahren und weitergeben, dann dürfe er ihn nicht in das präparierte Buchstabenbeet säen, wo er schnell aufgehe wie die »Adonisgärten« und ebenso schnell wieder vergehe, er müsse ihn nach den Regeln der »Dialektik« – des kritischen Gesprächs – in den Acker der Seele des anderen säen.

Dies erzählt Sokrates dem Phaidros, mit dem er sich im Laufe dieses Gesprächs darüber einigt, daß man wissen muß, was das Schöne ist, will man nicht auf das Gefällige hereinfallen – »wenn auch der Umweg weit ist, denn großer Dinge wegen muß man ihn machen (Phaidros, 274 c ff.)«.

Rund 2400 Jahre nach Sokrates kommt ein anderer Theuth zu uns und preist uns seine Erfindung an, den Computer und die ihm angeschlossene Telekommunikation. Der Computer befreie uns von der Last untergeordneter, fehleranfälliger, zeitraubender Operationen des Denkens zu den eigentlich schöpferischen Leistungen des menschlichen Geistes; die neugeschaffene künstliche Intelligenz sei der natürlichen durch die Möglichkeit der schier grenzenlosen Akkumulation, Kombination, Generalisierung und Individualisierung von Wissensdaten überlegen; das Abrufen jeglicher Information, jeglichen Bildes, jeglichen Dienstes erfolge in Sekundenschnelle; die lineare Kausalität, der wir durch die zeitliche Struktur der Sprache und den eindimensionalen Ablauf der Schrift – trotz besseren Wissens – immer wieder verfielen, werde durch komplexe Bedingungsmuster ersetzt; mühelos ließen sich »alternative Zukünfte« mit alternativen Variablen errechnen; ganze Expertensysteme könnten dem einzelnen zur Verfügung gestellt werden; ein solches – beispielsweise medizinisches – Expertensystem, in dem Lösungsstrategien und Wissensdaten gespeichert seien, erfülle zudem das Ideal der Wissenschaft: Es lege offen, in welchen Schritten es zu seinen Folgerungen und Bewertungen komme, und mache unbarmherzig die Lücken im Erkennungsvorgang sichtbar (Schmidt, FAZ 10.8.83); durch ein Breitband-Telekommunikationssystem könne die Öffentlichkeit, könne jedermann Zugang zu dem reichen Wissens- und Denkpotential der gesamten Menschheit finden und es durch seine Nutzung – nämlich neue Kombinationen von Daten für je neue Zwecke – gleichsam von selbst vermehren; die neuen Verteilersysteme »sichern den Weg in die Kommunikationsgesellschaft«, in eine »Gesellschaft mit hohem Demokratie- und Freiheitsanspruch« (Schwarz-Schilling, FAZ 27.10.83); das Breitbandkabelnetz sei das »Nervensystem der neuen Gesellschaft«, der Kleincomputer »das Infanterie-Gewehr des Fortschritts«; »an die Stelle der Wehrtüchtigkeit der Nationen tritt ihre Computertüchtigkeit«

(Held, FAZ 12.8.83); das Zeitalter sei angebrochen, in dem jeder einzelne die Chance habe, *seine* Bedürfnisse nach Information, Unterhaltung, Teilnahme am öffentlichen Geschehen zu erfüllen, der Pluralismus, auf den unsere Gesellschaft politisch angelegt ist, werde hier technisch möglich gemacht.

Neben den Preisungen gibt es Prognosen und Warnungen. Zu den *Prognosen* zählt, was die Autoren von *Auf Gedeih und Verderb,* des dritten Berichts an den Club of Rome, schreiben:

> Wir neigen zu der Auffassung, daß die Auswirkungen des integrierten Schaltkreises in der Tat revolutionär sind. Keine andere Erfindung oder Entdeckung seit der Dampfmaschine hat so weitgehende Auswirkungen auf alle Bereiche der Wirtschaft ... (S. 22).

Die Auswirkungen der großen Innovationen, die uns das Industriezeitalter beschert haben, – Dampfmaschine, Benzin- und Elektromotor – seien »nur sektoral oder vertikal« gewesen. Die Mikroelektronik werde nicht nur die herkömmlichen Tätigkeiten in der Industrie, im Dienstleistungsgewerbe, in der Landwirtschaft verändern. Sie werde das Büro, die Fabrik, den Haushalt gründlich verwandeln: Die Festplatte des Heimcomputers, verbunden mit einem Fernsehschirm, werde in Zukunft eine »selbständige und zentrale Einrichtung« in den meisten Wohnungen der Industrieländer sein.

> Mit Hilfe dieser Anlage kann die Familie ihre Rechnungen bezahlen, nachdem sie ihren Kontoauszug bei der Bank abgerufen hat, sie kann beim Frühstück die im Laufe der Nacht eingegangene elektronische Post durchsehen sowie die verschiedenen von der Familie abonnierten Zeitungen und Zeitschriften überfliegen oder lesen. Die Anlage ... wird eine breite Palette von Unterrichtsmöglichkeiten und handwerkliche und künstlerische Ausbildungskurse anbieten und von den Kindern bei der Erledigung ihrer Hausaufgaben benutzt werden.[1] Ist ein Familienmitglied mit Forschungsaufgaben befaßt, ermöglicht der Computer den Kontakt mit Kollegen und Dialoge über anstehende Probleme. Als Unterhaltungseinrichtung gibt er nicht nur die regulären Fernsehprogramme wieder und stellt

> ein Repertoire musikalischer Angebote zur Verfügung, sondern auch Computerspiele aller Art oder Schachpartien mit nahen oder fernen Freunden. Die Hausfrau wird, wenn sie es wünscht, in der Lage sein, ihre Einkäufe mit Hilfe des Computers zu tätigen, der ihr Einblick in die Regale des Supermarktes verschafft, damit sie die Waren selbst auswählen kann, und gleichzeitig die Rechnung direkt und sichtbar von ihrem Familienkonto abbucht. (S. 16)

Auch ärztliche Diagnosen werden über den Bildschirm eingeholt; man kann sich mit dem Seelsorger in Verbindung setzen und gleich an einem Gottesdienst teilnehmen – auf Kanal 77; man kann die Tagespolitik, besser noch die Politiker selbst, kritisieren, um Rechenschaft angehen und die Bosse der Massenmedien beschimpfen oder anregen oder loben. Sind die Kinder fort, gehen die Eltern an ihre Heimarbeit, die Mutter – sie ist Sekretärin – an den Bildschirmschreiber, der Vater – er ist Kaufmann oder Redakteur oder Syndikus – an seinen Terminal, wo er seine Konferenz einschaltet.

Soweit die Wohnung. Die Veränderungen im Büro und Betrieb sind noch einschneidender. Ja, unser Arbeitssystem selbst wird radikal verändert. Der Mensch wird durch Rationalisierungsmaßnahmen weitgehend verdrängt. An die Stelle von Arbeit tritt etwas anderes.

> Das Wort Arbeit bedeutet hier … die Tätigkeit des Menschen, die in der Produktion … oder in den Dienstleistungsbereichen … durch Anwendung physischer oder geistiger Kraft bestimmte Wirkungen erzielen will. (S. 319)

Diese Tätigkeit werde durch andere, von den Autoren des Club of Rome »Beschäftigung« genannte Tätigkeiten ersetzt, »die dem Menschen den Lebensinhalt oder … den ›Sinn des Lebens‹ wiedergeben werden«. »Wie kann man Beschäftigung für alle finden?« fragen sie weiter und antworten:

> Die einfachste Lösung wäre die Einführung einer ständigen Fortbildung in differenzierter Form und nach alternativen Modellen, einer

> Fortbildung, die mit Arbeit im herkömmlichen Sinn oder anderen Beschäftigungen abwechselt und an der alle Menschen bis zur Pensionierung teilnehmen sollten. Damit wären zwei soziale Anliegen zugleich bewältigt. Alle Menschen würden eine sinnvolle Beschäftigung und damit auch einen neuen ›Lebenssinn‹ finden, und die Gesellschaft als Ganzes hätte damit die Möglichkeit, das uralte humanistische Ideal des ›Universalmenschen‹ zu verwirklichen (S. 326).

Es gelte, ein »Instrumentarium« zur Verfügung zu stellen, das ermöglicht, den Lernprozeß ein ganzes Leben lang fortzusetzen. Dazu müßten »heute vernachlässigte« Disziplinen gelehrt werden wie beispielsweise »Ästhetik«, die in die verschiedenen Bereiche künstlerischer Arbeit einführt, und »Rhetorik« als Vorbereitung auf die aktive Teilnahme am öffentlichen Leben – und natürlich »Informationstechnik«, denn von ihr lebe ja das ganze System. Der *homo laborans* werde zum *homo studiosus,* ohne die Eigenschaft des *homo ludens* einzubüßen; hierin, heißt es, liege ein unbezweifelbarer Fortschritt (S. 328).

Und die *Warnungen* (wohlgemerkt: die Warnungen des neuen Theuth an einen möglicherweise unwilligen König Thamos, nicht Warnungen vor seiner Erfindung!): Uns drohe ein Computer-Analphabetentum; eine neue Bildungskrise sei angebrochen; die Bundesrepublik verpasse den Anschluß an die technischen und wirtschaftlichen Entwicklungen; unsere Schulen verschliefen die eigentliche Revolution des Lernens und Wissens.

Man sieht: Die meisten Prognosen sind wahr geworden; die meisten Warnungen der Theuths, derer, die die Einführung der Neuen Medien betreiben, ertönen noch immer; die Zweifel der Thamos' werden leiser. Innerhalb von zwei Jahrzehnten hat die »Entwicklung« über die Abwägung gesiegt.

Mit den Neuen Medien sind uns die Grundfragen der Menschheit noch einmal gestellt. Gewiß auch die Frage, wie wir die durch sie geschaffene neue Lage bewältigen: Arbeitslosigkeit und Entfremdung, Datenschutz und Dezentralisation, Nord-Süd-Gefälle und die neuen technokratischen Eliten, Verfeinerung der Kriegstechnik und gesteigerte Abhängigkeit von

Funktionen des einen alles beherrschenden Systems. Vor allem aber die Frage, was Beweggrund und Ziel unserer Bemühungen auf dieser Erde eigentlich sind.

Die Vision der Zukunft, die uns diese »dritte technische Revolution« beschert, kann nur naive – einigermaßen bedenkenlose und phantasielose – Menschen freuen. Sie gibt Auskunft über unsere unbedachten Wünsche, sie verspricht deren Erfüllung und sie erspart uns deren Prüfung, weil alles ohnehin eintreten werde. Was aber geschieht uns, wenn Arbeit der Beschäftigung, Handlung den Prozessen, Wissen der Information, das Gespräch der Massen-Tele-Kommunikation-mit-Rückkanal weichen und »Bildung an sich« zum Inhalt des Lebens wird, nicht weil wir sie wollen und brauchen, sondern weil uns nichts anderes zu tun übrigbleibt?

Weil die neue Medienwelt von Menschen gemacht ist, müssen diese sich doch zuerst und zumeist fragen, ob sie das und aus welchen Gründen tatsächlich wollen. Und die Antworten müssen etwas mit unseren Lebenszielen zu tun haben und nicht wieder nur mit den Lebensinstrumenten: Wirtschaftswachstum, Standortsicherung, Globalisierung, Vermehrung der »Optionen«. Was helfen uns diese, wenn wir sie nicht zu nutzen verstehen? Friedrich Küppersbusch höhnte vor Jahren: »Es gab schon in den besten Zeiten des CB-Funks[2] viele Leute, die waren unheimlich stolz, daß sie Kontakt mit Tokio bekamen. Und wenn man dann fragte, worüber sie so reden, dann sagten sie: ›Darüber, daß wir jetzt so prima miteinander reden können.‹« (DER SPIEGEL 5/1996).

Platons »Adonisgärten« meinen »Vergänglichkeit«. An den Feiern für den schönen Jüngling Adonis, der so früh starb und dem Zeus, der Aphrodite zuliebe, gewährte, ein Drittel des Jahres bei ihr zu bleiben (ein weiteres mußte er in der Unterwelt bei Persephone verbringen; über das letzte Drittel durfte er frei verfügen), säte man raschkeimende Saaten in vorbereitete Töpfe. So schnell wie die Pflanzen aufgingen, wuchsen und blühten, so schnell welkten sie.

Platons eigene Schriften sprechen gegen seinen Vergleich. Der dem König Thamos in den Mund gelegte Zweifel am Segen der Schrift wird heute mit Staunen zitiert, aber nicht geteilt. Wir schreiben und lesen Bücher, um das bloß gesprochene Wort zu bannen, ihm und seiner Bedeutung gründlich nachgehen zu können. Freilich wissen wir nicht, wie man ohne Schrift lebte, wieviel tiefer und fester sich das mündlich vermittelte wichtige Wissen (nicht das Geplapper) in den Menschen eingrub, als sie noch nichts »nachschlagen« konnten. Ihr Wissen war vielleicht s.v.v. »wissender« als unseres, jedenfalls war es anders – nicht zuletzt, weil es weniger war. Was die Ilias oder die Odyssee den Menschen mitteilten, war eine ganze und reiche, aber begrenzte Welt. Es wurde nur mündlich weitergegeben.

»Adonisgärten« meint auch »Täuschung«: Man beschönigt, gibt sich wissend, macht sich für den Augenblick *up-to-date*. Da wir dies dauernd tun – mit oder ohne Schrift, mit oder ohne Bildschirm und elektronische Kommunikation –, wiegt auch dieser Verdacht nicht sonderlich schwer. Die Menschheit verhält sich gleich, nur mit anderen Mitteln. Aber wenn sie das Abbild als die Wirklichkeit, das Vergängliche als die gemeinte Wirkung, die gelungene Täuschung als die eigentliche Wirksamkeit ansieht, dann ist sie dabei, eine Lebenslüge zu fabrizieren. Lebenslügen – das sind mit dem Leben bezeugte und gedeckte Lügen: Man lebt so, daß man sie nicht erkennen, nicht aufdecken kann. Werden sie aufgedeckt, bricht das Leben zusammen. Wir kennen das von Sophokles' »König Ödipus« bis zu Ibsens »Wildente« – und lernen, daß die Lebenslüge zwar mutwillig ist, aber unbewußt; sie ist zu tief in die Verhältnisse verwoben.

Mit anderen Worten: Es sind nicht die Computer, das Internet, die Fernsehwelten, die mich beunruhigen; es ist schon eher die Verbindung, die sie miteinander eingehen; es sind vollends die korrumpierenden Visionen, zu denen sie und ihre Betreiber verführen. Wir sind dabei, die Wirklichkeit von Grund aus umzudeuten – aus Einschaltquoten, Wachstumsraten, Arbeitsplatzbeschaffung, Marktbereinigung, Vernetzung der Individuen, Kommunikation und Information (statt Politik, Gespräch, Aufklärung, Solidarität in lebendigen Gemeinwesen) setzen wir die guten Zensuren, die Hoffnungen, die Erfolgsgeschichte unserer Epoche zusammen. Eine Lebenslüge wird daraus, wenn wir selber nicht mehr »dahinterzukommen« vermögen, weil die Mittel der Aufklärung selber von der Mediatisierung befallen sind, selber die falschen Verhältnisse schaffen, das falsche Bewußtsein hervorbringen. Einst hat der Mensch sich an der widerständigen Wirklichkeit selbst erfahren – heute macht er sich eine virtuelle Wirklichkeit zurecht, in der alles möglich ist. Gelegentliche »Abstürze« des Computers sind wie schlechte Träume, bringen uns aber nicht zu uns selbst.

Darum ist eines wichtiger als alles andere: prüfen, was die Neuen Medien uns sinnvollerweise bringen; dies von unbedachten Erwartungen befreien; beides von ungewollten Nebenwirkungen scheiden und – *last, but certainly not least* – die Grenzen des dem Menschen zumutbaren Wandels bedenken.

Das Thema ist so groß, daß ich mir nicht anmaße, es hier auf wenigen Seiten abzuhandeln – obendrein aus der Sicht einer besonderen, wenn auch nicht unpolitischen und unphilosophischen Disziplin. Pädagogen können sich die Frage nach der guten Gesellschaft nicht ersparen, und was sie tun, dient immer auch der Selbstdeutung des Menschen. Aber beides müssen sie von ihrem besonderen Auftrag und ihrer besonderen Kompetenz her angehen. Ich tue das, indem ich mich auf drei Fragen beschränke. Diese Beschränkung ist keine Bescheidung – es bleibt ungeheuerlich genug, was ich da vorhabe. Ich frage:

Was sind Medien – was ist ihre vernünftige Funktion und wo hört diese auf? – Diese Frage hat mir Platon auf die Brust gesetzt. Ich will an Unterrichtsmitteln herkömmlicher und neuer Art gleichsam im kleinen prüfen, was sich die Gesellschaft im großen antut. Sodann:

Welchen Wandel wird die Zunahme von Computertechnik und Telekommunikation in der Gesellschaft bewirken und wie sieht dann das Aufwachsen in dieser Gesellschaft aus? – Den zweiten Teil dieser Frage scheinen die anderen, die Politiker, Techniker und Ökonomen hartnäckig zu vergessen, und (nicht nur) darum müssen wir Pädagogen sie stellen. Schließlich:

Welche Chancen hat die Pädagogik (ich drücke mich altmodisch, aber klar aus), einen Menschen zu erziehen, der der

Computer- und Bildschirmwelt gewachsen ist – der fähig bleibt für die Suche nach Wahrheit, den Kampf um Gerechtigkeit, *the pursuit of happiness*?

Die Reihenfolge der Fragen gehorcht nicht der Logik, sondern einer Dramaturgie. Ich muß sorgfältig mit der Geduld meiner Leser haushalten. Sie möchten diese verlieren, wenn ich mit meiner Antwort auf die dritte Frage begänne.

2
Vernünftige Erwartungen

Medium heißt ein Mittleres, etwas, das zwischen den Täter und sein Objekt tritt. Als Mittel ver-mittelt es dessen Tatabsicht. Die lateinische Grammatik schreibt dafür den *ablativus instrumentalis* vor. Ein Werkzeug ist ein Mittel. Nicht jedes Mittel ist ein Werkzeug. Es gibt Mittel von solchem Ausmaß und solcher Bedeutung, daß sie ganze Handlungssysteme darstellen – Politik, Philosophie, die Sprache, das Geld; man vergißt darüber ihren instrumentellen Charakter; ja, sie setzen selber Zwecke, die härter und uns bewußter sind als die, denen sie eigentlich dienen. Wir vergessen, daß sie ein Mittleres sind und woraufhin sie es sind.

Von den Neuen Medien wird, seit es sie gibt, wie von einer neuen Wirklichkeit gesprochen. Sie erscheinen selbst als das Ereignis, um das es geht und das man nun in diese oder jene Bahn lenkt, so oder so finanziert, in der einen oder anderen Rechtsform dem System der vorhandenen Medien einpaßt. Die Neuen Medien sind so total, erfassen so viele Seiten unseres Lebens, daß es sinnlos zu sein scheint, nach der Erfüllung spezieller Zwecke zu fragen. Und eben damit verändern sie das Grundverhältnis von Mittel und Zweck. Wir verlieren den Maßstab. Das Mittel verselbständigt sich.

Ob ich ein taugliches oder falsches Instrument benutze, erkenne ich an den Folgen – wenn der Nagel, den ich mit dem Absatz meines Schuhs einschlage, krumm wird oder die Wand schmutzig. Ob die Mittel der nationalen Verteidigung oder das öffentliche Schulwesen oder das Verkehrssystem taugen, läßt sich so einfach nicht mehr überprüfen; sie sind nicht mehr von den anderen Ordnungen unseres Lebens zu trennen, ihre Folgen sind ihrerseits instrumentalisiert; ihre Ursachen und ihre Begründungen kann man nicht mehr auseinanderhalten.

Das Telos der meisten Neuen Medien ist Vermittlung von Information. Wie dies zweckmäßig vor sich geht, sieht man am einfacheren und direkten Einsatz von Medien im Unterricht, wo sich diese Funktion noch einigermaßen rein ausmachen läßt. Ich nehme darum die Unterrichtsmittel als Beispiel für die Anforderungen, die man an Medien überhaupt zu stellen, für die Kritik, die man an ihnen überhaupt zu üben hat.

Im Unterricht gibt es Mittel für das Lehren, Mittel für das Lernen und Mittel, die gleichzeitig für beides taugen. Sie dienen sehr unterschiedlichen Einzelzwecken: dem Erklären, der Veranschaulichung, der geordneten Verfügung, dem Aufbewahren, dem Üben usf.

Hätte ich unter alten und neuen Unterrichtsmitteln ein einziges zu wählen, ich wählte Tafel-und-Kreide. Was macht dieses Mittel so brauchbar?

- Es ist universal.
- Es ist einfach, in jedem Augenblick und auch ohne Vorbereitung zu handhaben.
- Es erlaubt beispielsweise, während ich rede, ein neues Wort, einen unbekannten Namen, eine Richtung, eine Figur, ein Symbol, das Gehörte und Gemeinte auch vor das Auge der Schüler zu bringen.
- Es läßt diese miterleben, wie die Erklärung, die ich gebe, zustande kommt, wie eine Ordnung entsteht, wieviel Zeit das braucht und wie nützlich und befriedigend Klarheit, Verständlichkeit, Gegensatz und Unterscheidung sind.
- Ich bin vor allem ganz frei in der Verwendung dieses Mittels, ich kann es nebenbei benutzen oder zum Haupteffekt machen; ich kann dazu reden oder dazu schweigen, ohne die Aufmerksamkeit der Schüler zu verlieren; ich kann Fehler schnell beseitigen; ich kann die Schüler an einer gemeinsamen Operation beteiligen: »Und wie fälle ich jetzt das Lot? – willst du's versuchen, Gertrud?«

Ich verwende das Mittel Tafel-und-Kreide als eine Verlängerung meiner Person. Diese spielt im Unterricht immer mit. Ich habe Latein unterrichtet – so: Ich spiele eine einfache Handlung und bilde sie in lateinischer Sprache ab: *ceno* oder *laboro* oder *pulso*. Für die logischen Beziehungen – wir »sehen« sie ja: Täter/Tat, Subjekt/direktes Objekt/indirektes Objekt; 1./2./3. Person; genus activum/genus passivum – erfinden wir Symbole, die ich an die Tafel zeichne. Dinge, die wir nicht sehen/nicht haben, zeichne ich ebenfalls an die Tafel: *scutum* sieht so aus, *clipeus* so und *parma* so. Es sind drei verschiedene Arten von Kampfschild.

Wie das Zeichnen an der Tafel hat meine Person eine konzentrierende Wirkung. Meine Gesten und mein Gesichtsausdruck sind variabel, sie »verschwinden« und können, wenn ich sie brauche, in jedem wünschbaren Grad von Intensität wiedererscheinen. Tafelbild und Person sind befragbar.

Aber man kann sie nicht nach Hause nehmen – sie sind kein Übungsgerät, kein Nachschlagewerk, kein Mittel der bleibenden und objektivierenden Übersicht und keines der Selbstprüfung. Hierfür haben wir Karten und Lexika, das Buch und den Abakus, den vervielfältigten Arbeitsbogen und das Schulheft. An der Wand meiner Unterrichtsfläche hängen ständig eine Land- und eine Geschichtskarte, geniale Erfindungen, die – ein Paradox, aber kein Widerspruch! – Anschauung durch Abstraktion geben.

Was das Schulbuch betrifft: In meinem Fall brauche ich eine Grammatik, eine Wortkunde, Lesetexte. Die vorgängige Abstimmung der drei Elemente aufeinander ergäbe ein Lehrbuch – und *das* brauche ich nicht. Es würde mich festlegen, mich zwingen, die Adjektive jetzt zu behandeln und mit ihnen gleich die Frage nach dem natürlichen und grammatischen Geschlecht; ich aber möchte sie den Schülern erst zumuten, wenn ich den Satz im Rohbau fertig habe. Ich ziehe also voneinander unabhängige Sammlungen von Wörtern und grammatischen Regeln vor – und Lesetexte nützen mir überhaupt erst von einer bestimmten Stufe der Komplexität an. Vorher muß ich die Texte selber machen, damit sie zu meinen didaktischen Absichten, meinen Einfällen, unseren gemeinsamen Erlebnissen und Interessen passen.

Ein Geschichtsbuch stelle ich mir ähnlich entmischt vor: Zeittafeln und Dokumente; ein Physikbuch: einerseits elementare Begriffe und Exempel ihrer Anwendung und andererseits Darstellungen der bedeutenden Entdeckungen, Experimente, Apparaturen, die nicht im Physikraum vorgestellt werden können. Möglicherweise muß es Bücher geben, in denen ein Schüler nachlesen kann, was er gesehen – oder versäumt – hat. Freilich, gerade wenn diese Bücher gut sind, wird es sich kaum verhindern lassen, daß sie von Lehrern und Schülern mißbraucht werden: daß das Nachlesen an die Stelle der Erfahrung tritt.

Dürfte ein Film das tun? Ich bin ein großer Freund von Filmen. Sie taugen erstens dazu, die Schüler in ein Problem hineinzuziehen, mit dessen Lösung man sie befassen und vertraut machen will. Am besten ist's, der Film hört da auf, wo das Problem die Schüler zu brennen beginnt, und sie es weiterdenken oder weiterimaginieren können (und wollen). Es schadet nichts, wenn es einen zweiten Teil des Films mit einer Lösung gibt, an der die Schüler die ihre messen können. Filme taugen zweitens dazu, etwas zu veranschaulichen, was man nicht imaginieren und auch nicht ohne weiteres selbst erfahren kann. Ich denke an Filme von fremden Völkern und davon, wie sie in ihren Landschaften leben, von Tieren, die so klein oder so scheu oder so rar sind, daß man sie nur mit der Kamera beobachten kann, und natürlich von Vorgängen, die erst in künstlicher Raffung oder Dehnung sichtbar werden; an Filme auch als Rekonstruktion von Geschichte und als Mittel zur Analyse von Literatur. Das Kunstwerk Film, den Film als Ereignis lasse ich lieber außerhalb der Schule – ich fürchte, ich könnte seine Wirkung verderben. Der Film als bloße Abbildung von ... (einer Information), als leichtgemachte Begegnung mit ..., als Erfahrungsersatz für ... ist überhaupt entbehrlich.

Filme helfen uns wahrzunehmen, was Bildung immer ist: das, was die Gegenstände hinterlassen, nicht das, was jetzt vor uns abläuft. Will man eine Sache zeigen und erklären, ist oft das alte

Epidiaskop mit dem Standbild (von dem man zugleich sieht, wo es herkommt) geeigneter – womöglich ergänzt durch eine so dramatische und zauberische Darstellung, wie sie Wilhelm Behn im Schulfunk des NDR jahrelang gegeben hat: Aktivierung der Vorstellungskraft durch das bloße Wort.[1]

Und fast immer ist – jedenfalls für die kleineren Kinder – der wirkliche Gegenstand lehrreicher und einprägsamer als das perfekteste Video-Werk über ihn. Das wissen die Kinder selber am besten. Man setze einen heutigen 8jährigen vor einen interessanten Film über einen Igel und lasse ihn nach einigen Minuten wissen, einen solchen gebe es leibhaftig in diesem Raum: Das Kind läßt unfehlbar das Gerät stehen und läuft zu dem Tier mit seinen Flöhen, seinem Gestank und seiner hartnäckigen Weigerung, sich für den Zuschauer zu entrollen. Wenn ich ihm dann alles, was ich aus dem Film über den Igel weiß, auch noch selber erzähle, hat der Film keine Chance mehr!

Ich verdanke dem Film nicht nur ein häufiges großes Schau-Glück, ich verdanke ihm Bewegung der Seele und kraftvolle, haftende Belehrung. Aber dies hat er mir als ein Teil des Lebens eingebracht, nicht als Unterrichtsmittel.

Was haben diese alten, von mir erwähnten Mittel miteinander gemein? Was macht sie pädagogisch fruchtbar?

- Ihre Unvollkommenheit: Sie verlangen vom Lehrer, daß er sie belebt und für seine Zwecke aneignet, und vom Schüler, daß er sich den gemeinten Gegenstand, das geistige Erlebnis selber schafft;
- ihre Dienstbarkeit: Sie funktionieren nicht für sich;
- ihre beliebige Kombinierbarkeit;
- ihre Beziehung zur alltäglichen Erfahrung, ihre Offenheit zu den sie umgebenden Handlungsmöglichkeiten: Cretam capio, und: Marce, ad tabulam ... und: Zeig's mir im Buch, schlag nach im Lexikon, dreh den Globus einmal halb um seine Achse, reise einmal mit dem Finger direkt ostwärts von Argos, stellt einmal das Bild nach, das ich an die Wand projiziert habe! und so fort;
- die vollständige Durchschaubarkeit ihrer Machart;

– die Freiheit, die sie gewähren: Sie erlauben, ja ermöglichen, daß ich meine Schüler beobachte, um meine Sache nach ihnen zu richten.

Ich komme nun zu den Neuen Medien: Fernsehen im Unterricht (was in der Regel heißt: auf Video aufgezeichnete Fernsehsendungen), Computer und Internet.

Wie der Film ist die Videokassette ein potentes Mittel – für den Teil des Unterrichts, den ich »Erlebnis« nenne. Die beiden anderen Teile, Einordnung und Übung, die ihm folgen, sind danach zwar nicht leicht zu handhaben, sind nun aber doppelt nötig und doppelt ergiebig. – Man hat das Videogerät und die CD-ROM zu totalen Unterrichtsmitteln machen wollen: Sie liefern einen Stoff; sie problematisieren ihn; und sie bieten sich als Handlungsmöglichkeit, als Mittel der Erprobung an. Ich habe einen so konzipierten Unterricht einmal erlebt. Es ging um geschlechtsspezifische Körpersprache, die der Film selbst »entdeckte« und in andere Erkenntnis einbettete, woraufhin die Schüler mit der Videokamera zu eigenen Beobachtungen ausgeschickt wurden. Das kann sehr sinnvoll sein. Wo man es zum Prinzip macht, hat es für mich alle Schrecken der Mediatisierung des Geistes: Das Mittel hätte sich weit über seine Bedeutung erhoben, es hätte sich verabsolutiert. Für Video halte ich keine Schule ab, schon gar nicht, wenn es immer größere Teile der Freizeit erfüllt. Davon später in Teil III.

Fernseh-Unterrichtskanäle gibt es in den USA. Sie befriedigen nicht, solange und sofern sie mit einem Schulunterricht rechnen, den sie nur bereichern. Man muß sich nach ihrem »Format« richten, hat sich ihren Zeiten zu unterwerfen, kann seine Einwürfe und Einwände erst hinterher einbringen. Erfolgreich sind sie als schulunabhängige Lehrgänge – als Vorgeschmack einer Gesellschaft, die die Schule zugunsten von Selbst-Instruktion aufgegeben hat. Ich habe keine Erfahrung damit und belasse es bei der Bemerkung: Den Schritt wird sich unsere Gesellschaft sehr gründlich überlegen müssen angesichts der Jugendgewalt, der Arbeitslosigkeit, des »Zerfalls der Bindekräfte«, eines Kreislaufs psycho-sozialer Defekte, auf die sie schon mit der (heutigen) Schule schlecht antwortet, vollends schlecht außerhalb von ihr und ohne sie. Aber eine Verlagerung eines großen Teils der bloßen Belehrung auf das Fernsehen und das Internet, zumal in der Altersstufe 16 bis 21 (und auf andere Weise in der Pubertät), könnte die Schule für ihre wichtigste Aufgabe freisetzen: die Einübung in gemeinsame Formen des Denkens und gemeinsame Regeln des Handelns.

Einstweilen übernimmt das Internet die Aufgabe der individuellen Instruktion und Information. Das Internet und der Computer als Zugang zu diesem einerseits, als eigenständiges Schreib-, Rechen-, Kommunikations-, Konstruktions-, Design-, Ordnungs-, Übersetzungs- und Speichergerät andererseits sind universale Mittel. Pädagogische Erwartungen stellen sich erst in zweiter Linie ein, ja, es ist unangebracht, sie an diesen Erwartungen zu messen. Ich habe oben (S. 69) drei Ur-Erwartungen aufgezählt (»Träume« habe ich sie da genannt), die sich der Mensch mit dem Computer und dessen Gefolge erfüllt. Hegte er diese Erwartungen bewußt, er würde vermutlich klug mit seiner eigenen Erfindung umgehen – den Nebenerwartungen und den Nebenwirkungen nicht erlauben, diese drei zu überwuchern.

Die erste lautet: Der Computer befreit uns von langweiliger und langwieriger, von unangenehmer und unwürdiger Tätigkeit. Was Maschinen tun können, sollen sie tun – vorausgesetzt, die Tätigkeit macht uns keine Freude (eine Skat- oder Tennis- oder Tanzmaschine werden wir wohl nicht erfinden); und vorausgesetzt, der Aufwand, der in die Maschine eingeht, steht in einem vernünftigen Verhältnis zur ersparten Anstrengung. Beide Vorbehalte haben wir in der technisch-ökonomischen Wirklichkeit freilich längst mißachtet, aber das tut der Richtigkeit ihres Prinzips keinen Abbruch. Wir lassen uns in so gut wie allen Schreib- und Rechentätigkeiten, bei allem, was Steuerung verlangt – ob Bleistiftstrich oder Flugzeugkurs, ob Küchenherd oder Geldanlage, ob physischer oder geistiger Suchvorgang –, vom Computer helfen. Daß dabei viele Menschen ihre Erwerbstätigkeit verlieren, deuten wir einstweilen noch als Umstellungsfolge: Nach der Erfindung des Autos sind die Pferdekutscher schließlich auch irgendwo »untergekommen«, wo sie nicht mehr frierend auf den Herrn warten müssen.

Vor zwanzig Jahren habe ich mich über den durch den Computer ins Stocken geratenen Fahrkartenverkauf bei der Bundesbahn lustig gemacht – wie erfreulich schnell, verläßlich und freundlich vollzieht sich dieser heute. Daß ich die Beamten meiner Bank nicht mehr kenne – außer meiner Beraterin, die ich ein- oder zweimal im Jahr aufsuche –, weil ich alles am Automaten selber erledigen kann, ist ein Gewinn, kein Verlust. Vollends ist's ein Gewinn für die Bank, die sich die stupide, aber notwendige Buchführung durch ihre mechanischen Knechte abnehmen läßt. Gehe ich in eine Ausstellung über den Hellenismus, erlaubt man mir, nach Belieben durch die Bibliothek von Alexandria zu wandeln – mit Hilfe eines *joy-sticks* und einer riesigen Projektionsfläche. Ohne große Künste mit der Maus erfahre ich, wieviel hundertfach öfter Dietrich Schwanitz mit seinem Buch »Bildung« zitiert wird als ich mit meinem gleichnamigen, nur um weniges früheren. Und der Satz, der zu sagen versucht, was der Computer und das Internet für ernsthaft Forschende und Lernende bedeuten, kann eigentlich nur mit »Oh ...« beginnen. Ja, das Kommunikationssystem kann sich gleichsam selbst erforschen. Es gibt zum Beispiel »Analysten«, die mit Hilfe des Computers die Bonität der an die Börse drängenden Online-Informationssysteme prüfen.

Im Grunde werden der Computer und seine Informationssysteme nicht mehr an der Erwartung geprüft, die wir an sie haben, sondern umgekehrt: Sie machen uns erstaunten Laien vor, was sich jenseits unserer Erwartung aus ihnen holen läßt. Der Computer generiert die Möglichkeit seiner Verwendung schneller, als wir sie vorhersehen können. Und eben das gefährdet unsere Herrschaft über ihn – das macht uns zum leichtsinnigen Zauberlehrling, den der eilfertige Besen mit seiner Wasserträgerleistung einfach davonschwemmt.

Im Klassenzimmer hat der Computer eine zwiespältige Wirkung: Weil er den Menschen von Wissenslasten und Denkanstrengungen befreien könne, heißt es, müsse man in der Schule mit ihm beginnen. Es sei entbehrlich zu »wissen«, was 7 mal 7 sei, was sich im 13. Jahrhundert ereignet habe und wo der Pfeffer wachse – es sei darum auch entbehrlich, dies zu lernen. Man könne sich die »Auskunft« ja jederzeit vom Computer holen. Für das, was die Schule bisher für ihre Hauptaufgabe hielt, dürfte dies eine entmutigende Wirkung haben. Andererseits: Das Wissen, das der Computer geben kann, ist immer nur anregender oder ausfüllender Art. In beiden Fällen muß ich noch das Entscheidende tun: es meinem Zweck oder Bedürfnis dienstbar machen, die Ordnung oder den Zusammenhang herstellen, in die es paßt. Das Wissen des Computers hat schon der Brockhaus – und hat die Wissensbildung weder ersetzt noch gefördert. Er ist eine *commodity,* eine Bequemlichkeit für den, der gebildet ist. Das liegt nicht am Brockhaus und nicht am Computer, sondern an unserem Verständnis von Wissen, das sich von dem Platons fundamental unterscheidet. Platon konnte sagen: Ich weiß die Zahl 7, wie er auch hätte sagen können: Ich weiß die Gerechtigkeit oder die Wahrheit, wenn er sie denn gewußt hätte. Mit »wissen« war da immer mehr gemeint als: den genannten Gegenstand im Kopf haben. Es schloss das Verstehen seiner Bestimmung ein. – Und insofern tut der Computer etwas pädagogisch Heilsames: Indem er vornehmlich allgemein sagbares, vorrätiges, jedermann zugängliches Wissen enthält und liefert und nicht auf meine besondere Frage antwortet, nicht mein besonderes Unwissen aufhebt, macht er – im Prinzip – den Unterschied zwischen Information und Wissen im eigentlichen Sinn deutlich. Wenn die Neuen Medien im Unterricht tatsächlich als Mittel eingesetzt werden, können sie die folgenden Funktionen haben:

- Weil sie im Leben vorkommen und dort eine beherrschende Rolle spielen (oder spielen werden), muß man lernen, sie zu benutzen; »mit ihnen umgehen können« ist eine neue, die vierte Kulturtechnik.
- An ihnen lernt man eine besondere und besonders erfolgreiche Form der Verfügung über die »Sachwelt«: das auf die Spitze getriebene und zur Anschauung gebrachte Verfahren der modernen Wissenschaft, nämlich Phänomene in eindeuti-

ge Elemente zu zerlegen und die einfachsten Gesetze ihrer Re-Kombination aufzustellen.
- Man lernt selbständig »mit ihrer Hilfe« (sie ersetzen das Lehrbuch, das Nachschlagewerk, den Belehrer, den Abfrager oder Prüfer) oder man lernt, daß man sich das Lernen ersparen kann (weil das Gerät das zu Lernende sicherer speichert und sowohl schneller wie anschaulicher wiedergibt).
- Sie mahnen dazu, über ihre Wirkungsweise und Folgen für uns Menschen/für die Gesellschaft nachzudenken.

Die ersten zwei Funktionen sind pragmatischer Art, die letzten zwei bildender Art. In beiden Kategorien – man mag sie bewerten, wie man will – lassen sich die Zwecke je einzeln angeben und angehen.

Ich tue dies hier in einer um der Übersichtlichkeit willen vereinfachenden Form und füge meine Bewertung an.

Der PC kann im Unterricht
- als Schreibgerät
- als Trainer (beim Abfragen von Vokabeln, beim Üben von Rechenarten oder bestimmten mathematischen Lösungsverfahren, beim Wiederholen von Wissensdaten)
- als Ersatzlehrer
- als Simulationsmittel

eingesetzt werden.

In der ersten Funktion ist er hilfreich (jedenfalls bei vielen Schülerinnen und Schülern), sobald man schreiben kann. Schreiben als technischer Vorgang ist Voraussetzung für Schreiben als schöpferischen Vorgang und als Mitteilung. Die letzteren wiederum sind die stärksten Motive für das Lesen. Wer seine eigene Schrift nicht entziffern kann, weil seine Buchstaben krakelig sind und durcheinanderpurzeln, wird die Freude des Gestaltens und Zauberns mit dem schriftlichen Wort nicht erfahren; ihm wird damit auch die Freude des Austauschs von – beim Schreiben – gut überdachten Äußerungen entgehen. Ein Gerät, das das Geschriebene deutlich und gefällig macht, räumt nicht nur die Schreibhemmungen aus, es läßt auch die Wörter erkennen, wie sie zu sein haben: »Farat« sieht komisch aus, nicht, wie ich es gelesen habe (»Fahrrad«), und der »Rahbe« auch. An der Bielefelder Laborschule gab es darum vom ersten Tag an einen Raum mit zwanzig robusten elektrischen Schreibmaschinen – der PC war 1974 noch außer Reichweite.

In der zweiten Funktion als Trainer ist der PC dann nützlich, wenn er nicht in der dritten Funktion eingesetzt wird. Notwendig ist er auch in dieser Funktion nicht; man kann sehr wohl die anderen Schüler, die ihrerseits davon profitieren, als Trainer einsetzen, und gewinnt obendrein eine pädagogische Wirkung.

In der dritten Funktion stelle ich mir den PC wiederum in drei Situationen vor:

- Ein Schüler X ist neugierig, unausgelastet, baut sich seine eigene geistige Welt aus: Er nutzt den PC wie ein Buch – als Auskunftmittel für seine besonderen Fragen;
- ein Schüler Y kann dem vorwärtsdrängenden Lehrer nicht so schnell folgen, hat aber verstanden, worum es geht; der geduldige PC wiederholt nun die Sache so lange, bis auch Y über sie verfügt, und er tut es außerhalb der Unterrichtsstunde, in der Y ja nicht abgehängt werden soll;
- einzelne oder Gruppen *arbeiten* mit dem PC; sofern sie dabei etwas Neues lernen, kann der PC auch als »Lehrer« bezeichnet werden – wie die Landkarte oder das Lexikon oder die einstige »Lehrmittelsammlung« (die meiner Schule enthielt Haifischembryonen, ausgestopfte Marder, Mineralien, Apparate wie das Galvanometer, treffliche Gipsabgüsse und die wunderbarsten Handschriften).

In der vierten Funktion – als Simulator – ist der Computer immer so brauchbar oder so unbrauchbar wie die Software, kann also den Vorgaben des Lehrers oder des Schulbuchs überlegen sein: bei der komplexen Wiedergabe einer ökologischen, ökonomischen, politischen Problemlage oder bei deren Variation oder umgekehrt bei deren Vereinfachung.

Meine Kontrahenten haben noch eine weitere Funktion im Sinn, ja, es ist die ihnen wichtigste: Die Schüler sollen den

Computer lernen – nicht in erster Linie »*an* ihm«, nicht »*von* ihm«, nicht »*mit* ihm«, wodurch die PC-Einsätze bezeichnet und unterschieden werden. Darauf lasse ich mich nicht ein – nicht vor den letzten Schuljahren der jeweiligen Anstalt, in denen sich die Schüler der computerisierten Welt nähern. Dann darf auch der PC selbst Gegenstand des Lernens sein – in dem Maß, in dem das auf einer allgemeinen Schule möglich und mit ihren schlechten, veralteten, unspezialisierten Geräten und Programmen sinnvoll ist. Vorher gehört die Zeit den elementaren Erfahrungen, den oben erwähnten »gemeinsamen Formen des Denkens« und den »gemeinsamen Regeln des Handelns«. Und die Zeit für dieses große Pensum ist kostbar und knapp.

Für die zu gesichertem Wissen führenden Wahrnehmungs-, Ordnungs- und Denkprozesse ist das Programmieren eines Computers ein Lernanlaß *par excellence,* wie unter den Schulgegenständen sonst nur noch die Grammatik und die Mathematik. Um den Computer zur Lösung einer Aufgabe (nicht zur Wiedergabe einer gespeicherten Information) zu bringen, braucht man zuerst und vor allem ein Problem. Für den Computer muß dieses Problem dann in Einzelaufträge zerlegt werden. Dazu wiederum muß man seine Struktur verstehen und sich eine Vorstellung von möglichen Lösungen machen. Und das gelingt in aller Regel nur auf den »Oberstufen« der einzelnen Schularten.

Ich habe den Satz des Pythagoras: »Im rechtwinkligen Dreieck ist die Summe der Kathetenquadrate flächengleich dem Hypotenusenquadrat.« Was fange ich damit an? – Erst wenn ich (a) den Beweis dieses Satzes so durchschaut habe, daß ich (b) seine Umkehrung vornehmen kann: »Drei Längen bilden dann ein rechtwinkliges Dreieck, wenn die Summe der Quadrate über den beiden kürzeren dem Quadrat über der längeren Seite gleich ist«, vermag ich beispielsweise – wie die alten Geometer – drei Schnüre von der Länge 30 cm, 40 cm und 50 cm zur Herstellung eines rechten Winkels zu benutzen. Einem Computer kann ich, wenn ich dies verstanden habe, aufgeben, mir beliebige Längen auszurechnen, mit denen dies geschehen kann.

Indem ich dies tue, lerne ich etwas, was den Satz des Pythagoras überschreitet (den es ja voraussetzt), nämlich einen Algorithmus zu entwerfen, eine Lösungsstrategie. Dies ist der Gewinn – aber er wird mir nur zuteil, wenn ich selber den Computer dazu verwende: als Abbild meiner Denkprozesse, die ich in ihm objektiviere und erprobe. Programmieren heißt eben dies. Wenn Schüler mit seiner Hilfe dazu gebracht würden, wäre er ein Platonisches Gerät.

Hier könnte für manche Leser eine Bemerkung zu Programmsprachen hilfreich sein, deren Verwendung von dem eben dargestellten »Programmieren« unterschieden werden muß. Wer Programmsprachen zu beherrschen lernt, übt sich mitnichten in der Logik, die uns die Ideenpyramide und die strenge Zweiwertigkeit, eben den Algorithmus, beschert. Die vom Computer selbst verwendeten Programmiersprachen sind für einen Laien nicht verständlich. Sie operieren mit unendlichen (durchaus nicht immer logischen Befehlen), meist Kürzeln, die wiederum Unterprogramme aktivieren. Die Laienprogrammiersprachen wie Pascal, Logo, Globol und Hypertalk funktionieren letztlich nach einem sehr primitiven Schema: »if ..., do this« / »else do that« / »and if ...«, das heißt: Ist Bedingung X erfüllt, tu dies, sonst das. Ende des Befehls.

Was der Computer dann tun kann (zum Beispiel addieren oder einen Text in eine bestimmte Tabelle an einen bestimmten Ort eintragen oder eine Zeile rot färben oder zu irgendeiner anderen Datei »gehen« [go to]), hängt von den Unterprogrammen dieser Laienprogrammiersprachen ab. Die eigentlichen Befehle, die als Nullen und Einsen den Zentralchip erreichen, sind für den Laien und auch für die meisten Programmierer verborgen und unverständlich. Wenn etwas »bildend« wirkt, dann ist es nicht das Lernen der Programmiersprache, sondern das genaue Formulieren des Problems und das rückstandslose Kleinarbeiten desselben in »if .../else .../and if ...«-Figuren.

Eine berechtigte und schon vielfach bestätigte Erwartung verbindet man mit dem Computer, wenn es um die Verselbständigung von Behinderten geht, um ihre Unterstützung und Übung – nicht nur um ihre Beschäftigung, Betreuung und Belehrung. Sie gewinnen Selbstvertrauen an einem Gerät, das geradezu unendliche Geduld (weil keine Nerven) hat, das ihnen erlaubt, ihre Möglichkeiten zu entdecken und zu erproben, ihnen ohne Murren gehorcht und bei alledem keine Ansprüche an ihre physischen Kräfte stellt. Die therapeutischen und Pflegeanstalten können sich freilich nicht auf kommerzielle Programme verlassen, sondern müssen ihre eigenen, auf den individuellen Fall ausgerichteten herstellen.

Ich komme im Kapitel III,1 auf die vernünftigen Erwartungen zurück, wo es um »Medienkompetenz« geht.

3
Unvernünftige Erwartungen

Auch uns selbst verborgene Wünsche können, wenn schon nicht vernünftig sein (die Vernunft war bei ihrer Entstehung ausgeschlossen), so doch sich auf vernünftig Begründbares richten. Besser freilich ist es, wenn man sie prüft, bevor man sich daran macht, sie zu erfüllen.

Ein Heft von GEO, das sich mit »Mensch und Kommunikation« befaßt (GEO Wissen, Nr. 27, April 2001), beginnt – für eine illustrierte Zeitschrift folgerichtig – mit »Visionen«: sichtbar gemachten Vorstellungen von einer nicht allzu entfernten digitalen Zukunft. Erstes Bild: Vater, Mutter und Kleinkind beobachten über »Fetalfone« das Ungeborene im Bauch der Mutter; dieses wiederum ist mit einem in die Fruchtblase eingelassenen Handy versehen und lauscht den Stimmen seiner Familie. Zweites Bild: Im kalifornischen »Headzup-Center« sitzen dreizehn Zweijährige in Plastikstühlen mit eingebautem *wastewatch* (statt Windeln) und lernen am *lap-top* – entspannt, denn um sie herum ist eine wunderbare Waldtapete und verströmt Waldluft; ein LED-Anzeiger läßt die Lehrerin sofort erkennen, wo ein Kind »gezielt« Hilfe von ihr braucht. Drittes Bild: Eine vierköpfige Familie verzehrt ihr Essen, während jedes Mitglied über eine individuelle Internetbrille seine Lieblings-Fernsehserie verfolgt. Viertes Bild: Ein mobiler, also gehetzter *businessman* hat Sex mit einer virtuellen Partnerin. Fünftes Bild: Auf einem romantischen Friedhof halten einzelne Angehörige mit ihren jeweiligen Verstorbenen Zwiegespräche; die Grabsteine haben einen interaktiven Bildschirm und sind mit Programmen über den Toten gefüttert.

Das sind keineswegs wilde Phantasien eines geschickten

Journalisten, ja, weil sie sich auf das beschränken, was Computer leisten, fallen sie noch harmlos aus gegen das, was aus der Verbindung der sogenannten Schlüsseltechnologien des 21. Jahrhunderts – Nanotechnologie, Gentechnologie und Computertechnologie – hervorzugehen im Begriff ist. Der Wissenschaftstheoretiker Ray Kurzweil hält die folgenden Entwicklungen für gegeben:

Wir werden unsere eigenen Organe züchten (und also zum Beispiel chirurgische Eingriffe vermeiden können);

wir werden nach dem gleichen Prinzip tierloses Fleisch »entstehen« lassen;

wir werden die Telomere, die Zellen, die unser Alter anzeigen, »neu einstellen« und mit sechzig das Herz eines Fünfundzwanzigjährigen haben, also das Alter rückgängig machen;

wir werden die höchst ineffiziente Datenverarbeitung unseres Hirns verbessern (»seine elektrochemischen Prozesse bringen gerade mal 200 Kalkulationen pro Sekunde zustande«; seine Strukturen sind denen schon heute zur Verfügung stehender »nanotechnologischer Miniaturen« weit unterlegen);

wir werden unser Gedächtnis, unsere Denkleistung vergrößern, viele Dinge auf einmal tun können, ein Vielfaches lesen, lernen, genießen in einem Bruchteil der Zeit;

wir werden Nanoboter durch die Adern ins Hirn schicken und dieses zunächst von innen erkunden lassen, es dann mit Impulsen beschicken, aus Kontaktlinsen Bilder direkt auf die Retina projizieren, Klänge aus Minigeräten direkt ins Ohr füttern, so daß wir unseren Gesprächsort oder die Zahl unserer Gesprächsteilnehmer nach Wunsch verändern, vermehren, wechseln können: Was das Auge sieht, das Ohr hört, »sendet in Wahrheit der Minicomputer«; »die Illusion wird perfekt sein«;

»vom Geschäftstermin bis zum Sex kann sich das Leben in der Virtual Reality abspielen«;

Mensch und Maschine werden »verschmelzen« (»keine Angst!«, denn die Maschinen werden ein Bewußtsein haben); und wie das Bewußtsein, so wird dann auch der Tod kein Thema mehr sein: Unsere persönliche *hardware* wird sterben, unsere persönliche *software* überlebt.[1]

Ray Kurzweil sieht diese und andere Möglichkeiten nicht »irgendwann einmal kommen«, er hält ihre Verwirklichung für absolut sicher, es werde ja an fast allen eifrig und aussichtsreich gearbeitet.

Ich verschiebe mein Urteil hierüber noch für einen Augenblick und erinnere an Erwartungen, die man sich machte, als der Vorgänger dieses Buches erschien: Funkausstellung in Berlin 1982. Die Zukunft hatte wieder einmal begonnen und dies ohne jeden Schrecken, mit handlichen, nüchtern-eleganten Apparaturen, mit denen wir zusammenleben würden. Der Videorecorder, hieß es, werde zum Fernsehgerät gehören wie der Kassettenrecorder zum Radio; 1985 werde die Bildplatte auf dem Stand der heutigen Schallplatte sein; Ende der achtziger Jahre gebe es den Sprechschreiber; 1990 sei das Bildfernsprechen »marktreif«; zur gleichen Zeit könne Bigfon wirklich big werden – zum voll verkabelten, alle Dienste integrierenden Breitband-Telekommunikationssystem der Bundesrepublik. Und über allem standen schon damals die Satelliten am Himmel, die ganze Länder und Kontinente bestrahlten.

Verbunden mit der Informationstechnik, den Rechnern und Steuerungsgeräten, durch die gemeinsame Digitalisierung, würde die Telematik (Télématique, so nannten die Franzosen die Verflechtung von Telekommunikationsmitteln und Schöpfungen der Informatik) zu einem gewaltigen Imperium zusammenwachsen. Alles, was in dieser Welt als Bild oder Ton, als Wort oder Zahl vorkommen kann, ist ja über die gleiche Ja-Nein- oder Null-Eins-Figur elektronisch faßbar, transportierbar, speicherbar, in andere Wahrnehmungsformen verwandelbar. Es war, als würde das geistige Äquivalent zur physikalischen Schwerkraft aufgehoben. Die Auguren sagten: Im Prinzip ist nun alles Wissen gleich, grenzenlos, unverlierbar, jedermann zu jeder Zeit verfügbar. Und weil sie »im Prinzip« sagten, lächelten sie nicht, sie ließen vielmehr eine Art gelangweilter Nachsicht erkennen, wenn ein anderer lächelte und ihnen nicht glaubte.

Eigentlich konnte jedermann sofort sehen, daß diese Entwicklungen vor allem diejenigen Einrichtungen aufstören und verändern mußten, in denen Symbole, Wort und Bild, die wichtigste Rolle spielten – die Schulen. Die Reaktion der Pädagogik kam zwei Jahre später, 1984, und dann gleich mit geballtem Optimismus.

Ich zitiere hoffnungsvolle indikativische Sätze aus einem vieldiskutierten Aufsatz in der ZEIT von Siegfried Schubenz[2] über den PC im Unterricht als eine Chance für die Kinder.

> »In der aktiven Auseinandersetzung mit dem Computer wird Sprache zu einem immer präziseren Kommunikationswerkzeug.«

Nego: Die Sprache der Computer ist eindeutig, genormt, einfach. Das sind Tugenden, wenn der auszudrückende Sachverhalt eindeutig, normierbar, einfach ist. Es sind Behinderungen und Verfälschungen, wenn die auszudrückende Sache mehrdeutig, subjektiv, komplex ist.

Vor allem aber rechtfertigt dieser Befund – auch wenn er richtig wäre – nicht zu sagen, die Sprache der Computer ähnele der Sprache von Kindern (eher als der von Erwachsenen), womit Schubenz offenbar ihre didaktische Eignung zu begründen meinte. Kindersprache ist auf verschiedenen Stufen sehr verschieden – und auf keine von ihnen treffen die drei genannten Eigenschaften gleichzeitig zu.

In einem Vergleich ausgedrückt: Ein Schraubenzieher ist ein gutes Werkzeug für seinen Zweck, aber indem ich gelernt habe, ihn in den Schlitz der Schraube einzuführen, habe ich nicht mehr als eben dies gelernt. Oder: Ich habe noch nicht die Fähigkeit erworben, »Klavier zu spielen« (mit dem die Sprache eine größere Ähnlichkeit hat als mit einem Schraubenzieher), wenn ich munter auf ihm klimpern oder brausende Geräusche machen kann; empfindsam und kunstgerecht Tonfolgen und Harmonien – also Musik (sie entspricht der Kommunikation) – hervorbringen fordert mehr als die Betätigung des Instruments.

> »Ein einmal akzeptierter Satz muß nie wieder neu geschrieben werden.«

Das ist eine eher erschreckende als verführerische Illusion. Wäre sie wahr, Platons König Thamos hätte allen Grund, diese Erfindung zu verwerfen, die das Wissen mit dem es mitteilenden Satz identifiziert, den Gedanken zu einer ablegbaren Sache materialisiert. Aber es ist vor allem eine Illusion, weil es keine sinnvollen Einzelsätze – ohne Kontext und ohne Mitteilungsabsicht – gibt. Wir sollten niemanden an solche Vorstellungen gewöhnen wollen.

> »Kinder lernen schneller und sicherer, sich schriftsprachlich zu äußern, wenn sie es am Computer tun dürfen«, und: »Sie bekommen Vertrauen in die Machbarkeit von schriftlichen Äußerungen« (weil die Gefahren des Mißerfolges geringer seien als beim Schreiben mit Kugelschreiber und Papier).

Zum ersten Teil der Behauptung: Woher weistu? Schneller und sicherer als wer oder unter welchen Bedingungen? Wie ist das ermittelt worden? Und zum zweiten Teil: Wenn die Begründung stimmt, würde ich die Rückkehr zur Schiefertafel empfehlen. Auf ihr kann man Fehler und Unschönheiten mühelos auswischen und den Text neu schreiben – und billiger ist sie allemal. Auch ich kenne die Entmutigung durch das schlechte und unlöschbare Produkt und versuche, sie meinen Schülern zu ersparen (s.o. S. 133 f.). Aber wird, wer alles immer wieder ändern kann, je die Disziplin des Vorausdenkens, die Anstrengung der »versuchten Endgültigkeit« auf sich nehmen? Jeder Grundschullehrer lernte einst, wann er mit seinen Schülern von Griffel und Tafel zu Bleistift und Papier und schließlich zu Tinte und Papier überzugehen hatte. Soll es nun ewig bei der »Schiefertafel« bleiben? – Auch mit dem »Vertrauen in die Machbarkeit [?] von schriftlichen Äußerungen« habe ich meine Schwierigkeiten. Gemeint ist vermutlich das *Selbst*vertrauen des Schülers: »Auch ich kann ordentliche, klare, gewichtige Sätze schreiben!« Warum das vom Computer abhängt, ist mir freilich nicht klar. Weil er buchstäblich »wie gedruckt« schreibt? Aber die Sätze sind so gut oder so schlecht, wie ich sie ihm eingebe. Der perfekt aussehende Computerausdruck macht den

Abstand zur Kümmerlichkeit der verwendeten Sprache nur um so schmerzlicher bewußt. Und das ist der bessere Fall. Was geschieht mir, wenn er mir *nicht* bewußt wird?

> Der Computer könne, meinte Schubenz, die Behinderung aufheben, die der herkömmliche Unterricht (zumal in der Mathematik und im deutschen Ausdruck) selber schaffe: Denkhemmungen vor allem durch die Einteilung der Antworten in »richtige« und »falsche«. »Die Frage hinsichtlich des (Computer-)Programms [dagegen] ist nicht, ob es richtig oder falsch ist, sondern ob es durchführbar ist.«

Das ist für den, der etwas tiefer in den Computer eingedrungen ist, ein kühnes Argument: Das Digitalprinzip ist doch gerade die 0/1-, die Ja/Nein-Entscheidung! Soll der Schüler so tief nicht eindringen? Im übrigen: Wenn ein Programm nicht durchführbar ist, ist es doch wohl abzulehnen, also falsch. Man erkennt das nur nicht gleich. Eine Illusion bleibt der behauptete Effekt, solange man den Computer im Unterricht nicht programmiert, sondern als Träger von Programmen benutzt bzw. zu nutzen lernt (was freilich Schubenz nicht anzulasten ist).

> »Computerunterstütztes Lernen ... ist Lernen unter Ausschöpfung der kindlichen Produktivität.«

Heinrich Bauersfeld hat dies genauer studiert:

> Es sind – seit es Schule gibt – stets dieselben, die denken können, die eine Idee als erste äußern, die der Lehrer unterstützt; und es bleiben auch immer dieselben Mehrheiten, die dies nicht schaffen, die resignieren, sich aber fleißig bemühen ... Die Verweigerer im Unterricht nehmen nun zu, die Schar der *Computerfreaks* bleibt klein, Spiele sind »in«, aber gerade das produktive Denken wird durch den Computer nicht gefördert. (Aus einem Brief, 1984)

Kindliche Produktivität – was immer das ist – sieht anders aus als die vom Computer geforderte Denkleistung. Kleinere Kinder »spielen« nicht mit dem Computer – sie drücken die Tasten, sehen, was kommt, und versuchen, es zu entziffern. Sie finden es unverständlich und lassen enttäuscht davon ab, weil es nicht läuft, wie sie erwartet haben: Für sie benimmt sich der Computer wie ihr Flipper. Die älteren, die 10- bis 18jährigen, fühlen sich vom Computer angezogen.

Was macht die Faszination aus? Ich habe ihnen, als die Computer in meiner Schule noch neu waren, einmal fast zwei Stunden hintereinander schweigend zugeschaut. Auf einen Nenner gebracht: Der »Spieler« wollte herausfinden, *warum* der Computer so antwortet, wie er antwortet; er war nicht am Programm interessiert, sondern daran, »what makes it tick«. Sein Haupteifer galt dem Versuch, innerhalb der Regeln des Computers aus diesen Regeln auszubrechen – den Computer »reinzulegen«. Es war ein Zweikampf, und die anderen, die um ihn herumstanden, haben ihn als solchen gespannt verfolgt. Da der Computer nur englisch sprach, war's obendrein eine unbeabsichtigte scharfe Übung in Basic-English. Die wahren jugendlichen *Computerfreaks* mögen anderes mit dem Gerät im Sinn haben.

Das für mich Interessanteste war: Diese normalen Zehntkläßler hatten offenkundig keine Probleme, die sie dem Computer aufgeben konnten und wollten. Könnte es sein, daß, wie uns die Bildung als Lebenszeitvertreib empfohlen wird, wir nun auch lernen, ohne Fragen, ohne geistige Not am PC zu sitzen – Beschäftigung statt Arbeit auch hier?

Die Behauptung, der Computer mache schöpferisch, beruht auf der Verwechselung von mehr *operations* mit erhöhter geistiger Produktivität. Der Computer gleicht dem Billardtisch: Auf ihm vollziehen die Spieler reibungslose und zweidimensionale Bewegungskombinationen in buchstäblich unendlicher Vielfalt. Eine neue geistige Herausforderung erfährt, wer aus der geläufigen »Billardtisch-Ebene« heraustritt: an technischen Tücken, Zufällen, Regelwidrigkeiten. (In wahre Leidenschaft geraten die Computerleute beim Suchen nach einem »bug«, einem Fehler. Aber wenn das der geistentfesselnde Umstand des Computers ist – eine Schadensbehebung –, dann scheint er mir unseren besseren Karten- und Brettspielen pädagogisch weit unterlegen.) Die Denkfigur, Entlastung von Mühe und der Ausschluß von Unvorhersehbarem fördere die geistige Fruchtbarkeit, ist jedenfalls naiv und widerspricht allem, was wir von schöpferischen Prozessen wissen.

Heinrich Bauersfeld hat *hardware* und *software* des Computers als Unterrichtsmedium analysiert[3] – gleichsam sein *hidden curriculum*. Weit entfernt, ein allgemeines Denktraining zu vermitteln, weil er doch ein allgemeines – universell verfügbares – geistiges Werkzeug ist, engt der Computer die geistige Erfahrungsweise ein: Er bestärkt die Organisation des Denkens nach Bereichen, die uns auch sonst bekannt sind. S. Paperts »microworlds« werden gerade durch das Computer-Lernen nicht durchbrochen. Paperts Schüler Robert W. Lawler hat mit seiner Tochter Miriam Paperts TURTLE-Geometrie-Programm und daneben elementare Mathematik ohne Computer durchgearbeitet: Die »microworlds« blieben fest gegeneinander abgeschottet. Das Rechnen mit Geld vollzog sich anders als beim normalen Zählen und wieder anders in der Welt der TURTLE-Geometrie, und Miriam hielt sie in ihrem jeweiligen Kontext streng auseinander.

Den Laien wundert das nicht. Er sieht einen kleinen Menschen und einen großen Apparat, sieht, wie die Sprache reduziert werden muß, um vom Computer verstanden zu werden, sieht eine unveränderte und unveränderliche Situation, sieht keine Handlungsmöglichkeiten, sieht die eigentümliche Aufteilung von jetzt und hier (auf den Tasten) »operieren« und dann und dort (auf dem Schirm) das Produkt ablesen, keine Anwendung auf ..., keine Alternative zu..., keine Reflexion über ..., keine Verbindung mit ... z.B. der übrigen Erfahrung, es sei denn, diese bestehe ihrerseits schon aus Computerinformationen. Vor allem aber gibt der Computer keinen Anlaß, sich diese Beschränkung bewußt zu machen. Die Programmierer haben ja alle denkbare Mühe aufgewendet, den Computer menschlich, vielseitig, humorvoll und niemals aggressiv reagieren zu lassen:

C.: You seem to have problems? (Weil der Schüler ihm ein Bein hat stellen wollen.)
S.: I am impotent! (Mal sehen, ob der Computer das versteht!)
C.: Try again! (Das ist jetzt hübsch doppeldeutig.)
S.: I told you, I can't! – Korrektur: I cannot! (Hat der Computer die Doppeldeutigkeit aufgenommen?)
C.: Sorry, I cannot help you … ???

Sieg des Schülers – aber worüber? Womit? Wofür?

Mich lehrt dies Vorsicht. Schon einmal haben wir – in den 60er Jahren – einen teuren *boom* pädagogischer Technik gehabt: Sprachlabor, audio-visuelle Mittel, Medienverbund für die Schüler, Mitschau für die Lehrer. Geblieben ist wenig – das Einfache: der *native speaker* auf Tonband, das Sprechübungsgerät als regelmäßige, aber begrenzte Ergänzung, der *overhead-projector*. Und alles, was geblieben ist, zeigt, daß mehr Apparatur mehr Ingenium, mehr Arbeit und mehr Selbstbewußtsein vom Lehrer verlangt! Oder das Ganze führt zu Langweile und Chaos.

1984 folgte England unter der Regierung von Margaret Thatcher als erste europäische Nation dem japanischen Vorbild: Es führte den Computer an 27 000 Grundschulen ein und bereitete 54 000 Lehrer in Sonderkursen auf die Vermittlung von »microelectronics as an integral part of the philosophy and practice of primary education« vor. Es ging wohlgemerkt um Kinder zwischen 5 und 11 Jahren, in einer Welt, in der die überwiegende Mehrzahl der Erwachsenen das Gerät noch nicht kannte oder gar benutzte. Frankreich hatte zwar drei Jahre früher die »informatisation« der Schulen ausgerufen – an eine Totalmobilmachung wie die Engländer hat es jedoch vermutlich nie gedacht. Die erklärten Motive der englischen Regierung waren die, die wir inzwischen von fast allen Industrienationen hören: die Sorge um die wissenschaftliche und damit wirtschaftliche Zukunft des Landes im globalen Wettbewerb und, interessanterweise, die Bemühung um soziale Integration nichtenglischer *British subjects*. Und so wollte man vorgehen:

> At first structured reinforcement will prevail as the major use, but gradually … more ambitious uses of new technology will develop in such areas as information handling, which involves the development of such skills as data collection, the assessing of data, its storage and retrieval, its manipulation and use; and in the detailed questioning and interrogation of data. (Jones, 1984, S. 32)[4]

Die, die dies schrieben, beriefen sich auf Paperts Vision vom programmierenden, nicht programmierten Kind! Computer sollten der Theorie ihrer Proponenten zufolge die Kinder nicht anpassen und abrichten, sondern anregen und herausfordern. Ein Computer sei *something-to-think-with,* ein Partner der Kinder, geistige Kommunikation stiftend, weil er der Fragen, der Probleme, eines An-Spruchs bedürfe, denen er dienstbar antworten könne. Das verlangt eine ganz besonders kunst- und geistvolle *software.* Die, die ich zehn Jahre danach in Deutschland geprüft und mir seither auf immer neuen immer aufwendigeren Lehr- und Lernmittel-Messen habe vorführen lassen, erfüllt die behaupteten pädagogischen und didaktischen Forderungen nicht. Man lese meine Beschreibung und mein Urteil nach[5] – Beispiele für die Verselbständigung der Computerdidaktik. Mein Ärger über eine Aufgabe, der zufolge das Zu- oder Ablassen des Wassers einer Badewanne in Form einer graphischen Kurve darzustellen war, gipfelte in dem Ausruf: »Was hat man aus Kindern in der Schule bis dahin gemacht, wenn sie miteinander über die ›inhaltliche Bedeutung verschiedener Prinzipien des Kurvenverlaufs‹ sich füllender Badewannen diskutieren ›wollen‹ oder gar Geschichten zu diesem schwachsinnigen Szenario schreiben?« (S. 65) Das war in erster Linie eine Kritik an der Schule, wie sie war – ohne Computer –, und deren haarsträubende Wirkung man durch den Computer um Gottes willen nicht steigern sollte. Die Autoren hatten die Kriterien für guten Grundschulunterricht im Kopf: »aus dem Leben«, »anwendungsbezogen«, »altersgemäß«, »wechselnde Arbeitsformen« (hier: das Zeichnen eines Koordinatensystems, die Übertragung von Daten in dieses, eine Erörterung in der Gruppe, das Schreiben einer Geschichte); sie hatten auch ein Ziel für diesen Unterricht: »Grundlegendes zur Kurveninterpretation entwickeln«. An diesem »Unfug«, wie ich ihn ohne Emotion nenne, ist nicht der PC schuld – aber er bessert daran auch nichts.

Andere Beispiele wollten zeigen, wie man am Computer »interaktiv« und »kooperativ« arbeite – sie wollten die »Passivitäts-« und »Vereinsamungshypothese« widerlegen. Einmal war es eine Warteschlange, die am einzigen Computer in dieser Grundschulklasse entstand und dadurch zu Regeln und Rücksicht nötigte; ein anderes Mal enthielt die Aufgabe (Frösche durch einen Gefahrenbereich vom unteren Rand des Bildschirms zum oberen zu geleiten) selbst die Möglichkeit, entweder »wettbewerbsorientiert« vorzugehen oder »gemeinschaftlich«, wobei im zweiten Fall weniger Frösche umkamen. Es fällt nicht schwer zu zeigen, wie einfach es ist, die erstrebten Tugenden an einer »normal« unterrichtenden Schule zu aktivieren und zu üben. Wieder: So – allein über erhoffte und gelegentlich vorzeigbare didaktische Vorteile – ist die Einführung des PC in die Grundschule nicht überzeugend zu begründen.

Mein Haupteinwand richtet sich gegen den frühen Einsatz des Computers, wobei »die Grundschule« das absolute Maß nicht sein muß (es gibt ja vierjährige und sechsjährige Grundschulen in Deutschland!), wohl aber einen allgemeinen Anhaltspunkt liefert. In den ersten Schuljahren heutiger (Stadt-)Kinder sind ganz andere Erfahrungen »dran«, ganz andere Weisen des Wahrnehmens, Handelns, Übens, Lernens – und die Zeit für diese ist knapp. Später, auf der Sekundarstufe, vollends im Oberstufenunterricht ist das anders, gibt es überzeugende Anlässe für den Einsatz des Computers – zusätzliche sachliche Anreize, das Arbeiten an größeren und komplexeren Aufgaben, das arbeitsteilige Vorgehen, die befriedigende Präsentation des Ergebnisses. In dem genannten Buch (Die Schule neu denken[5], S. 65f.) schildere ich ein solches Projekt – mit Respekt und Zustimmung. Das liest nicht gern, wer lieber einen offenbar unbelehrbaren Computermuffel zum Gegner hat.

Fast immer, wenn ich öffentlich mit Befürwortern der Computerisierung des Unterrichts streite, versucht man mich mit

Beispielen wie diesen zu schlagen: Schüler verschaffen durch eine E-Mail-Aktion einem Mädchen aus Tschernobyl eine für es lebenswichtige Verlängerung seines Aufenthalts in den USA. In der Tat, ohne E-Mail wäre die »Herstellung einer Öffentlichkeit« schwerer gewesen und alles hätte länger, vielleicht zu lange gedauert. Aber in erster Linie war dies eine gelungene Bürgeraktion – diesmal von ganz jungen Bürgern – und damit ein gutes Stück politischer Bildung. Ein Argument für Computer in der Grundschule gibt dieses Beispiel gewiß nicht her. Oder: Eine Klasse 2 (nun sind wir in der Grundschule!) habe einen Ausflug an einen näheren See unternommen und festgestellt (wie sie das wohl in den anderthalb Jahren gemacht hat?), daß dort die Zahl der Enten »im Laufe der Jahre« zurückgegangen sei. »Da die Schulen in der Umgebung Internet-Anschluß und Homepages hatten, konnte die Klasse mit diesen Kontakt aufnehmen und fragen: ›Habt ihr auch Teiche in der Nähe? Wie geht es den Enten dort?‹« Und so kam es erst zu öffentlicher Aufmerksamkeit und dann zu Aktionen der Stadt. Nach zwei Jahren sollen die Enten sich wieder vermehrt haben.[6] Mit Verlaub, alles, was an dem Fall pädagogisch interessant und nutzbar ist, kann man sich auch ohne PC einfallen lassen: Man kann schreiben und beobachten, die Beobachtung systematisieren und aufzeichnen, anderen die eigenen Fragen stellen, sich Gedanken über die Ursachen machen und, wenn man diese kennt, zu den Verursachern gehen … Die Klasse 2 hat vielleicht Enten gerettet, bestimmt aber den PC-Einsatz an ihrer Schule.

Der Computer ist nicht und bringt nicht von sich aus das pädagogisch Richtige, das seine Betreiber ihm nachsagen. Er ist so verspielt oder geduldig, so anregend oder ablenkend, so offen oder so dumm wie seine Benutzer, und die beste *software* ist immer nur so wirksam, wie die Situation zuläßt oder fordert, in die sie hineingerät. Für sich ist der Computer ein ungeselliger, unphilosophischer und fast ausschließlich »kopfiger« Unterrichtsgegenstand; er gehorcht nicht nur einem Systemzwang (der ökonomisch-technischen Entwicklung), er ist selber einer. Er gibt mir zwanzig Befehle, bevor er den meinen überhaupt entgegennimmt. In einer Welt, in der ursprüngliche Erfahrung immer knapper wird, in einer Welt, in der es gilt, den Menschen gegen das überwältigende Aggregat der Sachen zu ermutigen, in einer Gehäusewelt, die sich nicht mehr selbst erklärt[7], hole ich ihn nicht ohne Not ins Klassenzimmer.

Die Not mag gegeben sein. Ich weiß, daß wir dem Computer erliegen werden, wenn wir ihn nicht kennen, ihn aus Angst oder in Heilserwartung mystifizieren. Nüchternheit, Kenntnis der Gründe und Einhaltung der Grenzen müssen seine allmähliche Aneignung begleiten: erst durch die Erwachsenen, die Lehrer, und dann durch die Schüler, und nie ohne kritische Reflexion, also nicht vor dem 10. Lebensjahr, nicht »als natürliche Fortsetzung von Spielzeug wie LEGO und Fischer-Technik«, wie es die Engländer vorhatten (Jones, a.a.O.). Wer argumentiert wie sie, erhebt die »Medien«, d.h. »Mittel« zu Zwecken. Alles, was pädagogisches Vorgehen pädagogisch begründet oder bezweifelt, wird in den Wind der weltwirtschaftlichen Angst geschlagen. Politiker müssen vielleicht so denken – Pädagogen haben die Aufgabe, ihnen gegenüber das für die Kinder Bekömmliche zu vertreten.

Aber schon greift die diffuse Vorstellung von den Medien als einer eigenen Wirklichkeit, die allenfalls didaktischer, nicht pädagogischer Prüfung unterworfen ist, auf die Schule über. Neue Medien halten dort Einzug, weil es sie gibt. Was ist, diktiert, was sein soll. Schon 1984 wurden vom Bundesministerium für Bildung und Wissenschaft und von den Ländern mehr als 52 Millionen DM für entsprechende »Modellvorhaben« aufgewendet. Alsbald wurden wir über beachtliche »Gerätespenden« und »erhebliche Preisnachlässe« von zwar namhaften, aber nicht genannten Unternehmen informiert und darüber, welche Anstrengungen diese machen, »den Engpaß bei qualitativ guten Computerprogrammen für den Unterricht zu beseitigen«, ja, »kostenlose Hilfe zur raschen Fortbildung der Lehrer zu leisten«. Der »Verband Deutscher Maschinen- und Anlagenbau« und der »Zentralverband der elektronischen Industrie« meldeten die Gründung einer von der Wirtschaft getragenen Fördergemeinschaft, die den Schulen bei der Einführung der Neuen Medien helfen und die notwendige Koordination (von

Spenden, Ausbildungsgängen, Soft- und Hardware-Versorgung) leisten sollte. Die Kultusminister begrüßten diese Aktivitäten und sagten ihre Zusammenarbeit mit jener Fördergemeinschaft zu. Der damalige Bundesminister für Forschung und Wissenschaft wußte, ohne daß es irgendeine Forschung dazu gegeben hatte, daß »Wohlstand, Vollbeschäftigung und Wettbewerbsfähigkeit« nur zu sichern seien, »wenn die Befähigung zum Umgang mit Informationstechniken *frühzeitig* vermittelt« werde (Informationen des Bundesministeriums für Bildung und Wissenschaft 4/84). Im Jahre 1997 führte ein Nachfolger dieses Bundesministers zusammen mit Telekom-Chef Ron Sommer die deutschen Schulen mit einem Aufwand von 59 Millionen Mark ans Netz (10 000 Schulen in drei Jahren), und im Jahre 2000 legte die jetzige Bundesministerin ein 650 Millionen Mark schweres Förderprogramm für die neuen Technologien auf (400 Millionen für Entwicklung von Software »Neue Medien in der Bildung«, 250 Millionen für Ausstattung von Berufsschulen). Die Bundesanstalt für Arbeit hat im gleichen Jahr den jährlichen Aufwand für IT-Weiterbildungsmaßnahmen auf 1,2 Milliarden erhöht. – Das kann man als Marktanpassung, als Hilfe bei der Erlangung eines Arbeitsplatzes ausgeben und gutheißen. Aber als Entwicklungsprogramm für unsere Gesellschaft? als heroische Antwort auf die »Herausforderungen« der Zukunft? als »neuer Bildungsauftrag«?

Die Menschheit gibt sich ihren Mitteln hin. Sie scheint nicht einmal das Bewußtsein von dieser widrigen Verkehrung von Zweck und Mittel zu haben. Die Geister, die sie rief, kann sie gar nicht loswerden wollen: Sie hat nicht nur das Wort vergessen, das diese bannen könnte, sie hat den Begriff verloren, den Begriff für ein Mittel, das allemal dienstbar zu sein hat. Sie hat darum das Mittel, das Werkzeug für etwas sein sollte, durch ein Medium ersetzt, das in erster Linie sich selbst vermittelt.

Diese Urteile werden vielen Lesern, nicht nur meinen Kritikern, sehr pauschal vorkommen. Obwohl ich – notgedrungen – immer wieder zu pädagogischen Beispielen gegriffen habe, war dieses Kapitel das »politische« in dem Sinn, in dem das erste Kapitel das »philosophische« dieses Buches sein wollte. Politische Argumente sind Teil einer Kampfstrategie; es geht um Deutlichkeit; man muß »Flagge zeigen«; Härte und Schärfe einer Formulierung können klären helfen. Man muß sich freilich vor Rechthaberei hüten – die ist unfruchtbar. Da die Einführung des Computers in die Schulen, da deren »Vernetzung« und da ihre neuerliche Einbindung in die Ökonomie (diesmal in bisher unbekannter Offenheit!) durch die Politik betrieben wird, müssen auch dieser stets die Folgen für die Pädagogik vor Augen gehalten werden. Die »Erwartungen an die Bildungseinrichtungen« folgen erst im letzten Kapitel – die gängigen pädagogischen Erwartungen, die der allgemeinen Öffentlichkeit und meine eigenen, die die anderen nicht so sehr leugnen als vielmehr radikalisieren. Auf die Einwände, die mir aus der Pädagogik zuteil geworden sind, werde ich ebenfalls dort eingehen.

Hier folgen die politisch unbequemsten Aufgaben: die Anerkennung von und der Kampf mit den Nebenwirkungen – einer wahren Hydra von Widrigkeit. Mit einer verhaltenen Genugtuung werfe ich dies in die Waagschale meiner politischen Argumente – »Genugtuung«, weil die ungewollten Folgen mir recht geben, daß man sich übereilt und unbesonnen, ja besinnungslos der »Entwicklung« überlassen hat; »verhalten«, weil die Schäden ungeheuer sind und durch Verlangsamung nur langsam eingedämmt werden können, nicht aber beseitigt.

4
Die Nebenwirkungen

Alles hat Nebenwirkungen, nicht nur Medikamente. Wir nehmen sie in Kauf, wenn sie unvermeidlich sind und wenn die Hauptwirkung gut und gewollt ist. Die Abwägung fällt nicht immer leicht, und nicht in allen Fragen gibt es den Arzt oder den Apotheker, die mit ihrer Erfahrung und Kenntnis bei der Entscheidung helfen können. Ist die Zahl der unerwünschten Nebenwirkungen sehr groß und zeigen diese auch bestimmte Gemeinsamkeiten, dann muß man die Verwendung des Mittels einer grundsätzlichen Prüfung unterziehen. »Grundsätzlich« meint dann: mit der Möglichkeit des Verzichts.

Ich habe schon angedeutet, daß ich an diese Möglichkeit nicht glaube, ja, daß ich sie auch nicht wollen kann. Das Gedankenspiel freilich kommt mir – wie sicher manch anderem Beobachter unserer Zeit – durchaus in den Sinn. Angesichts der »verstraßten« Landschaft, der mit Autos zugestellten alten Städte, der durch sie gestörten Ruhe, der törichten und lebensgefährlichen Raserei hat sich schon mancher ausgedacht, wie schön es wäre, es gäbe diese Blechkisten nicht. So stellt man sich ja auch gern vor, wie die Welt heute wäre, hätte es den Hitler nicht gegeben. Beide Gedankenspiele sind buchstäblich gegenstandslos, aber sie sind nicht ohne Nutzen: Man erkennt in ihnen die Bedingtheit und den Preis auch unserer für frei gehaltenen Wünsche.

Und so ist es auch mit den Neuen Medien: An ihren lästigen Folgen und an der Bereitschaft, diese hinzunehmen, können wir unserer Abhängigkeit gewahr werden, unseres Willens, sie zur unabweisbaren Notwendigkeit zu erklären, oder unseres Unwillens, von ihnen zu lassen. Wir sind genötigt, uns zu entscheiden.

Diese Übung bedarf keiner besonderen Kunstfertigkeit. Ich zähle – Laie, der ich in diesen Dingen bin – einfach auf, was mir hierzu ein- und auffällt, versuche jedoch Schwerwiegendes von einfach Unbequemem und beides von bloß Seltsamem zu unterscheiden, von den Adiaphora, die nur Kopfschütteln auslösen.

In die erste Kategorie gehört die von Joseph Weizenbaum (s.o. S. 33) angedeutete Gefahr für die bürgerlichen Freiheiten. Aus Datenmaterial verschiedener Behörden und Institutionen, auch von Versicherungen und Banken, von Versandhäusern und Vereinen, aus Karteien der Ärzte und Krankenkassen, aus Hotelregistrierung, Reisebuchung, Unterschriftensammlung läßt sich, »wenn es kombiniert wird«, eine Person herstellen – eine »Pseudoperson«, wie Weizenbaum sie mit Recht nennt, selbst wenn alle Daten im einzelnen richtig sind. Weizenbaum, wie viele seiner und meiner Generation und wie die meisten Menschen, die bis vor kurzem in Volksrepubliken gelebt haben, wittern hier eine Gefahr, »für den Fall, daß ...«.

Aber vielleicht ist die zunächst nur mögliche Gefahr weniger bedrohlich als das schon wirkliche Symptom. Jede Benutzung der elektronischen Systeme (also im Jargon: jede Online-Aktivität) hinterläßt eine Spur, keine bleibt ohne weiteres privat. Die Hoffnung auf die Datenschützer und das Datenschutzgesetz trügt. Diese kommen der Entwicklung der Computertechnik und der Verbreitung der Systeme nicht nach – einerseits, weil die Internet-Benutzer auf die gebotene Vorsicht verzichten, also arglos nicht nur Namen und Anschrift preisgeben, sondern auch Alter, Geschlecht, Kreditkartennummer, Bankverbindung, Krankengeschichte, benutzte Medikamente, Religionszugehörigkeit und so fort; andererseits, weil die Datenjäger sich hemmungslos aller technischen Raffinessen bedienen.

Otto Ulrich von der Akademie zur Erforschung der technisch-wissenschaftlichen Entwicklungen in Bad Neuenahr-Ahrweiler berichtet (in DIE ZEIT vom 14.09. 2000), daß eine niederländische Verbraucherorganisation im Jahre 1998 900 öffentliche und private Datenbanken registriert habe, in denen personenbezogene Daten von Bürgern gesammelt werden, ohne daß diese etwas davon ahnen.

»Wie kommt es, daß soviele Menschen glauben, sie müßten alles mitmachen?« fragt Ulrich und empfiehlt – ohne die eigene Frage zu beantworten –, daß wir eine »Datenschutzdidaktik« entwickeln, die »Kindern und Jugendlichen eine gesunde ›Kultur des Mißtrauens‹ gegenüber Datenräubereien im Internet vermittelt«.

Vielleicht haben die *netizens,* wie man die ins Netz abgleitenden *citizens* in den USA nennt, den Mißbrauch ihrer Identität durch andere noch nicht erfahren, müssen also durch Schaden klug werden. Ihr Konto ist beispielsweise noch nicht mit Hilfe ihrer Kreditkartennummer abgeräumt worden; sie werden noch nicht von sogenannten *pretext callers* belästigt, die ihnen unter harmlosem Vorwand anbieten, Daten über beliebige Personen beizubringen (eine solche Dienstleistung kostet bis zu 250 Dollar und wird in ein bis zwei Wochen erledigt); sie sind noch nicht Ziel von SPAM-Attacken geworden: elektronischen Kettenbriefen, die »ausgerechnet Sie« erwählt haben, »einem krebskranken Kind einen letzten Wunsch zu erfüllen, afghanische Frauen vom Schleierzwang zu erlösen, Nazis aus Newsgroups zu verbannen« (Süddeutsche Zeitung 08.01.01); sie haben vielleicht keine politischen oder geschäftlichen Gegner, die ihnen im Netz durch biographische Einzelheiten beglaubigte Äußerungen unterschieben, kennen also den mafiosen *political warfare* nicht, der das FBI und das Bundeskriminalamt seit längerem beschäftigt. Denn wer weiß, daß er einen Dschungel betritt, zieht sich 'was an, geht nicht einfach barfuß spazieren.

»Dschungel« – das könnte wieder so eine Schwarzmalerei sein, und »Mißtrauen« als Lernziel öffentlicher Schulen hört der Pädagoge auch ungern. Ich kann die Gefahren nicht wirklich beurteilen, die da lauern – weder ihre Größe noch ihre Häufigkeit.

Aber wenn die Experten (Süddeutsche Zeitung 19.09. 2000) schätzen, daß jede zehnte Transaktion in der Online-Welt betrügerisch ist und die bargeldlose Gaunerei zu den schnellstwachsenden Delikten gehört, dann fragt sich auch der Laie, warum sich die Öffentlichkeit darüber so wenig erregt.

Der Hauptgrund für die Ruhe ist sicher, daß die Kreditinstitute stillhalten – lieber zahlen, als zugeben, daß ihr Sicherungssystem nicht funktioniert. Und wer zur Polizei geht oder sich an die Medien wendet, mobilisiert die gesamte Hacker-Unterwelt gegen sich.

Der weniger offen zutage liegende Grund für die »pragmatic acquiescence« (mit diesem Wort hat Lewis Mumford vor 75 Jahren den Mangel an Entscheidungsbewußtsein und Entscheidungspflicht seiner amerikanischen Zeitgenossen gegeißelt[1]) liegt in einer bedenklichen Verschiebung der Grenzen zwischen öffentlichem und privatem Leben. Die Abwehr des uns zu nahe rückenden Staates hat uns einst wachsam gemacht, ließ uns für »my home is my castle« kämpfen. Heute nehmen zu viele Menschen allenthalben wahr, wie wenig man mit ihnen rechnet, werden lieber gestört als vergessen, »bringen sich ein«, auch wo niemand sie erwartet: Karaoke! Etwas, womit sie aus der grauen Nichtbeachtung heraustreten und für andere wichtig sein können – einst war dies ihre spezifische Berufskönnerschaft –, geht immer mehr Menschen ab: Sie haben allenfalls einen »Job« und müssen ihn obendrein öfter wechseln. Leistung fällt mit Augenblickserfolg zusammen. Erfolg tritt an die Stelle von Bewährung und wird an Einschaltquoten, der Zuwendung von Drittmitteln, demoskopischen Umfragen, verkauften Auflagen, Aktienindizes gemessen: Erfolg ist an öffentliche Aufmerksamkeit gekoppelt. Um dieses knappe Gut streitet man mit den Mitteln, die es herstellen, wachhalten, bedienen. Massenhochzeiten – 30 000 Paare einer gemeinsamen Sekte in Anwesenheit von 60 000 Angehörigen in einem Fußballstadion – werden durch das Fernsehen ausgestrahlt und gleichzeitig weitere 450 000 Paare in der ganzen Welt »gesegnet«; Geburten und Hinrichtungen kann man »live« miterleben im Wechsel mit Koitus, Kriegen, Katastrophen und Kiep-Kohl-Kanther-Skandalen. Eine vorletzte Steigerung war wohl Big Brother bei RTL II, gleichsam *The true Truman-Story.* Indem die Menschen ihr Privatleben anderen vollständig – bis in den letzten toten Winkel – preisgeben, schaffen sie die Privatheit ab, die unsere Verfassung, unsere Gesetze und die öffentliche Moral doch so angestrengt zu schützen suchen: Sie zerstören das, was die Öffentlichkeit für die Privatheit leistet, sie verneinen die Scham.

Das könnte eine Erklärung für die unverständliche mediale Willfährigkeit sein, für jene Selbstbloßstellung, die man am leichtesten vor ganz Fremden vollbringt, die man nie wiedersehen wird (Anhalter zum Beispiel), eine gewollte Unvorsicht also, die das anonyme Medium ermöglicht.

Otto Ulrich schreibt in dem schon zitierten Artikel: »Gegenwärtig wird die freie Welt des Cyberspace gezielt in eine perfekt überwachte verwandelt.« Schlimm genug. Schlimmer aber, daß sich die Menschen so gern beobachten lassen, daß ihnen die von jeder Verantwortung befreite Cyber-Welt ein so lieber Aufenthalt ist. Mit solchen Netzgenossen ist buchstäblich kein Staat zu machen.

Daß es ein Delikt »Identitäts-Diebstahl« gibt, ist ein treffendes Indiz für die eben geschilderte Lage. Eine Studie sagt, daß in den USA jährlich eine halbe Million Menschen Opfer dieser neuartigen Beraubung werden: Es läuft dann – wenigstens für eine Zeit – eine andere Person mit ihren Merkmalen, Rechten, Chancen umher. Das sollte eigentlich niemanden wundern, wird uns doch die PIN/Personal Identity Number von den Banken, dem Kaufhaus, unserer Tageszeitung, dem Server, der Fluggesellschaft, der Bibliothek dringend angedient – ein Schlüssel zu möglichst allem, ein Vereinfachungs-, Entlastungs-, Befreiungsversprechen ohnegleichen. Wir unterziehen unsere Person freiwillig einer Reduktion auf Zeichen, was die totalitären Regime, die wirklichen wie die ausgedachten, nur mit Zwang erreichen. Mit acht Ziffern oder Buchstaben sind wir für das Finanzamt, den Notarzt, die Stechuhr, den Computerterminal voll identifizierbar. Natürlich bleiben wir für unsere Freunde noch »Mausi« und »Wups«, lieben Brahms oder Bartók, tragen einen Hut oder keinen. Aber diese so belanglose Person hat keine »Geltung«, es sei denn, es gelingt ihr, sich auszustellen – im Quiz oder im Wettessen von Wassermelonen oder im Graffito. Und das geht schnell vorüber. Eine dauerhafte Geltung auf Gebieten, auf denen wir einst mit größter Anstrengung erwachsen werden wollten – in der Verfügung über das Auto und das Konto, das Pay-TV und das Geheimarchiv –, gewährt nun die Plastikkarte mit der PIN. Die aber läßt sich stehlen.

Zu den schwerwiegenden »ungewollten Nebenwirkungen« der elektronischen Welt zähle ich – neben der fahrlässigen Preisgabe von Identität und Privatheit – in erster Linie die unkontrollierte Ausbreitung gemeingefährlicher Botschaften an jedermann, also auch an s.v.v. jederkind. Es gehörte zur politischen Hygiene aller Gemeinwesen aller Zeiten, daß menschliche Gemeinheit, wenn sie sich denn nicht abschaffen läßt, ins Dunkel verbannt wird, wo es Mühe macht, sie aufzusuchen. Diese Mühe entfällt nun. Die Unterwelt breitet sich im Internet ungehindert aus: Kinderporno, Satansmessen, Anleitung zum Bombenbau, Nazi-Terror. Vom Ausmaß und der Intensität der Zweiten Öffentlichkeit, richtiger: der Un-Öffentlichkeit, der Schattengesellschaft im Internet hat der Bewohner der Republik bisher nur gelegentlich Kenntnis bekommen, etwa als das Gästebuch der Stadt Sebnitz zum Schauplatz eines *electronic warfare* finsterster Art wurde: Dumpfgeisterei von Ost und West, von Rechts und Links. Da in den USA Meinungsfreiheit höher bewertet wird als Personenschutz und ein großer Teil der Verunglimpfungen nur mit den Instrumenten des letzteren zu fassen und zu bekämpfen ist, kommt das meiste Nazi-Gift von Übersee. 800 *homepages* mit rechtsradikaler Propaganda hat das Bundeskriminalamt 1999 im World Wide Web gezählt. Das Volumen verdoppele sich jedes Jahr und enthalte – neben politischen Aufrufen – »Moorhuhnjagd« auf Vögel mit Davidstern oder Anfahrtsbeschreibungen zur nächsten Skinhead-Demo oder eine Art »Rampe«-Spiel, in dem der Internetkunde als Leiter eines virtuellen KZ entscheiden kann, wer von den Heutigen in die Gaskammer gehen soll (Süddeutsche Zeitung, 08.01.01). Daß die gewieften Propagandisten Dateien von Abgeordneten blockieren, Aufrufe in deren Namen verfassen, gefälschte »Dokumente« publizieren, ist politischer Alltag, nur schwer zu verfolgen, weil die Provider die E-Mail-Protokolle meist täglich löschen, und hat auch eine Gegenseite: die zahlreichen Bürgerinitiativen, die heute Proteste, Warnungen und Aufklärung auf dem gleichen Weg verbreiten wie ihre Gegner. Es entfaltet sich da ungeheuer viel politische Tatkraft – aber außerhalb aller Verantwortung und bürgerlichen Kontrolle. Das muß der Demokratie schaden.

Ich habe die Kinderpornographie absichtlich in diesem Zusammenhang erwähnt und zitiere dazu wörtlich aus der Frankfurter Allgemeinen Zeitung vom 17.03.01. Nachdem die Zahl der angezeigten Fälle von Mißbrauch und die »mindestens zehnmal höhere Dunkelziffer« genannt worden sind, heißt es:

> Das Medium Internet werde dabei von Kriminellen mehr und mehr genutzt, sagt Vera Falck (vom Bundeskriminalamt). Gründe dafür sind auch die immer preiswerter werdenden Rechner und die günstigen Tarife für das ›Surfen‹. Im weltweiten Netz böten Händler schon Säuglinge und Kleinkinder für viel Geld als Ware an. Die Videos mit geschundenen Kindern würden immer grausamer und perverser. Auch die Zahl der Nutzer wachse, und das umfassende Löschen kinderpornographischer Bilder sei fast unmöglich. Einige Bilder würden 10 000mal abgerufen oder heruntergeladen und verbreiteten sich so immer weiter. Nach einer Schätzung von Unicef gibt es derzeit etwa 1,5 Millionen Bilder kinderpornographischen Inhalts im World Wide Web, auf deutschen Seiten könnten es 40 000 sein.

Der Sprung von hier zum Börsenfieber ist weniger absichtsvoll. Zwar geht es auch hier um die Steigerung eines schon existierenden Gebrechens unserer Menschenwelt, aber in anderer Weise: durch die schiere Beschleunigung und durch die Ubiquität der jeweiligen Bewegung mit Hilfe der Telematik. Die scheinbare Subjektlosigkeit der Börsenvorgänge wird zur *tatsächlichen* – durch die Geschwindigkeit von Hochrechnung, Nachrichtenfluß und Akkumulation der Einzelentscheidungen. Der Trend an der Börse war immer schon »herstellbar«, nun ist er durch nichts mehr aufhaltbar.

Daß ich die fortschreitende und sichtbare Aufteilung der

Menschen in User und Loser (die Formulierung stammt vom Chef der deutschen IBM, Erwin Staudt) in diese erste Kategorie der ungewollten Nebenwirkungen stelle, wird man dem Pädagogen nachsehen: In seinem Tätigkeitsgebiet fällt das Problem ja an. Die Nutzer/Nutznießer befinden sich im oberen Drittel der Bildungshierarchie, sagt uns eine Untersuchung der Gesellschaft für Konsumforschung aus dem Jahr 1999. Ein Drittel der Deutschen benutzt auf irgendeine Weise das Internet. Unter den Jugendlichen liegt der Anteil doppelt so hoch und unter diesen wiederum bei Haupt- und Realschulabsolventen unter der Hälfte. Und obwohl die Mädchen den Rechner genausoviel benutzen wie die Jungen – und deutlich »vernünftiger« (weniger für Spiele, mehr zum Lernen) –, findet sich unter den Studienanfängern im begehrten Fach Informatik nur knapp ein Sechstel Frauen (GEO Wissen Nr. 27, S. 43). Zwei Drittel der über 60jährigen – die ihrerseits über ein Drittel der deutschen Gesamtbevölkerung ausmachen – haben das Gefühl, den Anschluß an die Technik zu verlieren. Und noch eine Zahl: Von den 350 Millionen Internet-Nutzern auf der gesamten Erde leben 43 % in Nordamerika, 25 % in Westeuropa, 21 % in Asien und im pazifischen Raum, 6 % in Südamerika, 3 % in Osteuropa und 2 % in Afrika. Dabei wäre der Computer gerade in armen Regionen als Mittel der Aufklärung und Selbsthilfe besonders nützlich. Das könnte sich mit der Zeit und einiger Anstrengung ändern. Nicht ändern aber wird sich die Spaltung in die Zwei Kulturen, die Charles P. Snow 1964 beschrieben hat. Ein erneuter Abstraktionsschub, eine neue Sprachentfremdung, eine neue Verdinglichung der naturwissenschaftlich-technischen Vorstellungswelt durch die Elektronik treibt die beiden Kulturen noch weiter auseinander. Die Trennung wird ja nicht dadurch aufgehoben, daß die Geisteswissenschaftler sich der Begriffe der Computer-Leute bedienen – sie sind ausnahmslos englisch und für jedermann als solche lernbar –, sie müssen auch verstehen, was Nanosonden tun, was einen genetischen Code zum Code macht, wie HTTP (Hyper Text Transfer Protocol) funktioniert. Wenn sie das nicht verstehen, bleiben sie User zweiter Klasse; sie werden immer hinnehmen müssen, was die Macher-Seite ihnen da bietet – oder darauf verzichten. In Klammern darf man fragen, ob die IT-Leute ihre Sache »verstehen«. Sie beherrschen sie – sie »wissen« und sie »tun«. Aber solange sie glauben, sie könnten eine Maschine zum Denken bringen und am Ende gar im Computer die Evolution in zeitlicher Raffung simulieren, also einen selbständig entscheidenden Roboter hervorbringen (den man dann auch wie den Golem fürchten müßte!), besteht die von Snow festgestellte Kluft: *Das* wird ihnen kein Geisteswissenschaftler glauben. Daß der Mensch dem Computer im Schachspiel unterliegt, beweist nur dessen Fähigkeit, eine ungeheure Zahl von Möglichkeiten in kürzester Zeit zu prüfen – ohne dabei die Nerven zu verlieren.

In die zweite Kategorie von ungewollten Nebenwirkungen – die der vornehmlich unbequemen – rechne ich die Einschleusung von Viren in die globalen Netze. Ihre Schäden sind immens (der von »I love you« soll sich auf zehn Milliarden belaufen haben), tragen aber letztlich dazu bei, daß sich das System gegen sie zu wehren lernt, also stabiler wird. »I love you« war ein Bravourstück eines jungen Philippinen. Andere werden folgen – von ehrgeizigen Nachahmern, die, weil minderjährig, straffrei ausgehen. Wer »Anna Kurnikova« in die Computer-Welt gesetzt hat, weiß man bisher noch nicht. Man hat gelernt, die schlimmsten Folgen abzufangen, aber nicht die Verursacher.

Was treibt die *script kids* zu solchen Taten? Für viele ist's ein Computerspiel höherer Art: Ich-David gegen Pentagon-Goliath oder sonst ein großes Unternehmen, dem bewiesen wird, daß ich schlau bin und sein Sicherheitssystem schlecht. Für andere ist's der Anfang einer kriminellen Karriere; aus dem Hacker wird ein Cracker – vielleicht ohne daß er es gewollt hat. Da hat einer plötzlich Zugriff auf Zigtausende von Kreditkartennummern; nun kann er die Bank oder Firma damit erpressen oder die heiße Ware schnell weiterverkaufen; die Zwischenhändler stehen im Computer bereit. Die meisten Firmen, heißt es, fügen sich – eine teuflische Verführung für die Code-Piraten weiterzumachen; gelingt der Coup nicht, rächen sie sich, indem sie das Datensystem der Firma demolieren.

Nebenwirkungen wie diese haften an den technischen Voraussetzungen. Wer mit Hilfe eines Anschlusses und einer Tastatur unerkannt solche Wirkungen tun kann, ist ein Gyges. (Der konnte sich mit seinem Ring unsichtbar machen, verlor alle Skrupel und wurde, ohne irgend etwas an der Welt zu verändern, der mächtigste Mann im Lande.) Knopfdruck, Stromstoß, Signale auf dem Bildschirm – das ist so weit von vorstellbarem »Raub« und von vorstellbarer »Zerstörung« entfernt, daß die Täter oft buchstäblich nicht wahrnehmen, was sie tun.

Nehmen umgekehrt normale Benutzer des Computers wahr, wie sie von diesem »beraubt« werden – um ihre Zeit, ihre Aufmerksamkeit, ihre Umwelt? Von Abstürzen abgesehen. Wie oft gehen wir einer Trivialität nach, nur weil es jetzt möglich ist, sie über den Computer zu erhaschen? Wie lange warten wir geduldig die Suchbewegung ab, die er vollzieht? Wie häufig korrigiert er uns oder korrigieren wir ihn, wo wir mit weniger Perfektion zufrieden sein könnten, drucken das Ergebnis säuberlich aus – um es dann wegzuwerfen oder abzulegen, obwohl wir doch das papierfreie Büro angestrebt hatten? Wieviel der *unsollicited E-Mails* lesen wir trotz der heiligen Schwüre, dies nicht zu tun? Wir müssen uns den Frust nicht in Clifford Stolls Büchern (»Die Wüste Internet«, 1996, und »LogOut«, 2001) anlesen, wir müssen uns nur selbst beobachten.

Mag sein, daß das alles zu den Kinderkrankheiten unserer Symbiose mit dem Computer gehört: falsche Neugier, falsche Langmut, falscher Ehrgeiz – und verstopfte Datenwege, Überfülle der Angebote und Auskünfte, Wahl-Qual, unendlich viel Belanglosigkeit. Aber wird sich das wirklich ändern – in einem sich hemmungslos selbst vermehrenden System?

Der gleichzeitig beklagte permanente Datenschwund darf hier niemanden trösten. »Beklagt« wird nur, was einer vermißt, beispielsweise der Verlust von wichtigen Dokumenten, weil man nicht rechtzeitig an die Reaktivierung gedacht hat, an die Aufhebung des Selbstzerstörungsbefehls (time-to-live), der in den Speicherauftrag eingebaut ist, um den Infarkt des Netzes zu verhindern. Brewster Kahle vom *Internet Archive* sagt, ein Internet-Dokument habe eine durchschnittliche Lebensdauer von 75 Tagen (nach einem Bericht der Süddeutschen Zeitung vom 22.2. 2001). Die Zahl ist nicht viel wert, weil manches sofort in den »Papierkorb« geht (wie sonst auch) und man anderem unendliche Dauer zuspricht. Wie verrechnet man Augenblick und Ewigkeit zu einer durchschnittlichen Erwartung? Aber an die Gefährdung dessen, was man als digitale Impulse auf Siliziumchips aufzubewahren hofft, kann die Mitteilung wohl gemahnen.

Im übrigen ist die Vorstellung, was gespeichert sei, werde bleiben, aus zwei Gründen trügerisch: (1) Sehr viele der vor zwanzig Jahren gesammelten Daten (zum Beispiel des US-Census) sind schon heute nicht mehr lesbar, weil es die entsprechenden »Steinzeit«-Computer (also die Hardware) und Programme (die Software) von damals nicht mehr gibt. Wenn man sie nicht auf säurefreiem, beständigem Papier ausgedruckt hat, was häufig unterblieben ist, sind sie unwiderruflich verloren. Es spricht wenig dafür, daß dies morgen und übermorgen anders sein wird. (2) Die Speichermedien (Festplatten und dergleichen) haben nur eine beschränkte Lebensdauer. Bei den magnetischen (tonband-artigen) liegt sie vermutlich deutlich unter der eines Mikrofilms, bei dem sie wiederum nur einen Bruchteil der des Pergaments oder der Tonscherbe beträgt; die halten erfahrungsgemäß Tausende von Jahren, sonst hätten wir sie nicht; die Haltbarkeit des Papiers ist schon deutlich geringer. In etwa zwanzig Jahren dürfte es deshalb auf den meisten Speichermedien nur noch einen unentzifferbaren Datensalat geben.

Schließlich möchte ich die Zunahme unserer geistigen und seelischen Anspannung zu den nicht gewollten, aber wohl unvermeidlichen Folgen der Neuen Medien zählen. Das Web-Jahr sei dreimal so »stressig« wie ein normales, sagen die Arbeitsmediziner. Je höher die Leistung des Instruments, um so intensiver sein Anspruch an den Menschen, der sich seiner bedient! Große Firmen setzen heute Ärzte als *wellness-trainer* ein und legen Präventionsprogramme für ihre PC-Mitarbeiter an, ja, sie versuchen ihnen das Gefühl der ständigen Erreichbarkeit und Verantwortlichkeit wieder abzunehmen, das sie eben gerade in ihnen geweckt hatten – in der Form von Dienst-Handy, Home-Terminal und Self-Regulation.

Die Gefahr für unsere Gesundheit, die von den elektromagnetischen Feldern ausgeht, kann ich nicht beurteilen. Soll ich sie darum unerwähnt lassen? – gar um das Odium der Schwarzmalerei zu vermeiden? Immerhin meinten der Ministerrat, die EU-Kommission und das Europäische Komitee für elektronische Normung ein Sicherheitsmaß mit »strengen Grenzwerten« entwickeln zu müssen, und die Internationale Kommission für Schutz vor nichtionisierender Strahlung (ICMIRB) stellte jüngst noch einmal fest: »Elektromagnetische Felder stellen eine potentielle Gefahr dar.« Sie rät den Handy-Besitzern, möglichst im Freien zu telefonieren und ihr Gerät nur zu benutzen, wenn es unbedingt nötig ist (Süddeutsche Zeitung vom 07.08.2001). Ganz harmlos kann das alles also nicht sein. Das treffe auch auf Küchenmesser und Kopfschmerztabletten, Konservierungsmittel und Kunstdünger zu, wird man einwenden – von Autos, Flugzeugen und Atomreaktoren gar nicht zu reden. Meine Antwort darauf muß wohl lauten: In der Tat, und darum müssen wir bei den Neuen Medien, die das elektromagnetische Feld aufladen, so vorsichtig sein, wie wir es bei jenen anderen Erscheinungen unserer Zivilisation zu sein gelernt haben. Vor allem aber müssen wir zwischen solchen Gefahren unterscheiden, denen man durch individuelles Verhalten begegnen oder entgehen kann, und solchen, die kollektiv – durch unbewußte und also unschuldige Anhäufung – entstehen. Dadurch, daß man unsere Gesellschaft zur »Risiko-Gesellschaft« erklärt, ist nicht schon jedes Risiko gerechtfertigt.

Die eher seltsamen Nebenwirkungen – meine dritte Kategorie – sollte man schon deshalb im Auge behalten, weil auch sie endemisch und zur Plage werden können. Der Hochschullehrer beobachtet seit langem ein Mißverhältnis von perfekter äußerer Form der eingereichten Arbeiten und ihrem schlampigen Inhalt. Mit Hilfe des Computers und des Computer Aided Design (CAD) werden jedoch nicht nur Sorgfalt und Ordnung vorgetäuscht, wo keine sind; mit ihrer Hilfe werden auch Denkvorgänge vorgegaukelt, die nicht stattgefunden haben. Es gibt digitale Bibliotheken (auf CD-ROM), die es ermöglichen, das »Textgut« von mehreren hundert Autoren eines bestimmten Gebietes, einer bestimmten Epoche, einer bestimmten Literaturgattung in wenigen Minuten nach bestimmten Stichwörtern abzutasten. Das Ergebnis suggeriert, der Verfertiger der Arbeit habe die zitierten Werke selber gelesen, sei dabei auf die verschiedenen Funde gestoßen, habe sie klug kombiniert und sei damit erwiesenermaßen »im Bilde« – einer von uns Novalis- oder Tundra- oder Ancien-Régime-Forschern – und hat doch das Werk nie in der Hand gehabt! »Plünderung« der Denker-Jahrhunderte nennt es Bernd Graff (»Der digitale Imperativ«, Süddeutsche Zeitung 08.11. 2000).

Die Tatsache, daß die gesamte IT-Sprache Englisch ist, könnte eine »gute« (und in der Folge davon »gewollte«) Nebenwirkung sein. Aber sie ist auch ein Ausdruck der Abhängigkeit der deutschen Informations- und Kommunikationstechnik von der amerikanischen. Die Franzosen unterziehen sich wenigstens der Anstrengung der Übersetzung in ihre eigene Begriffswelt: Aneignung statt Unterwerfung.

Darf man in einem solchen Kontext auch Fragen des Lebensstils ins Spiel bringen? Über E-Mail und Fax erhalte ich nichts, was ich Brief nennen würde – ihre Ausdrucke sind so häßlich und unauthentisch wie einst die Telegramme. Computer werden vielleicht einmal alle klein und unauffällig sein – einstweilen sind sie groß, aufdringlich und von Zubehör umstellt: Sie verwandeln das Schreibzimmer in einen Operationssaal. Auch die großen und hochleistungsfähigen unter ihnen kann man nur bei herabgelassenen Jalousien längere Zeit bedienen, sie trennen den Benutzer vom in Deutschland raren warmen Sonnenlicht. Über die Folgen der Bildschirmarbeit für die Augen und die Haltung will ich nichts sagen. Meine Schreibmaschine hat meinen Rücken ruiniert; sie stört andere mit ihrem Geklapper; ihr Anblick ist nicht schöner, mir nur länger gewohnt.

Dieser Abschnitt diente einem einzigen Zweck: dem Computer und dem Computernetz, zwei bewundernswürdigen Erfindungen, ihren normalen Schatten wiederzugeben. Die IT-Industrie, die Politiker, die Pädagogen haben den Computer mit einer Gloriole umgeben, die ihn entstellt. Er ist ein Instrument, er darf nicht zu einer Lebensart, einer Lebenserleuchtung werden. Und »dem Computer gewachsen sein« muß auch heißen: seinen Nebenwirkungen standhalten – so wie wir dies auch beim Auto oder beim Geldverkehr oder in der One-World tun sollten, wo wir oft schlechter mit den Effekten zurechtkommen als mit der »Sache« selbst. Es muß auch heißen: ihn öfter zurückstellen, die anderen Möglichkeiten am Leben halten – die Briefpost, die Bibliothek, die Sprechstunde.

5
Zweifel an der Unvermeidbarkeit des Wandels

In diesem Abschnitt ziehe ich die Summe meiner bisherigen »politischen« Überlegungen zu den Neuen Medien. »Politisch« meint hier: die Vorstellungen, Einstellungen und Taten der Bürger unserer *polis* betreffend. Die Mehrzahl von ihnen verhalten sich zum Einfall der digitalen Technik und ihrer vielfältigen Begleiterscheinungen, wie wenn es sich um ein Naturereignis handele, eine Erdverschiebung, einen Klimawandel, die Gravitation. Wo dies Schwierigkeiten bereitet, hofft man auf weiteren technischen Fortschritt oder auf die Anpassungsfähigkeit des Menschen. Bei beidem, vor allem aber bei der letzteren, hätten dann die Bildungsanstalten nachzuhelfen.

Mein Programm ist ein anderes: Statt der hoffnungsvollen Hinnahme, des eilfertigen Vollzugs und der Anpassung – Besinnung auf die eigenen Lebensabsichten, Prüfung der Sache, Vollzug der Neuerung allein in dem mir und der Sache bekömmlichen Maß. Als Wissenschaftler, Lehrer und Publizist kann ich nur über das Wort Einfluß auf die Mitbürger nehmen. Am wirksamsten, indem ich Fragen stelle – Fragen, die ihnen auch zu schaffen machen: An die Stelle wovon tritt das Neue? Welche Opfer muß man ihm bringen – welche kann man ihm bringen wollen? Werden wir mit ihm so leben, wie wir nach aufgeklärtem Willen bisher leben wollten? Als wen oder was wird uns die neue Apparatur definieren? Welches Bewußtsein wird mir von meiner Lage bleiben? – Die Macht, die jemand über meinen Leib hat, kann ich mit meinem Geist erkennen. Die Macht, die er über meinen Geist hat, nur mit besonderer Anstrengung dieses Geistes.

In der öffentlichen Diskussion hat man aus diesen und ähnlichen Fragen eine Art Kulturkampf gemacht, in dem man auf der einen oder anderen Seite steht: *hier* Optimismus, Mut zu ganz neuen Lebens- und Denkformen, gepaart mit liberaler Gelassenheit – »möge der mündige Bürger doch entscheiden, ob er das Angebotene kauft«; *da* Skepsis, Angst vor der unverstandenen Technik und Ökonomie, gepaart mit paternalistischer Besorgnis – »dies wird den Menschen nicht bekommen«.

Von dieser Gegenüberstellung halte ich nichts. Ich sehe, wie die Entwicklungen laufen, und will, daß wir einigermaßen Herr über sie sind. Dazu gebe ich meinen Rat. Ich tue das ausdrücklich in der Rolle des Laien in Sachen IT, der darum eher mit *common sense* für das *common interest* argumentiert: naiv erstaunt, naiv erschrocken, naiv neugierig und »weise« wie das Kind, das nicht des Kaisers neue Kleider sieht, sondern nur einen nackten Mann.

Ich will die Zweifel derer einbringen, die wissen, daß sie die Entwicklungen nicht überschauen, die sich unbegründete Gewißheit nicht einreden, sich ihre Verantwortung nicht abnehmen lassen wollen. Demokratie verlangt das Dreinreden ihrer Mitbürger in die öffentlichen Angelegenheiten. Ich kann dabei nur für mich und, in einem anderen Sinn, für diejenigen sprechen, die mir in meinem öffentlichen Beruf anvertraut waren: für die große Minorität der Kinder. Und für den von Günther Anders so genannten »antiquierten Menschen«, dem zugemutet wird, immer weiter zu lernen, sich zu wandeln, statt die Umstände zu verändern, und der dies nur tun will, wenn ihm nach alter, geltender, bewährter Denkweise bewiesen wird, daß es sein muß.

Diese Sokratische Rolle ist nicht leicht durchzuhalten. Man verliert die Unbefangenheit. Man wird von der Einsicht in die Komplexität, die Zwänge, die »Unaufhaltbarkeit der Entwicklungen« angesteckt und geschwächt. Das ist auch mir geschehen, aber meine Überzeugung, daß wir uns wehren sollen und können, ist ungebrochen. Das erste Gebot des Widerstandes heißt: sich kundig machen – über die philosophischen, psychologischen, pädagogischen Fragen nicht weniger als über die technischen, ökonomischen und rechtlichen. Wenn wir nur von den Machtproblemen – von Kontrolle und Kosten, von Datenschutz und Arbeitsplatzverlust, von internationaler Konkurrenz und den Zwängen der Globalisierung – sprechen und nicht auch von den Folgen, die die uferlose Mediatisierung unserer Wahrnehmungen, Vorstellungen, Beziehungen für unser Leben überhaupt hat, werden die Entscheidungen fallen, wie so viele andere bisher: ohne Rücksicht darauf, was Menschen bekommt, was sie verkraften, was sie als Individuen und Gemeinschaften stärkt.

Man hält meinen Mahnungen zu Besonnenheit entgegen, ich sei ein pessimistischer und phantasieloser Fortschrittsfeind (da ist sie wieder: die praktische Gegenüberstellung!). Dem Vorwurf der Phantasielosigkeit kann ich standhalten und der schlimmeren Unterstellung auch: mit meinen kulturkritischen Argumenten leiste ich den »braunen Kräften« Vorschub. Wieviel Phantasie haben die anderen gezeigt? Die geläufigen Zukunftsentwürfe sind Angstträume oder Grotesken: Sie verlängern die uralte Obsession des Menschen, er müsse sich Arbeit ersparen – erst physische und jetzt geistige – durch Apparate. Apparate haben uns viel Mühsal abgenommen, schenken uns viel Freiheit, einen größeren Erfahrungshorizont – solange wir sie benutzen, solange unsere Vorstellungskraft sie überschreitet, solange wir die Zwecke definieren. Nehmen uns die Apparate auch dies ab, schlägt die Befreiung in Versklavung, der Reichtum in Armut um.

Kulturkritik ist etwas anderes als Kulturpessimismus. Ich versuche, sie von der Aufklärung her zu treiben – also von der »Aufhebung der selbstverschuldeten Unmündigkeit«. Technischer Fortschritt ist nicht Fortschritt schlechthin. Ich unterstelle niemandem in dieser Debatte eine so hartnäckige Blindheit. Technischer Fortschritt kann der Verbesserung unseres Lebens dienstbar gemacht werden. Dafür muß der Mensch über der Technik stehen – sie und ihre Folgen übersehen und beherrschen.

Bei Alfred Grosser, einem der deutschen Spenglerei wahrhaftig nicht verdächtigen Manne, kann man lesen:

> Die Geschwindigkeit des technischen Fortschritts ist so phantastisch, daß die soziale, die rechtliche, die politische Innovation kaum Schritt halten kann.[1]

1984 habe ich daraus die Folgerung gezogen, daß der – jeweils zu benennende! – Fortschritt so lange und in dem Maß gedrosselt werden müsse, bis er zu verkraften ist. Wir dürften nicht zulassen, daß Verhältnisse geschaffen würden, die wir nicht mehr – weder als einzelne noch mit Hilfe unserer Republiken – kontrollieren und notfalls wieder rückgängig machen könnten.

Seit Jahrzehnten lehren uns marxistische Gesellschaftskritiker, wir müßten wenigstens den kommenden Generationen beibringen, daß, weil die Welt von Menschen gemacht sei, sie auch von Menschen verändert werden könne. Ach, wäre es so einfach! Wir haben vererbte Umwelten, die sich als ebenso unverrückbar erweisen wie Naturgesetze und »göttliches Schicksal« (was immer das sei!). Oder sie ändern sich so langsam, daß wir Individuen den Kampf um ihren Wandel nicht überleben: Er wird, wie der Klassenkampf, zu einer eigenen neuen Wirklichkeit. Ja, ich nehme meinen eben ausgestoßenen Seufzer zurück: Es ist gut, daß der Mensch und seine historischen Einrichtungen sich so schnell nicht wandeln lassen. Was hätten die hemmungslosen Veränderer – die Robespierre, Hitler, Stalin, Pol Pot – aus ihnen gemacht! Andererseits gibt es die von Ivan Illich so genannten »radikalen Monopole«. Er meint damit verabsolutierte Teilsysteme: Wir sind von einem Produkt, von der erfolgreichen Weise, ein bestimmtes Bedürfnis zu befriedigen, so vielseitig abhängig geworden, daß wir es nun um einen hohen gesellschaftlichen und individuellen Preis bedienen. Zu ihnen gehören das Auto, die Schule, die Medizin, das Recht – und nun auch die Telematik.

Die Umstellung der Vielen hat immer auch Wirkungen für die Wenigen, die nun folgen müssen. Jahrzehntelang waren in den USA Autos ohne Automatik nicht zu haben; will ich einen handgetriebenen Schaumschläger kaufen, muß ich dafür fast schon so viel zahlen wie für einen elektrischen – wenn ich ihn überhaupt auftreiben kann; mißtrauisch habe ich mir eine zweite aufziehbare Uhr gekauft, weil ich befürchten muß, daß es in Kürze nur noch Quarzuhren geben wird; damit, daß ich, auf dem Lande lebend, frischen Spinat nicht mehr bekomme (sondern nur tiefgefrorenen beim Universalkaufmann), habe ich mich abgefunden. Die Mehrheit diktiert, ohne es zu wollen oder zu wissen, in einer Industriegesellschaft, welche Bedürfnisse wie befriedigt werden. Was nicht in einer bestimmten Zahl hergestellt werden kann, wird gar nicht hergestellt oder zu einem unerschwinglichen Preis.

Dies will sagen: Die Herstellung wovon auch immer hat in einer Kultur der Massenproduktion Folgen für alle; die Güter bestimmen unsere Lebensformen; wird, wie in den (Neuen) Medien, Vorstellung zur Ware, sind auch unsere Denkformen, unsere rationalen Kontrollen betroffen; wir geben die Verfügung über uns und unsere Lebensgemeinschaft mit beinahe jeder Kaufentscheidung aus der Hand, deren Folgen wir uns nicht bewußt gemacht haben.

Günther Anders erzählt folgende Geschichte:

> Da es dem König aber wenig gefiel, daß sein Sohn, die kontrollierten Straßen verlassend, sich querfeldein herumtrieb, um sich selbst ein Urteil über die Welt zu bilden, schenkte er ihm Wagen und Pferd. ›Nun brauchst du nicht mehr zu Fuß zu gehen‹, waren seine Worte. ›Nun darfst du es nicht mehr‹, waren deren Sinn. ›Nun kannst du es nicht mehr‹, deren Wirkung.[2]

Es geht mir in meinem Plädoyer um drei Feststellungen:

(1) Es gibt eine Grenze des dem Menschen zumutbaren Wandels und des damit verbundenen Lernens; die Grenzen der Pädagogik liegen noch davor.

(2) Es gibt eine Scheinfreiheit, etwas, was wie mehr Verfügung über unsere Umwelt aussieht und in Wahrheit mehr Abhängigkeit von ihr bedeutet – um so mehr, als sich diese Abhängigkeit als Erweiterung unserer Wahl- und Handlungsmöglichkeiten verkleidet.

(3) Es gibt die Chance des richtigen Zeitpunkts. Es gibt auch

das Gegenteil: Versäumnis, Überstürzung, unselige Koinzidenz. Hier untersuche ich die Mechanismen des Wandels: Die Veränderungen unserer Lebensbedingungen dürfen nicht schneller vor sich gehen als die Veränderungen unseres Bewußtseins.

Grenzen des Wandels durch Lernen (1)
So argumentiert, wer die Notwendigkeit oder gar Unvermeidbarkeit der Veränderung bestreitet und wer, frei nach Karl Kraus, in der Vermehrung der Information die Krankheit sieht, für deren Heilung sie sich selber hält. Wir haben die Information buchstäblich wesenlos gemacht, indem wir sie unabhängig von Fragen und Problemen formulieren und speichern. Solche Information kann nützlich sein, wenn einer eine Schwierigkeit erkannt, den Zusammenhang ergründet, sich die Folgen vorgestellt hat – d.h., er muß eine Fülle neuer Operationen bewältigen, bevor er die Information abruft und einsetzt. Hält er die Information schon deshalb für die geforderte Antwort, weil der Computer sie ihm unter dem entsprechenden Schlag- oder Frag-Wort liefert, ist er buchstäblich »verloren«.

Die eilige und willige Hinnahme der Antwort stimmt zu dem Verhalten, das ihm die Wahrnehmung von beschleunigter, unablässiger, unabwendbarer Veränderung auch sonst nahelegt. Das ständige Umlernen – weil die Situationen, die Erwartungen, die Mittel neu sind – führt zu einem Verlust nicht der »Mitte«, den die Kulturkritik vor einem halben Jahrhundert anprangerte[3], sondern des Maßstabs: in der eigenen Erfahrung und Bewährung. Solange sich alle anderen ebenfalls mit der Computer-Auskunft begnügen, entsteht dem einzelnen auch kein Nachteil daraus, und was die Gesellschaft insgesamt dadurch entbehrt – ein Korrektiv zu den »Störungen der Zeit« (Sedlmayer S. 132 f.) –, kann er nicht erkennen, muß er nicht verantworten.

Unproblematisch ist das auch für ihn nicht. Die Lernfähigkeit des Menschen ist groß und nicht auf das Jugendalter beschränkt. Die »Um-Lernfähigkeit« hingegen läßt mit dem Alter nach. Wird sie überanstrengt, reagiert der Mensch mit neurotischem Verhalten – oder mit völliger Preisgabe der eigenen Person. Das gebräuchlichere Wort ist »Anpassungsfähigkeit«, und diese wird für fast unbegrenzt gehalten. Aber nicht hier liegt das Problem, sondern darin, wie er über soviel Anverwandlung an die Gegebenheiten sich selbst bewahrt: Identität und Kontinuität seiner Werte, Überzeugungen, Selbstwahrnehmung.

Anders ausgedrückt: Mit den Kindern der *TV-culture* ist vielleicht eine Marktgesellschaft, aber keine Republik zu machen. Sie werden die Apparate mit großer *efficiency* bedienen; sie werden die Fülle der Angebote »gut« aushalten; sie werden eine unkomplizierte Wahl treffen; das alles wird ihnen keine Anfechtung bedeuten – und eben das macht sie untauglich für die »antiquierte Menschheit« mit ihren »antiquierten Republiken«, die auf Anfechtung angewiesen sind, auf Philosophieren. Soll die Pädagogik weiterhin Verstehen, Bewußtheit, Verantwortung, Selbstkritik, *logon didonai* lehren, wird sie in der telematischen Welt um ein Vielfaches wirksamer sein müssen, als sie es heute ist – und schafft doch schon jetzt ihr Pensum nicht!

Scheinfreiheit (2)

Das stärkste Gegenargument hiergegen ist, daß nur Freiheit zu Freiheit erzieht; wo die Menschen unmündig sind, muß man ihre Mündigkeit fingieren, ihnen Selbstverantwortung zumuten; der »Großinquisitor«, der die Bürde der Freiheit für die anderen schultert, solange sie sie nicht tragen können, nimmt ihnen die Chance, je stark genug dafür zu werden. Man lasse also den Bürger frei wählen, rechne damit, daß er Fehler macht und an diesen lernt, hoffe, der Königssohn (s.o. S. 171) werde eines Tages Pferd und Wagen verlassen und wieder querfeldein gehen.

Ich halte viel von dem Prinzip »Freiheit durch Freiheit«. Aber es gilt nur, wenn die in Freiheit hergestellte Unfreiheit grundsätzlich und praktisch wieder aufhebbar ist. Von ganzen Lebenssystemen, von denen man gleichzeitig lebt, gilt es nicht. Zudem hat der Bürger in dieser Sache keine freie Wahl, seine Freiheit ist eine Scheinfreiheit. Es nützt mir nichts, persönlich auf die Fülle der Angebote und den Kabelanschluß für meinen

Fernsehapparat zu verzichten. Wenn das Angebot sich dadurch generell verändert (von Werbeträgern abhängig, spezialisiert und regionalisiert wird, und möglicherweise allgemein schlechter), bin ich mitbetroffen. Wenn die Bankschalter, die Reisebüros, die gedruckten Fahrpläne und Telefonbücher im Internet verschwunden sind, werde auch ich mich seiner bedienen müssen. Es steht mir ja auch längst nicht mehr frei, ein Auto zu besitzen oder nicht – wenn ich die freie Wahl meines Berufs, meiner Wohnung, meiner Freunde behalten will.

Der richtige und der falsche Zeitpunkt (3)
Der Königssohn mag in Erinnerung an frühere Freuden in der Tat eines Tages wieder gern zu Fuß gehen wollen und sich allmählich wieder darin üben; aber ob der auf den Bildschirm konditionierte Bürger diesen verlassen wird, um unbequeme und hochriskante Verantwortung zu tragen, die niemand honoriert, die das System stört, die er selber nicht mehr kennt – das ist höchst fraglich. Ja, gäbe ihm das telematische System die Freiheit, sich seiner zu bedienen oder nicht, und steckte in beidem ein gleich großes Risiko, eine gleich große Chance, die Leute hätten recht. Die Logik des Liberalismus, von *trial and error,* von *learning by mistake* trifft nur zu, wenn die Folgen die Menschen rechtzeitig erreichen und wenn sie sie als Folgen des eigenen Handelns erkennen können. Viele Folgen werden erst in der nächsten Generation offenbar. Sie sind dann nur mit Mühe identifizierbar und in der Regel überhaupt nicht korrigierbar.

Es ist unheimlich, wie wir auf die Bedürfnisse von gestern fixiert bleiben, auch nachdem sie längst erfüllt sind. Die nachparadiesische Geschichte des Menschen hat ihn mit der Sehnsucht nach Mühelosigkeit imprägniert. Die Vorstellung, es sei beglückend, nur noch zu sitzen und zu schauen, die Welt auf der Mattscheibe zu sich zu zitieren und ihr Befehle zu erteilen, überdauert alle offenkundig damit verbundenen Grauen, solange die physische Arbeit entfällt. So werden wir auf das Imaginieren, Codieren, Kombinieren zurückgestutzt. Und weil der

Körper sich an Geist und Seele rächt, richten wir absonderliche Fitness-Zentren ein, in denen wir sinnlose Bewegungen ausführen, das Radfahren, das Rudern, gar das Laufen simulieren; wir errichten Kernkraftwerke, die die Energie für unsere Apparatewelt hervorbringen und uns zugleich abgründig beunruhigen; die in den Apparaten verlorengegangenen Beziehungen holen wir uns in künstlichen *Encounter-Groups,* den verlorengegangenen Lebenssinn bei Zen, Bhagwan und Rudolf Steiner wieder.

So betreiben wir die Zerstückelung und Verdinglichung unserer Existenz, weil dies das Gesetz von Wissenschaft und Technik ist; wir verstoßen damit gegen das, was in unserer Kultur als Weisheit tradiert wird. Die Telematik ist nur ein Teil, aber ein besonders wirksamer, des »Ungedachten in der Technik«, dem der Mensch nicht erliegen sollte.

Vier verschiedene und verwandte Momentaufnahmen mögen veranschaulichen, was ich mit der Trägheit unserer Ideale meine, mit dem Festhalten an dem, was einst begehrenswert war:

An der Ausfallstraße von B. nach S. bewegt sich ein orangefarbenes gedrungenes Fahrzeug – langsamer als ein Kleinkind – am Straßenrand entlang. Ein ausgestreckter »Arm« mit vier Gliedern führt einen Scherkopf über die Böschung mit all ihren Winkeln und Unregelmäßigkeiten. Die Maschine ist laut, die Bedienung eintönig, das Ergebnis mäßig. Vermutlich ist dieses Verfahren zur Sicherung der Straße gegen Überwucherung billiger als eine Sensenmannschaft, von der außerdem versichert wird, daß es sie nicht mehr gibt. Aber ist es sinnvoll, ja auch nur notwendig und auch dann noch billiger, wenn man alle Folgen in die Berechnung einbezieht? Wir klagen über Mangel an Arbeitsplätzen und beschwören die Kostbarkeit von Energie – und hier vernichten wir beides. Das Mähen von Hand ist zwar anstrengend, aber sowohl gesund als auch rationell und wirksam. Die Abgase am Straßenrand sind schädlich, aber dem einen, der das Gerät führt, muten wir sie – und den Lärm der eigenen Maschine – trotzdem zu, und dies acht Stunden am Tag. Wenn wir die Sensenmänner nur vier Stunden am Tage arbeiten ließen und hoch genug bezahlten, es fänden sich vermutlich genügend, die dies tun, und wären immer noch billiger als die Arbeitslosenunterstützung, die man ihnen z.B. für den nicht ausgeübten Beruf des Studienrats zahlt, plus die Kosten für Anschaffung und Betrieb der Maschine.

In Indonesien bin ich kürzlich mit einem einfachen Bus durch die märchenhafte Landschaft von Bandung nach Yogyakarta gereist. Der Bus war mit Bildschirm und Videorecorder versehen und zeigte einen amerikanischen »Roadster«-Film.

In dem Film »Erleuchtung inbegriffen« von Doris Dörrie geraten zwei Deutsche nach Tokio, verirren sich beim Abendbummel in der großen, von unverständlichen Lichtreklamen grell erleuchteten Stadt und beschließen schließlich, Passanten anzusprechen, den Prospekt ihres Hotels in der Hand. Es gelingt ihnen nicht, weil alle Tokioter an ihren Handys hängen – ein nachhaltiger Ausbruch aus jahrhundertelangem diszipliniertem Schweigen.

Auf einer Tagung über Fortschritte in der Medientechnologie berichtete jüngst ein Professor für Künstliche Intelligenz von lesenden, hörenden, verstehenden Computern:

> In den nächsten zehn Jahren wird uns die Sprachtechnologie erlauben, gesprochene Sprache zu speichern, zu suchen und zu verarbeiten, so wie wir dies heute für Texte tun. Daher wird in vielen Situationen das Schreiben und Lesen durch das Sprechen und Hören substituiert werden. Sobald uns intelligente Audio-Suchsysteme erlauben, jede verbale Äußerung wiederzufinden, die wir während unseres Lebens produziert oder gehört haben, können wir zu einer oralen Gesellschaft zurückkehren, wie wir sie in den Jahrtausenden vor Gutenberg hatten.[4]

Man hat hinfort die Wahl, ob man in der wirklichen Welt oder der aufgezeichneten Welt, in der Gegenwart oder der Vergangenheit oder in der Zeitlosigkeit leben will. Allerdings: Die Zeit selbst kann das Magnetband weder raffen noch strecken. Da haben wir die Wahl zwischen *playback* und Leben.

Diese Wahrnehmungen verstören mich, lassen mich – auch wo sie mich amüsieren – bangen, wir könnten durch die von uns erfundenen Geräte um unsere eigenen Maßstäbe gebracht werden. Diese Sorge hat sich in den letzten fünfzehn Jahren gesteigert, vielleicht weil andere Sorgen in eben der Zeit zurückgewichen sind.

1984 – in der Urfassung dieses Buches – meinte ich, vor allem vor den Verlockungen warnen und gegen die Drohungen räsonieren zu müssen, die die Einführung der Neuen Medien begleiteten und beschleunigen sollten: Es gebe einen (welt-)wirtschaftspolitischen und sachlichen Zwang, die »Informatisierung« in Deutschland voranzutreiben. (Mit dem Wort »Informatisierung« übernehme ich den französischen Begriff der »informatisation« als ausdrucksvolle und kurze Fassung dessen, was wir umständlich die »Einführung elektronischer oder digitaler Informations- und Kommunikationstechniken« nennen und dann drastisch abkürzen: IT oder IKT.) Sodann: Die Neuen Medien ermöglichten die Umwandlung unserer repräsentativen, oligarchischen Kultur in eine »offene Kommunikationsgesellschaft«. Schließlich: Es gebe nicht nur einen genuinen Bedarf nach mehr elektronischer Unterhaltung, nach mehr Selbstdarstellungsmöglichkeiten und nach mehr individuellen Lerngelegenheiten, also eine natürliche Wachstumsbranche, es seien vor allem auch starke »beschäftigungspolitische Impulse« zu erwarten – weit über das »Neue Medien« genannte Feld hinaus. Man ist diesen Behauptungen seitdem gefolgt – nun kann man prüfen, was an ihnen »dran« ist.

Die Behauptung von der Notwendigkeit der »Informatisierung«

Das Tückische am ersten Teil der ersten Behauptung – wir würden ohne Informatisierung auf dem Weltmarkt nicht mithalten – ist, daß uns jede einigermaßen entschlossene Nation dazu zwingen kann, ihren Unfug mitzumachen, wenn er ökonomisch einigermaßen erfolgreich ist. Der Globalisierungszwang zeigt sich naturgemäß nirgends so deutlich wie auf dem

Gebiet, das ihn buchstäblich hervorgebracht hat – auf dem der alle Grenzen überspringenden Elektronik.

Das Tückische am zweiten Teil der ersten Behauptung – Informatisierung sei in komplexen Industriegesellschaften sachlich notwendig: »Information ist gleichbedeutend mit Steuerung« (Edzard Reuter, 1981) – ist, daß sie den entscheidenden Schritt unterschlägt: Information muß erst durch einen anspruchsvollen Vorgang in Steuerung verwandelt werden. Und wenn wir das nicht können, brauchen wir »Inder«. Information ist ein vom Subjekt und seinem Bewußtsein abgelöstes Datum – ein eindeutig notierbares, einspeicherbares, abrufbares, transportierbares Datum, das eben durch diese Eigenschaften zu einem von den Gütern geworden ist, über die *wir* herrschen müssen, wenn sie uns nicht unter ihrer bloßen Fülle begraben sollen.

Es verrät die Sicht der Techniker, wenn Information mit Steuerung gleichgesetzt wird. Diese Sicht stimmt für die nach diesem Prinzip konstruierten Geräte. Für die politischen, moralischen und sozialen Entscheidungen trifft das Bild nicht zu. Die neuen Informationstechniken vermehren weder unser Wissen überhaupt, noch steigern sie durch sich allein die Entscheidungsfähigkeit. Es ist von größter Wichtigkeit, daß wir uns dies klarmachen: Es gibt in der Menschheit immer nur soviel Wissen, wie in ihrem Bewußtsein aktiviert werden kann – ganz gleich, wieviel mehr wir in unseren Computern gespeichert haben.

Weizenbaum leugnet die Berechtigung der Steuerungs-Argumente nicht, aber er macht auch ihren tautologischen Charakter deutlich: Wenn die amerikanischen Banken behaupten, sie wären zusammengebrochen, hätte man nicht »im rechten Augenblick« den Computer erfunden, dann ist dies nur die Kehrseite der Tatsache, daß die Entwicklung, die die Banken in den letzten zwei Jahrzehnten durchgemacht haben, ohne den Computer nicht möglich gewesen wäre. Wäre der Computer 1940 verfügbar gewesen, jeder hätte geschworen, das *Manhattan Project* hätte ohne ihn nicht durchgeführt werden können, und gar wenn Hitler-Deutschland den Computer gehabt hätte, würde niemand glauben, daß die Nazis ihre Macht ohne dieses Gerät erreicht hätten (Weizenbaum, 1976, S. 27).

Auf einem Podium über Neue Medien in Berlin war vor zwei Jahrzehnten gedankenlos davon die Rede, daß man eine ganze Enzyklopädie[5] über das Breitbandsystem »verteilen« könne. Technisch ist das inzwischen längst erfüllt. Gedankenlos war die Äußerung insofern, als dies wenig besagt. Wissen ist nicht wie das Wasser in der Wasserleitung. Wissen ist nur, was man sich angeeignet hat. Die uns versprochene Kassette von der Größe einer Zigarettenschachtel, auf der das Wissen der gesamten Welt unterzubringen sei, werde ich mir, wenn sie im Laden zu haben ist, kaufen, um sie genußvoll in den nächsten Gully fallen zu lassen. Der Genuß wird darin bestehen, daß ich in dem Augenblick beweise, daß die Welt nichts verliert, wenn dieser »materialisierte Geist« verschwindet. Hat sie nichts daran verloren, kann sie auch nichts daran gewonnen haben.

In jener Berliner Podiumsdiskussion kamen die Verben »verstehen«, »nachdenken«, »vorstellen«, »überschauen«, »wahrnehmen«, »bezweifeln«, »überprüfen«, »bewerten« nicht vor. In Mainz im Jahr 2000 (s.u. S. 189) auch nicht. Fällt die Gesellschaft in zwei sich so hoffnungslos nichtverstehende Lager auseinander, weil die einen ihre geistige Welt immer schon so materialisieren, wie das in der Informatik geschieht, während die anderen antiquiert weiterphilosophieren? – *Mir* ist gewiß, daß wir nicht die informatisierte, sondern die deliberative, die beratende Gesellschaft brauchen, die sich dazu freilich der Information bedienen muß, sie fiele sonst in mittelalterliche, rechthabende Spekulation zurück.

Es mag sein, daß die Telematiker dies auch meinen. Dann sollten sie davon sprechen und nicht den Eindruck erwecken, als ergebe sich schon aus mehr Information mehr Steuerungsfähigkeit.

»Steuern«, das ist für mich: ein Schiff auf einem offenen Gewässer (also in einem Raum von Notwendigkeit, Zufall und Freiheit!) dahin bringen, wo ich es haben will – mit Gründen. »Steuern« heißt nicht: einen Apparat auffordern, aus seinem Datenreservoir die Kombination zu errechnen, mit der ich am schnellsten zum vorbestimmten Ziel komme. Dies kann eine Hilfe sein. Das Steuern fängt für mich dann erst an.

Die »informatisierte Gesellschaft« ist die zur Totalität und Perfektion getriebene Sophistik: Sie hat aus Geist eine Ware gemacht und dies in einer Zeit, in der wir nichts so sehr brauchen wie die Sokratische Philosophie.

Marshal McLuhan hat wohl als erster die Menschheitsgeschichte in diese drei Phasen geteilt: die mündliche Kultur, der die schriftliche folgte, die nun durch die elektronisch-bildliche abgelöst wird. Er hat nicht bemerkt und jedenfalls nicht gesagt, daß die Reihenfolge eigentümlich umgekehrt zu dem verläuft, was man erwartet: vom nur Vorgestellten über das symbolisch Fixierte zum materiellen Abbild. Den Verlust, den die Menschheit erlitt, als sie vom ersten zum zweiten überging – von der vieldimensionalen Denk- und Wahrnehmungsweise, in der die Zeit vor dem Bewußtsein angehalten wird, zur linearen mit Kausalität und Historizität –, hat er eindrücklich beschrieben und negativ bewertet. Den Schritt vom zweiten zum dritten hat er weniger klar dargestellt und ganz außerordentlich gefeiert. Man mag sich mit ihm über Wirkung und Wertung streiten, richtig ist, daß diese Schritte Bedeutung für die Menschheitsgeschichte haben. Da genügt dann das Argument nicht: Wenn wir's nicht machen, machen's die Japaner ...

Je weiter das *electronic age*, die *TV-culture*, die Informatisierung der Gesellschaft fortschreiten, um so mehr ist des Sokrates' *dialektike techne*, die Kunst der kritischen Erörterung, gefordert, ja die Einführung des Zweifels als Anlaß genauerer Prüfung – was uns die Neuen Medien »ersparen«.

Die Behauptung von der »offenen Kommunikationsgesellschaft«

Wenn in den frühen Achtzigern die Vertreter einer breiten und schnellen telematischen Entwicklung von der »offenen Kommunikationsgesellschaft« sprachen, begannen ihre Augen zu leuchten. Sie sprachen wie von einer Verheißung, denn Kommunikation ist dem modernen Menschen ein Gut an sich.

Mit Hilfe der neuen Medien würden wir nun endlich nicht nur Empfänger von Bildern und Informationen sein – wir würden »kommunizieren«. Demnach waren wir bisher Opfer eines Einbahn-Systems der Medien und werden nun durch das Breitband zum Dialog befreit. Wer so redet, verschweigt, daß mir auch in Zukunft natürlich nicht Herr Wickert oder Herr von Lojewski oder Frau Christiansen antworten werden, sondern ein gespeichertes, durch den Computer abgerufenes Programm. Er verschweigt, daß ich die Antwort zwar abwarten oder löschen, aber nicht, wie im wirklichen Dialog, durch Rückfrage, Einwand, Unmutsgebärde oder Beifall unterbrechen und auf mein Problem lenken kann. Er verschweigt, daß die Antwort gleichsam aus dem Nichts kommt, »vaterloser« noch als die Schrift des Theuth. Er verschweigt, daß sich die Antwort selbst, allein dadurch, daß sie so massenweise gegeben wird, verändert.

Wer verspricht, es werde durch das Bildtelefon, durch den Austausch von Filmen und Kassetten, durch *chatrooms* und *newsgroups*, durch *networking* und *e-mail*, durch Konferenzschaltung und telematische Behördenarbeit die soziale Kommunikationsdichte erhöht, der hat ein denaturiertes Verständnis von menschlicher Beziehung. Vielleicht bezeichnet »Kommunikation« exakt dies, und dann sei auch davor gewarnt! Wenn Menschen einander *nicht* gegenseitig aufsuchen *können*, dann ist ein Telefongespräch eine Bereicherung. Wo aber das bequeme Medium den Besuch ersetzt – und dies gilt erst recht für den Besuch von Versammlungen, Clubs, Arbeitsgemeinschaften, deren »Kommunikation« nun über den Computer verbreitet wird –, da haben die Neuen Medien soziale Beziehungen zerstört. Auch hierzu haben die Telematiker technische Lösungen, denen ich aber prinzipiell mißtraue, solange sie nur die Häufigkeit und nicht die Intensität und Qualität der Beziehung steigern – und ihre Freiheit.

Die Behauptung vom Bedarf

Über dieses Argument sind die Entwicklungen hinweggegangen – jedenfalls beim Fernsehen. Vor fünfzehn Jahren stritt man noch über die Vermehrung und Privatisierung der Fernsehkanäle. Die Gegner einer dramatischen Ausweitung (so kam uns der Sprung von drei auf dreißig Kanäle damals vor) haben ihrerseits mit den Verhältnissen zu leben gelernt – ich zum Beispiel. Es war keine Überforderung. Aber war diese Ausweitung der sprichwörtlich »richtige Schritt in die richtige Richtung«? Und – das ist an dieser Stelle dran – stimmte die Begründung? Wieviel »Bedarf« und welchen hat der Mensch an Fernsehen und Telekommunikation? Das hängt doch von der Ausgangslage ab und natürlich von der Art, der Güte dessen, was geboten wird, genauer: geboten werden kann; sodann von der Zeit, die die Menschen dafür übrig haben oder sich nehmen können; schließlich von den Aufgaben, die sich eine Gesellschaft sonst setzt und zu denen dies in einem Verhältnis stehen muß. Es gibt Kundige, die verneinen, daß Fernsehen überhaupt »besser gemacht werden kann«, als es ist. Das tut zum Beispiel Jerry Mander lapidar gegen Ende seines zitierten Buchs (S. 307). Hans Magnus Enzensberger nennt das Fernsehen schlicht »das Nullmedium«. Seine Gründe sollten die Mäkler lesen. Der Zuschauer, sagt er, will es nicht besser, sieht in diesem Medium nicht den Vermittler höherer Güter wie Menschlichkeit und Objektivität, nicht den »Garanten« von Informationsvielfalt und umfassender, unparteilicher Berichterstattung, wie es in den Statuten und Staatsverträgen steht. Ja, Enzensberger setzt noch eines drauf:

> Der Zuschauer ist sich völlig darüber im klaren, daß er es nicht mit einem Kommunikationsmittel zu tun hat, sondern mit einem Mittel zur Verweigerung von Kommunikation, und in dieser Überzeugung läßt er sich nicht erschüttern. Gerade das, was ihm vorgeworfen wird, macht in seinen Augen den Charme des Nullmediums aus.[6]

Recht hat er, solange er die anderen großen Dinge noch woanders erfährt. Und natürlich ist er dankbar, wenn sie auch im Fernsehen vorkommen, gar vorherrschen. Denn das gibt es in der technischen Zivilisation in der Tat: ein gesteigertes Bedürfnis nach Beziehung – nach Nähe zum anderen, Zuwendung (und sei es im Streit, über den eine Beziehung sich oft erst ihren Weg bahnt), Bekenntnis, Geständnis, Tröstung, Widerspruch, Geduld ... Solche Beziehung ist nicht ohne Mühe, darum lohnt sie. Das Fernsehen liefert hierfür eine nicht leicht zu durchschauende Ersatzbefriedigung – eine ablenkende Erregung, die den Menschen doppelt allein läßt, wenn sie vorüber ist. Es bringt darum etwas hervor, was ich »Hunger auf Person« nenne und deutlich an den Fernsehkindern in der Schule erlebt habe. Nichts hat meine zehnjährigen Lateiner so fasziniert wie meine Zuwendung zu ihnen; ständig wollten sie etwas aus meinem Leben hören und drängten mir Berichte aus dem ihren auf; wenn ich ihnen am Freitagnachmittag die griechischen und römischen Sagen erzählte, waren sie völlig gebannt – nicht nur von Hektor und Achill, Lucius Brutus und Mucius Scaevola, sondern davon, daß dies buchstäblich *durch mich* kam. Hätten sie die Wahl zwischen einem Film über die Blendung des Polyphem und meiner Erzählung gehabt, sie würden zunächst wohl den Film gewählt haben, aus Gewohnheit und Neugier, aber sie wären nicht halb so befriedigt gewesen. Und das wird sich in den seither vergangenen zwölf Jahren nicht geändert haben.

Es ist hier zunächst stillschweigend vorausgesetzt worden, daß »der Bedarf« ein, wenn nicht das Maß für die Vermehrung der telematischen Angebote sei. Ob das wirklich so ist, darüber läßt sich erst entscheiden, wenn man geprüft hat, welche Umstände welche Bedürfnisse hervorgebracht haben und welche Bedürfnisse wiederum den Bedarf. Wenn unsere 14- bis 16jährigen plötzlich massenweise nach Schnullern verlangten, würden wir doch hoffentlich in erster Linie nachforschen, was dieses falsch placierte Bedürfnis verursacht hat, und nicht meinen, wir müßten ihnen das Begehrte aushändigen. Wenn die jungen Leute in der Umgebung meiner Schule mit Kopfhörern angetan und einem *walkman* in der Tasche selig auf ihren Inliners dahergleiten, dann gönne ich ihnen das, aber ich weiß auch, daß es eine Ausflucht ist, eine Anklage gegen die von uns gemachte Welt, deren Erlebnisformen und Aufgaben sie nicht locken.

Gegen die verkündete Erwartung habe ich vor 18 Jahren einfache Sätze wie diesen aufgestellt und muß keinen davon aufgrund der Entwicklung zurücknehmen: Nur wenn ich das Angebot überschaue und durchschaue, bin ich ihm gegenüber mündig. Es wird also die Gewohnheit herrschen oder der Druck auf die Umschalttaste: Man springt von Programm zu Programm, bis man an einem Bild hängen bleibt – zufällig und nicht mündig. Oder den nicht weniger einfachen Satz: Soviel Geist und Kreativität haben wir gar nicht, um 30 mal 24 Stunden am Tag mit ihnen zu füllen – wohlgemerkt, mit Geist und nicht mit weiteren Abbildern dessen, was uns in der Welt umgibt. Die Hersteller werden einen Teil ihrer Schlauheit darauf verwenden, ihre Schwächen zu tarnen. Oder schließlich den Satz: Die Vermehrung schafft Teilöffentlichkeiten in einer Gesellschaft, in der wir schon jetzt nur mit Mühe die republikanische Gemeinsamkeit aufbringen.

In der Tat muß man fragen dürfen: Ist Vielfalt ein Gut an sich? Ist sie nicht in erster Linie die Korrektur der Eintönigkeit? Was macht sie zu Vielfalt und bewahrt sie vor Beliebigkeit oder Willkür – und uns vor Überdruß? Und nicht zuletzt: Wird sie gerecht verteilt?

Eine Tugend des neuen Systems der Vielfalt sollte die »Regionalisierung« sein. Auch sie ist nur so lange begehrenswert, wie man sie nicht hat. Wenn *ich* mein Fernsehgerät anstelle, dann möchte ich, bitte, eine Inszenierung von Peter Stein oder ein Gespräch mit Martin Schulze sehen und nicht die liebenswürdige Laienaufführung der örtlichen GEW-Mitglieder oder eine *talk-show* unter meinen Kollegen von der örtlichen Volkshochschule. Der Berliner »Offene Kanal« rührt mich doppelt: durch die Naivität seiner Darbietungen und die geringe Auslastung.

Was für das Fernsehen gilt, scheint erst recht für die Telematik zu gelten – für die drahtlose Übermittlung von Auskünften, Mitteilungen, Anordnungen und für die elektronische Steuerung von Geräten: das durch High-Tech »intelligent« gemachte Haus, dessen Garagentür sich schon längst vom Auto aus öffnen läßt, dessen Herd und Heizung, Rasensprenger oder Alarmanlage nun von jedem Webcafé in Frankfurt oder Kopenhagen aus eingeschaltet, dessen Alarmanlage vorsorglich abgestellt, dessen Badewanne schon einmal eingelassen werden kann, wenn ich gerade das Büro verlasse, und auch noch gegen jeden hier möglichen Hacker-Schabernack gesichert ist. Oder »das Hemd, das denkt«, wie seine Erfinder behaupten, weil sich »seine Ärmel bei Wärme automatisch hochkrempeln«. Oder der Eisschrank, der den ausgehenden Butter-, Cola-, Joghurt-Vorrat automatisch dem Lieferanten meldet, der die neue Ware mit Hilfe einer Chipkarte an ihren Platz bringt. Oder die Überwachung der zu Hause gelassenen Kinder durch ihre Eltern, die – auf der Party von Freunden – mal nebenbei per Internetschaltung hereinschauen. Oder der Computer für die Vorschulkinder, die sich eine Geschichte vorspielen lassen und nun – endlich! – selber in diese »eingreifen« können. Oder der Urinsensor, der die Ausscheidungen permanent prüft und bei bestimmten Diagnosen Alarm schlägt. Oder das Digital Audio Home Entertainment Music System für Haus und Gartenparty mit Lautstärkeregelung, wenn gewünscht durch die zu schonenden Nachbarn. Oder das elektronische Einkaufsspiel für die Kleinen: Auf dem Bildschirm erscheinen all die Waren, mit denen wir einst in unserem Puppen-Kaufladen hantiert haben; die Kinder »erleben«, wie die Verpackung verspricht, mit der virtuellen Ware und den echten Streifencodes, die sie über einen Plastikaufsatz zur PC-Tastatur ziehen, »eine echte Kaufhausstimmung«. Oder die elektronische Formulierungshilfe für den Schullehrer: Ihm werden »rund 3900 von Grundschullehrkräften zusammengestellte Satzbeispiele zur Verfügung gestellt«, um daraus seine Schülerberichte herzustellen (»mit automatischer männlich/weiblich-Steuerung«). Oder der einstweilen nur lokal realisierte Übergang vom Internet zum Evernet: einem universalen Funknetz, dessen Empfangsstellen in den Dingen und deren Sender in den Straßenlaternen stecken, so daß man das »rechteckige Gerät mit dem Bildschirm« nicht mehr braucht. (Das Evernet wird freilich die darauf angewiesene Gesellschaft zu ganz neuen Sicherheitsvorkehrungen zwingen: Es wird dann nicht mehr nur ein Department of Global Deterrence für den US-Kontinent geben, sondern notwendig auch ein Department of Network Security für die elektronische Seele des Ganzen.)

Wenn dies der zusätzliche allgemeine »Bedarf« an Elektronik ist, mit dem die Wirtschaft argumentiert, dann hat sich nicht nur diese, sondern unsere ganze Zivilisation verirrt. Soll dem Menschen um so unernster Dinge willen ein für Sein und Bewußtsein so folgenschwerer Wandel zugemutet werden?

III

Erwartungen an die Bildungseinrichtungen

1
»Medienkompetenz«

Im November des Jahres 2000 haben in Mainz Praktiker von Funk und Fernsehen, Werbepsychologen, Verleger und Buchhändler, Literaturwissenschaftler und Linguisten, Gehirnforscher, Leseforscher, Medienforscher, Kommunikationsforscher und ich zweimal acht Stunden über die Entwicklung der neuen Informations- und Kommunikationstechniken und ihre Folgen geredet. In einer Podiumsrunde am Ende der Tagung, die den Titel »Gutenbergs Folgen / Von der ersten Medienrevolution zur Wissensgesellschaft« trug, wurde ich von der Moderatorin unbekümmert um die mit ganz anderem befaßten Äußerungen meines Vorredners gefragt: »Welche Vorstellung hat der Pädagoge von der Funktion der Medien in der Bildung?« Und: »Sagen Sie uns bitte auch in zwei Sätzen, was Bildung in einer von den Medien so gründlich veränderten Welt eigentlich heißen kann?«

Gereizt durch die unausrottbar falsche Reihenfolge der Fragen und durch die Zumutung, gleichsam nebenbei das schwierigste Problem zu lösen, das sich meiner Zunft und den hierüber nachdenkenden Zeitgenossen stellt, habe ich mit einem Angriff geantwortet: Wer alle Schüler mit einem Laptop ausstatten will, wer den Computer in die Grundschule einführt, wer die Schulen ans Netz bringt, wer die Wissens- und Kommunikationsgesellschaft ausruft, wisse die Antwort offenbar – den müsse man fragen: Jürgen Rüttgers und Edelgard Bulmahn zum Beispiel und alle diejenigen, die uns die ganze Tagung über empirische Befunde zu und euphorische Beschreibungen von dem Fortschritt gegeben hätten, der in den letzten zehn Jahren gemacht worden und in den nächsten zehn Jahren zu erwarten sei.

Sie hätten offensichtlich nicht nur eine Vorstellung von der

Funktion der Neuen Medien in der Bildung – sie wüßten auch, daß Bildung nun anders definiert werden müsse. Der Pädagoge habe dagegen den alten, unveränderten Auftrag: den nachfolgenden jungen Menschen die Welt zu erklären, in die sie hineinwachsen, und sie gegenüber der erdrückenden Fülle vorhandener Einrichtungen und Vorstellungen, Festlegungen und Chancen, Erkenntnisse und Fragen stark und selbständig zu machen. Das werde man nicht durch Einsicht und Einübung »in das, was ist«. Man müsse, um urteilen zu können, ein Bild davon haben, was möglich sei und was sein solle. Man brauche Maßstäbe. Und so fange denn unser Geschäft damit an, daß wir die richtige Reihenfolge der Fragen herstellten – es seien sonst keine Fragen, sondern verkappte Ansinnen. Das, was die Alten das Gute Leben nannten, sei nicht vorgegeben – außer in den Offenbarungsreligionen, in versteinerten Kulturidealen, in Stammestraditionen. Eine säkulare aufgeklärte Gemeinschaft müsse sich vielmehr, wenn sie ihre Kinder gemeinsam erziehe, auf Maßstäbe einigen – sie sei darauf angewiesen, normativ zu verfahren.

Nicht die unterschiedliche Einschätzung der Computer, des Internet, des Fernsehens ist die Hauptursache für den Streit zwischen meinen Kritikern und mir (oder Joseph Weizenbaum oder Neil Postman oder Clifford Stoll oder David Denby oder Jerry Mander), sondern die unterschiedliche Grundauffassung von Pädagogik: Die Befürworter der Neuen Medien in Schule und Unterricht verstehen darunter die Einübung des jungen Menschen in die gegebenen Verhältnisse. Meine Pädagogik hingegen soll ihn diesen Verhältnissen gegenüber frei machen – frei auch, sie zu ändern, so gut das geht und in voller Kenntnis ihrer Vorzüge, Nachteile, Nebenerscheinungen und Geschichte. Das hat mein Vorgehen im vorliegenden Buch bestimmt und bestimmt auch meine Auffassung davon, was »Medienkompetenz« heißen muß. Wenn diese die Maßstäbe nicht einbezieht, denen unsere Gesellschaft folgen sollte, weil unsere geprüfte Kultur dies fordert, dann ist »Medienkompetenz« ein Synonym für Abrichtung auf ein zu hoher Macht und Wirksamkeit gediehenes Gerät.

Auch ein Gerät, das mehr Güter schneller, billiger, individueller, im modischen Wandel zu liefern verspricht, dazu einen Zuwachs an Bequemlichkeit, Wirksamkeit, Entlastung, ja, auch ein gutes ökologisches Gewissen, eine bessere Information, eine gesteigerte Lebensfreude, bleibt den allgemeinen Maßstäben unterworfen: Trägt es zur Gerechtigkeit und Freiheit, zu Frieden und Menschlichkeit, zur Wahrnehmung von Solidarität und Verantwortung bei?

Oft sind die herausgestellten Maßstäbe die einer bestimmten gesellschaftlichen Gruppe oder Klasse: Hochbeschäftigte, hochbezahlte Manager und Politiker, die wenig Zeit haben, werden schon beim Frühstück ihre »mails« abrufen wollen und sind darum für ein »Online-Tablett von Philips mit abnehmbarem *touch-screen* und digitaler Zeitung« empfänglich. Das sei ihnen weder verwehrt noch verdacht.

Aber einem Schüler schadet der Gang in die Bibliothek nicht nur nicht, er tut ihm gut: Er sieht, in welchem Zusammenhang sein Auskunftsmittel – sei es der Ploetz, sei es der Brehm, sei es der Duden – steht und was die Schätze Schliemanns oder die Erfindung der Dampfmaschine oder die Geschichte des Jesus von Nazareth alles umgibt. Und vollends ein Lehrer, der sich den Computer ins Klassenzimmer holt, um sich den Besuch im öffentlichen Museum oder Aquarium oder Walzwerk zu ersparen (bringt doch das Internet alle Gegenstände zeit- und unterrichtsgerecht auf den Bildschirm, verspricht also höchste didaktische Ökonomie!), gibt um des gepriesenen neuen Lehr- und Lernmittels willen die kostbarsten Erfahrungsmöglichkeiten und damit wichtigsten pädagogischen Wirkungen preis.

Von Maßstäben ist hier zunächst die Rede, nicht von Verwendungsmöglichkeiten in der Schulwirklichkeit. Ein Magazin parodiert den Zeitgeist, wenn es die folgenden Fragen ausgedachter oder wirklicher Personen – begleitet von trefflichen Fotos – abdruckt:

Clemens Lang: »Unser ältester Sohn Vinzent (er ist zwölf Jahre alt!) wünscht sich schon lange einen eigenen Computer. Meine Frau

Karola und ich sind uns unsicher. Am Ende hockt er immer da und spielt komisches Zeug.«
Die Unternehmensberater: »PC kaufen. Als berufsqualifizierende Maßnahme ist ein Computer heute ein Essential jeder Erziehung. Außerdem kann der Return on investment weit über 100 % liegen. Drei Szenarien zeigen die Chancen auf, von Bearbeitung der E-Mails bis zur Gestaltung eines Web-Auftritts durch den High Potential Vinzent. Wir müssen allerdings auf das Risiko des Szenarios ›Nur PC-Spiele‹ hinweisen. Der humane Faktor ist nicht so planbar, daß dies völlig auszuschließen wäre. In diesem Fall ist eine Weitergabe des Geräts an den nächstjüngeren Sohn denkbar.«
Karola Lang: »Wir sind ständig erreichbar. Kunden rufen uns an oder kommen direkt auf den Hof – auch abends und am Sonntag. Genau da hätten wir gern mehr Ruhe. Wir sind unsicher, wie wir das machen sollen.«
Die Unternehmensberater: »Durch einen effizienteren Einsatz moderner Technologien wie die E-Mails oder Anrufbeantworter können familiäre Freiräume von mindestens 20 % geschaffen werden. Derzeit ist der Familien-PC fast ungenutzt. Einfache Tätigkeiten im Haushalt auslagern (Outsourcing), um Zeit für strategisch wichtigere Arbeiten zu schaffen (Neukundengewinnung). Für den Hof, den ständig Leute besuchen, empfehlen wir ein Tor. Mit mindestens drei der sechs Punkte auf dem Chart ›Effizienzverbesserung‹ sollte in den nächsten drei Monaten begonnen werden.«[1]

Fragte man den Berater, was der Familie Lang eigentlich fehle, seine Antwort lautete wie meine: »Medienkompetenz«. Er dürfte damit meinen: Sie lebt nicht mediengerecht. Ich meine damit: Sie hat kein Urteil über die ihr nahegelegten Medien – sie wird sich seinem Rat und einem engen Maßstab für ihr Leben fügen.

Insofern hatte die Mainzer Moderatorin wohl doch recht: In einer Welt, in der die Familie als Unternehmen und Kinder als Wachstumspotential desselben erscheinen, hat Bildung entweder gar keine Chance, oder ihre Aufgabe hat sich potenziert. So einfach vor sich hin belehren kann die Bildungseinrichtung nun nicht mehr. Die veränderte Wahrnehmung der veränderten Welt macht etwas für den Auftrag der Schule aus – für die Intensität, mit der sie ausgleichen oder gar gegenhalten muß. Die Situation, in der Jean-Jacques Rousseau seinen Emile schrieb, machte ihm und den empfindsamen Zeitgenossen diese Funktion von Erziehung deutlich. Das hat sich in anderer Weise vor dem Ersten Weltkrieg wiederholt. Wir haben heute einen noch dramatischeren Anlaß zu solchen Überlegungen und sind im Begriff, an ihm vorbeizudusseln – paradoxerweise weil wir des aufgeregten Reformierens leid sind.

Als ich vor einem Vierteljahrhundert beklagte, die Reform des deutschen Bildungswesens sei nicht radikal genug gewesen, meinte ich (und habe es gesagt): Sie war nicht pädagogisch genug. Sie war gesellschaftspolitisch gedacht, ökonomisch motiviert und administrativ verwirklicht worden. Die Fragen, was Kinder zum Aufwachsen brauchen, wie heutige Kinder sind und wie man ihnen hilft, mit der Welt fertigzuwerden, die sich von der Welt, in der wir großgeworden sind, so sehr unterscheidet, haben die Veränderungen nicht angeleitet. Es ging um die Vermehrung der Chancengleichheit, das Aufholen eines Modernitätsrückstands, die Ausschöpfung der Begabungsreserven, damit wir im wirtschaftlichen, technischen, wissenschaftlichen Wettbewerb der Nationen mithalten können. Diese Absichten und ihre Begründungen waren nicht falsch, aber nicht ausreichend. Wir haben die Bilder der Folgen vor Augen: riesige Betonbauten, Schüler in Sprachlabor-Kubikeln, von viel einschüchterndem Gerät umgeben und voneinander und der Welt isoliert, Listen von wissenschaftlichen gestaffelten Lernzielen – »Taxonomien«, die sich wie Wachstumstabellen in einer Champignon-Kultur ausnahmen –, dickleibige Richtlinien und Rechtsvorschriften, die die Pädagogik unfreier machten, als sie je gewesen war.

»Mehr Zeit für Kinder«, für eine Individualisierung des Unterrichts, für eine interessante und stets erneuerte Aufbereitung der Sachen, für Erlebnis-, Erfahrungs-, Handlungs- und Denkpädagogik wäre den erklärten Zielen nähergekommen.

Nun, da wir dies wissen, treibt der Computer die Schule zu den alten Fehlern zurück, zieht sie ein weiteres Stück von der pädagogischen Aufgabe fort: Kinder zu beobachten, es mit den in ihnen liegenden Chancen und Hemmungen, den ihnen durch die Lebensumstände bereiteten Schwierigkeiten aufzunehmen. Die Lehrmittelmessen, die Didacta in Dortmund, Zürich und anderswo, die der Pädagogik dort angedienten elektronischen Apparate zeigen, was mächtige Kräfte in der Gesellschaft statt dessen mit der Schule vorhaben. Der Computer ist, weiß Gott, nicht Ursache und nicht notwendig Vollstrecker, aber doch das Sinnbild einer nicht personalen Pädagogik. Wir brauchen, wie oft gesagt, eine Pädagogik, die die Menschen stärkt und die Sachen klärt. Zu den Sachen gehören die Computer. Sie müssen in der Schule vorkommen, aber in einem Bildungs- und Erziehungsplan, der schon durch seine Anordnung deutlich macht, was hier an ihnen gelernt werden soll.

Ich reihe meine Vorstellung von notwendiger und wirksamer Medienkompetenz in meine Kritik an der besinnungslosen und unpolitischen Gesellschaft, an der willfährigen und unpädagogischen Schule, an den wuchernden Neuen Medien selbst ein. Eine Bestimmung der Medienkompetenz als eine Art Computerführerschein verfehlt nicht nur das mit dem Wort bezeichnete Problem (»Kompetenz« heißt »Zuständigkeit für …«), sie bleibt vor allem der Pädagogik die erwartete Orientierung schuldig, ja, sie schwächt sie durch ihre Enge in der breiten Hauptaufgabe: den jungen Menschen helfen, der technischen Zivilisation gewachsen zu sein. Die uns in der Regel empfohlene Medienkompetenz beschränkt sich auf die Fähigkeit, das Gerät zu bedienen, Computer und Internet für jeweilige typische Zwecke einzusetzen, einen vernünftigen und kritischen Gebrauch vom Fernsehen zu machen. Sie beschweigt – und beschwichtigt damit – die Unruhe über erkennbaren Widersinn und schädliche Folgen, die Ohnmacht gegenüber den »Entwicklungen«, die Kritik an den gebrachten oder noch zu bringenden Opfern.

Es gibt anspruchsvollere Bestimmungen von Medienkompetenz. Viel zitiert[2] wird die von Dieter Baacke[3]. Sie setzt sich aus Teilkompetenzen in vier »Dimensionen« zusammen: Medien-Kritik, Medien-Kunde, Medien-Nutzung und Medien-

Gestaltung. In der Wiedergabe von Sven Kommer geht es bei der ersten um »eine analytische Komponente«, z.B. um »das Wissen um gesellschaftliche Prozesse, in welche die Medien eingebettet sind«. Die zweite Dimension umfaßt die »klassischen Wissensbestände«: »Was ist das ›duale Rundfunksystem‹?« »Wie arbeiten Journalisten?«, aber auch die Fähigkeit zum Umgang mit der Technik. Zur dritten gehört, daß man Medien aller Art »zur Informationsgewinnung und zum Wissenserwerb, zur Unterhaltung und Entspannung« und zur Erreichung einer großen Öffentlichkeit nutzen kann. In der vierten entfaltet sich die »Kreativität« – die Fähigkeit zu »innovativem« Gebrauch. Neue Ausdrucksformen und neue Gebiete werden erschlossen. An anderer Stelle hat Dieter Baacke Medienkompetenz in nunmehr drei, wiederum Dimensionen genannte, geistige Fähigkeiten aufgeteilt: eine analytische (es »sollen problematische gesellschaftliche Prozesse [z.B. Konzentrationsbewegungen] angemessen erfaßt werden können«), eine reflexive (jeder Mensch soll »in der Lage sein, das analytische Wissen auf sich selbst und sein Handeln anzuwenden«) und eine ethische (in ihr wird »analytisches Denken und reflexiver Rückbezug als sozial verantwortet … definiert«, Baacke, in: Rein 1996, S. 120). Bernd Schorb faßt sie wieder als »kritische Reflexivität« zusammen, die erlaubt, »die Medienentwicklung mindestens verstehend zu begleiten« (Schorb, S. 21).

Mir scheinen diese Bestimmungen, mit Verlaub, zu akademisch, zu abstrakt formuliert, zu sehr auf das ausgerichtet, was die Schule ohnehin tut – Wissen vermitteln, Verantwortung erörtern (»definieren«) und einen schöpferischen Ausgleich anbieten.

Ich halte dem entgegen: Eine Kompetenz, die den Bürger befähigt und damit befugt, intelligente Entscheidungen über Sinn und Funktion der Neuen Medien zu treffen, verlangt zumindest die folgenden zehn Fähigkeiten:

- eine Wahrnehmung des Kontextes: der technischen Zivilisation, ihrer Aufgaben und Tendenzen, ihrer Chancen und Probleme;

- ein klares Verständnis der Funktion und der Grenzen der Neuen Medien;
- die Kenntnis der jeweiligen Alternativen zu ihnen;
- eine Aufmerksamkeit für die ungewollten Nebenwirkungen, Kosten und Gefahren der Neuen Medien;
- ein Bewußtsein von ihrem *hidden curriculum,* also ihrer konditionierenden Wirkung auf uns;
- eine gute Kenntnis der Sachprobleme, die man mit Hilfe von Computer und Internet bearbeiten und lösen will: Nur wenn wir verständige Fragen an sie richten können, »beherrschen« wir sie und nicht sie uns;
- ein damit verbundenes Gefühl der Verantwortung für die Folgen öffentlicher Äußerungen, was die Erkenntnis voraussetzt, daß der ans Netz angeschlossene Computer Öffentlichkeit ist und herstellt;
- ein Bewußtsein von der politischen Wirkung der Neuen Medien, des durch sie bewirkten Wandels sowohl der Demokratie als auch der Privatsphäre;
- denken können, das heißt die Grundsätze der Booleschen Logik kennen, das taxonomische Prinzip der großen Systematiken verstanden haben: von Platons Ideen-Pyramide, von Linnés Pflanzen- und Tierordnung, von Harnacks Bibliotheksordnung; und kein Wissen für Wissen halten, das man nicht verstanden hat – weshalb verständig fragen können und auf Sprache achten das wichtigste Pensum der Bildung bleibt;
- eine von Ängsten, Verwirrung, falscher Ehrfurcht, gar Mystifizierung freie und sichere Handhabung der Apparate; dazu gehört: nicht hilflos werden, wenn die Medien mal nicht zur Verfügung stehen oder aus irgendeinem Grund ausfallen.

Diese *Parva Charta* einer tauglichen »Medienkompetenz« faßt zusammen, was in den voraufgehenden Kapiteln und Abschnitten ausgiebig dargelegt worden ist, und macht dadurch deutlich, daß wir sie mit den am Anlaß klebenden Wort falsch bezeichnen. Es gibt sie nicht für sich – nicht ohne die Befähigung zum »Leben in der technischen Zivilisation mit dem Anspruch unserer Kultur«. Der Auftrag wird an den (im Kompetenzkatalog vorkommenden) Kennwörtern der Kultur: Verantwortung, Öffentlichkeit, Privatsphäre, Demokratie, Sprache, deutlicher als an den Kennwörtern der Medienwelt: Verständnis der Funktion, taxonomisches Prinzip, Wissen, Handhabung der Apparate.

Daß Medienkompetenz nicht »einseitig auf technische und instrumentelle Fertigkeiten« beschränkt sein sollte (»damit genügend qualifizierte Arbeitnehmer/innen und willige Konsumenten/innen die Wirtschaft der Informationsgesellschaft ankurbeln«),[4] ist auch anderen in der zwanzigjährigen Debatte klargeworden. Aber statt die Menschenbildung so weit auszulegen, daß sie die Meisterung auch dieser Lebensschwierigkeit einschließt, erfindet man eine »Medienbildung«, die die »reduzierte« Medienkompetenz wieder anreichert: In ihr werden »soziale, kommunikative Aspekte der Mediennutzung thematisiert«; in ihr geht es »um den ganzheitlichen Aspekt der Persönlichkeit des Menschen«; in ihr sind die moralische, die ästhetische und die affektive »Dimension« zu berücksichtigen (Arbeiter, S. 10 f.).

Weil also schon mit dem Wort »Medienkompetenz« notwendig eine ungenügende Antwort nahegelegt, eine hohle Erwartung geweckt wird, ergänze ich die obige Liste von zehn Setzungen durch eine komplementäre von zehn Verneinungen:

- Nicht wir bedienen die Computer, sondern sie dienen uns.
- Nicht wir, unsere Aufgaben, Fragen, Arbeits- und Erkenntnisformen, Berufs- und Zukunftschancen, hängen vom Computer ab, sondern umgekehrt: Menschen können und sollen ihn für ihre Zwecke nutzen – oder ihn links liegenlassen; dies freilich müssen sie wollen, und für ihr Wollen wiederum müssen sie gute Gründe haben, besser noch: gute Gründe erfahren haben.
- Nicht die Sprache des Computers ist das Maß der menschlichen Sprache, sondern an der technischen Begrenzung der seinen werden wir der Eigenart, des Reichtums, der Wirksamkeit der unseren bewußt: Sprache ist mehr als Informationsübertragung, die in reiner Form dem Computer gelingt.

- Nicht die Probleme des Computers, d.h. die, die sich mit seiner Hilfe besonders gut lösen lassen, sind Gegenstand des Unterrichts, sondern unsere Probleme; der Computer kommt ins Spiel, wenn die sich ihm stellen lassen.
- Der Computer ist nicht universal; er ist eine geniale Abstraktion eines bestimmten menschlichen Vermögens, und dadurch – durch die isolierte, ungestörte Nutzung dieses Vermögens – ist er zugleich enorm leistungsfähig und enorm »dumm«; an ihm können wir erkennen, was wir nicht sein wollen: Apparate – auch nicht im »bloßen Denken«.
- Der Computer ist nicht des Teufels; er stört die Bildung nicht; er zerstört sie schon gar nicht; er macht sie nicht überflüssig; er ersetzt sie aber auch nicht und erzeugt gefährliche Illusionen, wo er dies zu tun behauptet oder zu tun scheint.
- Es gibt keinen Weg zurück, weder in eine Wirklichkeit ohne Computer, Internet und Fernsehen noch in eine Schule ohne Computer, Internet und Fernsehen. Aber es gibt auch keinen Grund, die hypertrophe Neue-Medien-Wirklichkeit in der Schule zu wiederholen; die Schule soll vielmehr selbst ein Modell dafür sein, wie ein Leben aussieht (und wie befriedigend es ist), wenn die Mittel konsequent als Mittel behandelt werden, als »Knechte«, wie ich gerne sage, nicht um sie verächtlich zu machen, sondern um ihre dienende Rolle herauszustellen.
- Es ist nicht die Aufgabe der Schule, »up to date« zu sein, sondern die grund-legenden Erfahrungen und Einsichten zu ermöglichen und zur Stärkung und Orientierung der jungen Menschen zu nutzen. Basics oder Grundlagenwissen und Grundfähigkeiten sind ihr Geschäft: das, worauf man im Leben weiter aufbauen kann, nicht Vorwegnahme dieses Lebens.
- Der Computer gehört nicht zu den Basics, so wenig wie das Essen mit Messer und Gabel, die Haarwäsche mit Shampoo, das Autofahren. Dies alles ist zwar elementar, aber nicht grundlegend für anderes.
- Nicht Anklicken und Abrufen, Surfen und Chatten, Hypertext und Hyperlink, Networking und Web-Publishing sind

die Haupt-Wörter der Schule, sondern Person, Gespräch – klare Fragen und klare Antworten –, Geschichte und Geschichten, *science,* Ordnung der Vorstellungen, Beobachten, Urteilen, Entscheiden. Nicht Sprachtechnologie bringt die Menschheit und die Schule voran, sondern sorgfältige, ausdrucksvolle, reiche Sprache.

Eine der mir liebsten Geschichten von Joseph Weizenbaum verdichtet die so schwer faßbare »Medienkompetenz« in einer Minigeschichte: Ein Vater führt seinen Zehnjährigen stolz in die Library of Congress. In der großen Lesehalle unter der Kuppel sagt er überwältigt: »Hier, Johnny, gibt es alle Antworten der Welt.« Nach einem erwartungsvollen Augenblick der Stille sagt Johnny: »Daddy, ask a question!«

Erst das Wissen, wozu man das Mittel braucht, macht uns zu seinem Herrn.

2

»Medienpädagogik«

Eine der »Antworten der Welt« auf die Probleme und Aufgaben, die die Neuen Medien uns stellen, heißt »Medienpädagogik«. Ich habe ihr nie getraut, habe sie mir nicht recht vorstellen können und bin durch meine Auffassung von Pädagogik ein voreingenommener, ungeeigneter, weil zu anspruchsvoller Beurteiler dessen, was in ihrem Namen auftritt. Für mich umfaßt »Pädagogik« alle nötigen Hilfen – Anregungen, Herausforderungen, Befreiungen, Begrenzungen –, die einem jungen Menschen ermöglichen, selbständig und vernünftig in der Welt zu leben mitsamt den Neuen Medien. Wie ich mich gegen eine »Werteerziehung« wehre – Erziehung ist Werteerziehung –, so auch gegen eine besondere »Medienpädagogik«. Daß sich Eltern, Lehrer, die Bildungspolitiker, die Öffentlichkeit angesichts einer neuen Erscheinung Gedanken machen, wie diese durch den alten, bleibenden Auftrag der Pädagogik eingeholt werden kann, soll damit nicht bezweifelt oder bemängelt werden.

Meine ausführlichsten Äußerungen hierzu habe ich in dem Buch »Die Schule neu denken« (1993) gemacht. Ich habe in den Jahren 1982 (dem Jahr, in dem ich »Das allmähliche Verschwinden der Wirklichkeit« schrieb) bis 1993 (dem Jahr, in dem ich zum letzten Mal in den Bielefelder Schulprojekten unterrichtet habe) keinen Anlaß gefunden, mehr und grundsätzlich anders auf die Neuen Medien zu reagieren als auf die anderen politischen, ökologischen, lebenspraktischen Themen, die die Zeit in die Schule hineinspülte. Mit den Kollegen wurden weniger einzelne Maßnahmen oder Verhaltensweisen erörtert als Grundsätze. Diese habe ich zu einem Gegensatzpaar stilisiert und in »Die Schule neu denken« wiedergegeben. Nicht zuletzt, weil hieran entschiedene Kritik geübt worden ist, in erster Linie aber, weil sich an der aufgestellten Alternative gut erkennen läßt, daß »Medienpädagogik« immer nur Teil einer Gesamtpädagogik ist, also – wie man heute sagt – in erster Linie ein strukturelles Problem bezeichnet, sollen hier die beiden einander entgegengesetzten und je vernünftig begründbaren Positionen noch einmal vorgestellt werden.

Schule A: Kinder sind möglichst früh mit Computern vertraut zu machen – in der Absicht, den Computer zu entdramatisieren, die Neugier der Kinder auf ihn zu sättigen, eine Computer-Phobie gar nicht erst aufkommen zu lassen; die Kinder sollen seine Nützlichkeit, seine Verführungen und seine Borniertheit gleichermaßen erfahren; ihnen wird mit der Einübung in und Gewöhnung an den Computer zugleich ein Gegengewicht zu und ein Schutz vor ihm gegeben; er wird als vierte Kulturtechnik eingeführt, eine andere als die drei ersten, denen er etwa im dritten Schuljahr, wenn diese wirklich beherrscht sind, folgt: als Ordner, Registrator, Verschönerer, Vervielfältiger von Texten (wofür das Wort »Textverarbeitung« gut gewählt ist) und als Rechner, der das, was ich kann (und verstehe), flinker und sicherer erledigt; sein Gebrauch als Textverarbeiter ist von da an stets zugelassen, wenn etwas zu schreiben ist, wird aber nicht gefordert; vom neunten Schuljahr an (im zweitletzten Jahr für viele Schüler) wird ein Computerlehrgang eingerichtet, der praktische Arbeit am Computer mit theoretischer Unterrichtung über ihn verbindet: was Algorithmisierung ist, lernt der Schüler verstehen, indem er programmiert, z.B. eine bestimmte Programmiersprache auf einen Gegenstand anwendet, mit dem er sich aus anderen Gründen abgibt; Probleme, die man im Unterricht hat, werden so aufbereitet, daß ein Computer sie übernehmen kann, – eine ernste Probe darauf, ob man das Problem verstanden hat, ja, ob es überhaupt eines ist und nicht vielmehr nur eine Mühe; die Aufgaben werden in der Nähe der anschließenden Laufbahnen gesucht: in der Verwaltung, im Handel, in der Technik, in den Naturwissenschaften, den Gesellschaftswissenschaften, den Geisteswissenschaften, in den Künsten; dies wird bis zum Abschluß des zehnten Schuljahres durchgehalten ohne jede berufsvorbereitende Ambition.

Schule B: Die Schule verbannt den Computer aus ihren Mauern und gibt den Kindern einen reichen Vorrat an geistigen und sinnlichen Primärerfahrungen auf den Weg; man führt auch die klassischen Kulturtechniken je als Mittel zur Bewältigung von Problemen – sachlichen und menschlichen – ein; man sorgt dafür, daß ihre (notwendige) Übung sich nie verabsolutiert; man läßt die Schüler im fünften oder sechsten Schuljahr, wenn ihre Motorik noch »plastisch« ist, das Schreiben auf der Schreibmaschine lernen, die modernerweise ein Textverarbeitungsgerät, also ein Computer ist; man nutzt ihn ausschließlich als Schreibgerät; im Mathematikunterricht führt man – vermutlich im selben Jahrgang – den Taschenrechner ein, wenn es darum geht, das Augenmerk auf die anspruchsvollen Probleme zu konzentrieren und die untergeordneten Rechnungen nebenbei zu absolvieren; im Fremdsprachenunterricht legt man Wert auf reichliche und fordernde Sprechgelegenheit, im Sachunterricht auf eigene Beobachtung und eine Form der sprachlichen Erklärung, die die Phänomene nicht vergewaltigt, kurz: auf einen Wagenscheinschen Unterricht, der einen Computer nicht gebrauchen kann, aber gut auf den Computer vorbereitet, weil man durch ihn vor allem die jeweiligen Probleme zu verstehen gelernt hat; im vorletzten Halbjahr vor den jeweiligen Abschlüssen wird der Computer eingeführt, erklärt und zur Lösung typischer Aufgaben benutzt – in der Überzeugung, daß dies genügt, um seine ordentliche Anwendung im folgenden berufsnahen Ausbildungsabschnitt zu lernen, wo zugleich neue spezifische Anforderungen gelten, auf die man in der Schule nicht allgemein vorbereiten kann; diese Schule meint, daß es wichtiger ist, die Schüler mit den Gegenständen vertraut zu machen als mit der Rationalisierung der Verarbeitungs- und Darstellungsverfahren – das lernt man »vor Ort« schneller und mit dem dann gegebenen *sense of purpose*.

Beide Positionen antworten auf die »Herausforderungen« der Neuen Medien, und beide tun es mit pädagogischen Argumenten. Sie unterscheiden sich eher durch ihr Temperament als durch eine Grundeinstellung, sei es zum Computer, sei es zum Kind, sei es zum Auftrag der Schule. Schule A ist optimistisch hinsichtlich der eigenen Einwirkungsmöglichkeiten; Schule B ist skeptisch abwehrend; Schule A dosiert das Problem und läßt die Kräfte des Kindes

> an ihm wachsen – in kontrollierter Annäherung; Schule B schirmt die Kinder gegen das Problem ab, baut deren Kräfte an anderen Aufgaben und Erfahrungen auf und leitet sie bei der Übertragung des Gelernten auch auf den Computer an. Beiden Schulen traut man zu, daß sie das tun, was Schule tun soll: den Kindern helfen, in ihrer Welt erwachsen zu werden. (Die Schule neu denken, 3. Aufl. 1994, S. 48–50)

Die Kritik richtet sich gegen die »Polarisierung«, die ich da vorgenommen habe. In der Praxis arbeite man doch gerade an der Verbindung der beiden Schulen: »Wieso sollte Schule A beim Einsatz der Textverarbeitung … nicht auch und zugleich einen ›reichen Vorrat an geistigen und sinnlichen Erfahrungen‹ anstreben?« Die Kritiker mischen also aus Schule A und Schule B eine Schule C, die dem »Wagenscheinschen Prinzip« folge und »zugleich auch den Umgang mit Datenbanken und Textsystemen« übe. Im übrigen werde sich die von der Schule B gehegte Vorstellung, sie könne die Kinder gegen das Problem »abschirmen« als Illusion erweisen.[1]

Wer so argumentiert, scheint mir drei Dinge nicht zu verstehen: (a) die Wagenscheinsche Pädagogik und das, wofür sie in dem Programm der Schule B steht, (b) »das Problem«, gegen das diese die Kinder abschirmen will, und vor allem (c) den Zweck der von mir vorgenommenen Konstruktion. Zu (a): Wagenscheins Verfahren hält Apparate, Wissensdaten, Systeme, die einschlägigen Beweise aus der Beobachtung und den Erklärungsversuchen der Kinder solange wie möglich heraus – sie können nicht »zugleich auch« eine Rolle spielen. Wagenschein steht hier für die Sicherung und Bekräftigung der elementaren Erfahrung der Kinder gegen die sekundären Mittel und Mittel-Aggregate der Erwachsenen. Zu (b): Das »Problem« der Neuen Medien wird von den Kindern abgehalten, nicht das Phänomen – das geht in der Tat nicht. Das »Problem« besteht darin, daß der Computer das Kind in eine Kunstwelt lockt: auf einen Bildschirm mit abgründig viel zweidimensionaler symbolischer Auskunft, statt es den Weg Emiles gehen zu lassen, den ihm die normale Schule mit ihrem »Stoff« natürlich auch verwehrt.

Schule B wäre im Irrtum, wenn sie die PC-Welt nur ausschlösse und nicht zugleich etwas Bedeutenderes an ihre Stelle setzte, also nicht mehr böte als sowohl der herkömmliche Lehrplan als auch der Computer mit seinen Links und Hypertexten und die CD-ROM mit ihren Bild-und-Ton-Kombinationen, etwas, was stärker lockt als die Kunstspeise im Computer-Menü. Zu (c): Die Schulen A und B sind beide, was man »Idealtypen« nennt, und stehen nicht nur im Gegensatz zueinander, sondern zur Realität: Sie sollten Prinzipien erkennbar machen, so daß man versteht, was sich vereinen läßt und was nicht.

Von hier aus erhält die Liste von Verneinungen am Ende des vorigen Abschnitts eine neue Bedeutung. Meine Kritiker machen gern einen undifferenzierten, unerfahrenen, romantischen Verneiner aus mir. Die oben (S. 197 f.) aufgestellten Sätze sind zum größten Teil Verneinungen von Verneinungen – und sollen meinen »Gegnern« helfen, meine Argumente mit weniger Affekt zu lesen, als sie dies offenbar bisher getan haben.

Deren Kritik aufzugreifen lohnte sich freilich nicht, käme sie nicht von Leuten, die nach meiner Wahrnehmung mit dem Computer eher das Richtige im Sinn haben. In dem »Handbuch Grundschule und Computer« plagt sich der Herausgeber Hartmut Mitzlaff auf acht von zehn Seiten mit der Widerlegung meiner (in dem Buch »Die Schule neu denken« vorgetragenen) skeptischen Gedanken zu der »Flucht aus dem Denken ins Wissen« und zu den »Bedenklichen Lernhilfen«. In diesen beiden Kapiteln meiner Streitschrift kritisiere ich den Einsatz des Computers im unteren Teil der Schule. Ja, ich »streite« und habe kein schlechtes Gewissen, wenn meine Urteile nicht immer durch Belege abgesichert, meine Pointen scharf, die kontrastierenden Denkfiguren kunstvoll überhöht sind: Sie dienen der Verdeutlichung der unterschiedlichen Bewertungskriterien, nicht der gerechten Darstellung deutscher Grundschulwirklichkeit – die ich nicht kenne und von der das Buch nicht handelt.

In deren Namen aber ist Hartmut Mitzlaff gekränkt und wird nun seinerseits, was er mir vorwirft, »polemisch« (S. 31) – er freilich in einem »Handbuch«, einer Gattung der wissenschaftlichen Literatur, von der ich mir vorstelle, sie enthalte, bitte, so etwas wie die Summa des Wissens einer Disziplin zu ihrem Gegenstand zu einem bestimmten Zeitpunkt, also Ablagerungen statt Gärungsprozesse. Er pflückt die Zitate aus meinem Text und unterlegt ihnen – von den hemmenden Gedanken des Zusammenhangs befreit – völlig andere Bedeutungen; er beschwert sich über »Pauschalaussagen«; er nennt, was bei mir als Befürchtung und Warnung auftritt, »Spekulationen«. Dies versuche ich hier exemplarisch zurechtzurücken – nicht zuletzt weil es sich um ein »Handbuch« handelt, das mit dieser Bezeichnung eine gewisse Dauerhaftigkeit beansprucht.

Hartmut Mitzlaff zitiert Hentig: »Der Computer nimmt dem Schüler die Mühsal des Handschreibens und die Ordnung des Geschriebenen ab; er erlöst die Schule vom Alptraum des enzyklopädischen Wissens; er entthront die ›Ideologie der Allgemeinbildung‹«, und wehrt ab: »Dem Verfasser ist kein Grundschulprojekt bekannt, in dem ›Handschreiben‹ aufgegeben wurde ... Eine ›Entthronung‹ der Allgemeinbildung vermag der Autor nicht zu erkennen ... Was das ›enzyklopädische Wissen‹ anbelangt, so vermag ich keinen prinzipiellen Unterschied zwischen dem Umgang mit dem Brockhaus und einem CD-ROM-Multi-Media-Lexikon zu sehen«. (S. 29)

Nicht nur steht keine der von Hartmut Mitzlaff »widerlegten« Behauptungen in meinem Text, es handelt sich bei diesem auch nicht um meine Sicht der Sache. Ich habe auf der voraufgehenden Seite (v. Hentig, 1993, S. 59) davon gesprochen, wie unterschiedliche Zwecke des Unterrichts zu unterschiedlicher Verwendung des Computers führen. Die Sätze, in denen die jeweilige pädagogische Absicht wiedergegeben wird, fangen stereotyp mit »Geht es um ...« an, also: um eine Veränderung unserer Denk-, Wahrnehmungs- und Verhaltensformen, oder: um die Sicherung der Wettbewerbsfähigkeit der Nation durch neue Technologien, oder: um einen Bestandteil der *general education*, oder schließlich: um eine Revolutionierung des Lehrens und Lernens, worauf bei dieser »dann« die gedachten oben zitierten Möglichkeiten folgen: »Der Computer nimmt dem Schüler die Mühsal des Handschreibens ab ...« und so fort. Bei Hartmut Mitzlaff erscheint dies als meine »Beschreibung« der

Grundschule, auf die ich mein »vernichtendes Pauschalurteil gründe« (S. 30). Mitzlaff tötet einen Drachen, den er sich selbst gemacht hat, und das dürfte der Computertechnologie in der Schule wenig nützen.

Kurz davor habe ich Beispiele aus einer Feldstudie des Instituts für Schulentwicklung in Dortmund (ich gebe zu: erbarmungslos) kritisiert und festgestellt, die Fragen nach dem »Warum« und »Wozu« »werden in diesen Legitimierungs- und Untersuchungsprozessen nicht gestellt«. Hartmut Mitzlaff macht daraus Hentigs Aussage, »sie seien in den Modellversuchen und Projekten (die von Hentig als bloße Legitimierungsforschung abtut) gar ›nicht gestellt‹ worden« (S. 27). Ich beherrsche mein Deutsch: »nicht gestellt *worden*« hieße etwas behaupten, was ich nicht wissen kann; »*werden* nicht gestellt« heißt: hier – in der vorgelegten Darstellung und Begründung – treten sie nicht auf. Das gleiche gilt für die mir unterstellte Unterstellung, »mit der Computertätigkeit sollten die drei Kulturtechniken ›ersetzt‹ werden«. Bei mir steht, daß jemand meinen könne: Da es die Bibel auf CD-ROM gesprochen und mit animierten Bildern versehen gebe und Bibeln zu drucken eines Tages zu teuer werden dürfte (immer im Konjunktiv eines hypothetischen »voreiligen« Gedankens), müsse man die drei klassischen Kulturtechniken nicht mehr beherrschen, sondern nur noch kennen – »würden sie dann doch wirksam durch eine neue (Kulturtechnik) ersetzt« (v. Hentig 1993, S. 37). – Wie treffend war doch die Forderung, man müsse vor allem die Sprache beherrschen, wenn man urteilen und richtig mit Gedanken wie mit Computern umgehen will!

So hadert Hartmut Mitzlaff weiter mit Hartmut Hentig, vornehmlich indem er behauptet: Hentig rede so kühn, »ohne sich allerdings der Mühe zu unterziehen, die konkreten Arbeiten in den Grundschulen zur Kenntnis zu nehmen« (S. 28); er unterstelle (wieder einmal), die Verfasser der Forschungsberichte verfügten über keine Erfahrung in der konkreten Vermittlungsarbeit mit Grundschülern (S. 28). An der zitierten Stelle (v. Hentig S. 50/52)[2] steht: Vermutlich hätten sie »beides noch nicht selber getan: einem 8- oder 9Jährigen die Bedeutung des

Computers als ›Lerninstrument‹ nahegebracht und durch einen ›handlungsorientierten Zugang‹ ... ›die Negation derartiger Produkte ... durch den Schüler‹ erreicht«. Ich habe nichts als eine Vermutung geäußert, die in Hagen oder Dortmund oder Soest zu verifizieren übertrieben und unnötig gewesen wäre – die Vermutung, diese unkindlichen Themen in so verstiegener Sprache könne doch niemand gelehrt haben wollen! Kurz, es ging wieder um die Maßstäbe und die Schönrederei einer schwierigen, ungewissen, schwer zu bewertenden Angelegenheit.

Und natürlich folgt alsbald die Retourkutsche: »Liest man Hentigs Darstellung, fragt man sich, ob der Urheber jemals Kinder am Computer beobachtet«, genauer noch, sie »im Unterricht deutscher Grundschulen beobachtet hat«. (S. 30) Ich kann beruhigen: das erste »ja« (oft und genau!), das zweite »nein«. Ich behaupte das auch nicht und brauche es vor allem nicht, weil ich nicht die Praxis, sondern die ihr von den maßgebenden wissenschaftlichen und administrativen Einrichtungen zugedachten Unterrichtsmuster und deren theoretische Absichten beurteilt habe – Beispiele, von denen Hartmut Mitzlaff selber sagt: Es handle sich um »zugegebenermaßen miserable Software«.

Ich lasse es bei dieser, wie gesagt, exemplarischen Korrektur des von meinen Äußerungen erzeugten Eindrucks. Die Auseinandersetzung in der »Sache« führt zu manchen Übereinstimmungen und gelegentlich entschiedenem Widerspruch:

Der Computer als Hilfe beim Schreiben (Handbuch S. 30) – er befreit von Schreibhemmungen, von der hoffnungslosen Festlegung auf das, was da steht; er weckt Schreibfreude durch das fast makellose Schrift-Bild – ist von mir immer befürwortet worden (aus Gründen, die es schon vor dem Computer gab: s.o. S. 133 f. und 202 f.); er bietet dringend benötigte individuelle Übungsmöglichkeiten in der Mathematik und beim Lernen von Fremdsprachen.

Die Möglichkeit (nicht Gewißheit), daß der Computer die Schule von dem befreit, was man an ihr zu kritisieren hat (Handbuch S. 32): den Gleichschritt des Lernens, seine Abhängigkeit vom Lehrer und vom Pensum, die Langweile verbreitende Routine, die Neigung zu frontaler Belehrung – sie werden nicht und sie können nicht von mir geleugnet werden.

Aber ich bin ein zu alter und gründlicher Kenner der Schule, der von ihr erzeugten Schüler-, Lehrer- und Elternmentalität, um nicht bei der heilsamen Warnung zu bleiben, die mir Hartmut Mitzlaff besonders verübelt:

- Alles, was man pädagogisch erreichen will, erreicht man besser ohne den Computer.
- Alles, was man pädagogisch vermeiden will, vermeidet man besser ohne ihn.
- Alle Dummheiten, die die Schule macht, macht sie mit ihm verstärkt.
- Das, was man nur an und mit dem Computer lernen kann, ist herzlich wenig und kann kurz vor der Entlassung in die Arbeitswelt (zu der auch die Hochschule gehört) realistischer und wirksamer absolviert werden.

> Eine Schule, die nur vermarktungsfähige Fertigkeiten hervorbringen will, wird dem schicksalhaften Unglück nicht entgehen, vor dem diese vier Sätze warnen. Dies kann nur eine Schule, die den wiederholt genannten *pädagogischen* Auftrag im Sinn hat: jungen Menschen helfen, in ihrer Welt erwachsen zu werden. (Die Schule neu denken, S. 60/62)

Sehen die guten Grundschullehrer und ihre wissenschaftlichen Begleiter nicht, wie der Druck der öffentlichen Leistungserwartung, die internationalen Vergleichsstudien, die den Lehrer entlastende »Giesecke-Theorie« von der Schule als Unterrichtsanstalt (gegen die Vorstellung von der Schule als »Lebens- und Erfahrungsraum«) und nicht zuletzt die neo-liberalistischen Tendenzen, Bildung zu vermarkten, die Schule geradezu drängen, den Computer zur Steigerung der Effizienz, zur Vermehrung des Nachwuchses an Computer-Intelligenz, zur Entpädagogisierung ihrer selbst einzusetzen? Diesem Druck wird nur eine Schule standhalten, die den Computereinsatz einer strengen Prüfung unterzieht und die nicht, wie Hartmut Mitzlaff, meint: »Eine gelegentliche Beobachtung« reiche aus, Hentigs »pauschale Negation« zu widerlegen (S. 30).

Mag sein, daß meine Bilder »Zerrbildern« ähneln. Wenn das so ist, dann nicht, weil sie so gemeint sind, sondern weil die Schule soviel Zerrbilder von Pädagogik hervorbringt. Ja, Hartmut Mitzlaff hat recht, auch der Papier-und-Bleistift-Unterricht der normalen Schule ist voller Schrecken. Aber mit dem Computer werden »Freude, Lachen, geschäftiges Treiben im Klassenraum, Gedankenaustausch mit der Nachbarin, Rückfrage bei einem entfernt sitzenden Schüler, der Rückzug von einzelnen Schülern oder Schülergruppen in die Leseecke, die Identifikation mit dem Produkt ..., das man voller Stolz der Gruppe in der ganzen Schule ... präsentiert« (S. 31) nur herrschen, wo dies auch *ohne* Computer geherrscht hätte. Ja, meine Sorge, daß die Neuen Medien die falsche Absicht und das falsche Klima fördern, hat vermutlich weniger mit dem Computer zu tun als mit der Funktion von Mittelsystemen: Sie sollen die Schule nicht ändern, sondern steigern.

Mittelsysteme versus Personen – an diesem Gegensatz reiben wir uns. Personen sind bei den Kleinen wichtiger als noch so vielseitige Apparate, weil sie ihre Sinne noch ausbilden müssen. Das ist die bleibende Einsicht von Jean-Jacques Rousseau. Personen hören nicht auf, wichtig zu sein, wenn man größer wird, in die jeweiligen Oberstufen gelangt, aber da sind die Apparate Teil des Systems, dem die jungen Menschen gewachsen sein sollen, und darum unentbehrlich. Daß niemand je »in der deutschen Grundschulpädagogik oder Bildungspolitik« behauptet oder einfach vorausgesetzt habe, »daß der Computer die Lehrer verdrängen werde oder gar solle« (Handbuch S. 28), mag im ersten Teil (»deutsche Grundschulpädagogik«) stimmen. Der zweite Teil des Satzes (»Bildungspolitik«) stimmt nicht. Dutzende Male bin ich in den Anfängen des Computers erwartungsvoll nach dieser Möglichkeit befragt worden. Noch 1994 hatte DER SPIEGEL Visionen vom elektronischen Klassenzimmer, aus dem die Lehrer verschwunden sind: sich »vom heimischen Schreibtisch in das Computernetz der Schule einklinken. In einigen Jahren werden auch die Kinder von zu Hause aus an den Lektionen teilnehmen – die Kunstwelt Schule wird aufgebrochen«.[3] Und wo es noch Lehrer gibt, werden sie nicht mehr Lehrer sein, sondern »Organisatoren und Moderatoren« (Willi van Lück, ebenda S. 109). Diese »Prophezeiungen« her oder hin – gewiß ist, daß ich das Verschwinden der Lehrer nie behauptet habe. Ich habe lediglich die Vermutung aufgestellt, daß die »Lehrer-Person« eines Tages als eine »bedeutende didaktische Erfindung gepriesen werden« könnte (Die Schule neu denken, S. 68/69).

Wo Hartmut Mitzlaff mir zustimmt, behauptet er, ich renne »offene Türen ein« (Handbuch S. 28), zum Beispiel, wenn ich »auf die grundlegende Bedeutung sozialer Lernprozesse [verweise]«. Er meint aber eine Mahnung anfügen zu müssen: Dazu gehöre »eine offensive medienpädagogische Komponente, die sich der Medienwirklichkeit der Kinder zu stellen hat, anstatt in eine vorindustrielle Idylle zu flüchten« (S. 28). Sollte der Hieb auf mich gerichtet sein, ist's ein Lufthieb. Das wissen meine Leser. Die Bedeutung hingegen, die die Worte »medienpädagogisch/Medienpädagogik« hier haben, ist aufschlußreich: Nicht der Computer erzeugt, wie vorher und nachher und in den von mir kritisierten Beispielen behauptet, die »soziale Interaktion«, es muß offenbar eine kompensierende Anstrengung hinzukommen. Wie die aussieht, wüßte man nun gern.

Hartmut Mitzlaff macht wichtige Voraussetzungen, ohne zu zeigen, wo und wie die sich erfüllen: gute Software (S. 33), pädagogisch und didaktisch emanzipierte Lehrer (passim), eine »Neubestimmung der Allgemeinbildung« (Klafkis Forderung von 1993), die die neuen IK-Techniken »kritisch« einbezieht (S. 29). Ich halte ihm und seinen Mitstreitern unkritische, verengte, einseitige Auffassungen von der Verwendung des Computers vor – nicht, um ihnen Tatkraft und Mut zu rauben, sondern um sie von der Illusion zu befreien, ihre pädagogischen Bemühungen (um die Schule vom Typ C, um eine Verbindung von Tradition und Moderne, von Wagenschein und Internet) seien nur von rückwärtsgewandten, unkundigen, autoritären Miesmachern wie dem Hentig bedroht. Ihnen werden erhebliche Verführungen und Verstörungen, Fehldeutungen und Mißbrauch durch die »Sachverständigen« zu schaffen machen. Ist es unfair oder unverständlich, wenn ein alter Pädagoge jüngere Grundschullehrer davor zu warnen sucht?

Ich beginne ganz unten und ende ganz oben. »Interaktiv« und »kreativitätsfördernd« soll es zugehen. Auf einer Lehrmittelmesse habe ich eine Beschreibung eines Multimedia-Lernprogramms »Mathematik für Dreijährige« aufgelesen. Hier, was die Hersteller von ihm sagen:

> Im Fach Mathematik wird bereits für Dreijährige Bildendes angeboten – allerdings in altersgerechter Darstellung. Großvater Artur erzählt seinem Enkel, wie er einst zur See fuhr. »Sein« Schiff ging unter. Er wurde auf die »Zahleninsel« gerettet und dort von einer sprechenden Eins in die »Gruppenstadt« geführt.
>
> Da gab es Gruppen von Tassen, Hasen, Uhren, Bällen – die eine größer, die andere kleiner. Zu dieser gehörten mehr, zu jener weniger, zu noch einer anderen gleich viele. Jedesmal, wenn der Enkel richtig zeigt, in welcher von zwei Gruppen bei Gegenüberstellung mehr oder weniger oder gleich viele Gegenstände sind, steigt unter Klängen eine Rakete auf oder eine fliegende Untertasse. Und im neunstöckigen Hochhaus der Stadt lernt der Steppke Bild für Bild – vielleicht auf dem Schoß seiner das Märchen erzählenden Mama – spielend die Ziffern eins bis neun.

»Spielend« hat man das Motivationsproblem gelöst – und sehr »schulisch«! Für die nächste Altersstufe gibt es ein Geographie-Programm in der Form elektronischer Puzzles:

> Puzzles unterschiedlicher Schwierigkeitsstufen lassen Vier- bis Zwölfjährige mit diesem Super-Bat-Programm von swissoft »Die Welt in Rätseln« erleben. Spielend lernen sie ferne Länder kennen, typische Trachten, bekannte Gebäude, Wahrzeichen. Die Puzzles fördern optische Wahrnehmung, Konzentration, Phantasie und Kreativität. Zu jedem Puzzle gibt es einen informativen Kurztext über Land und Leute. Zeitbegrenzung sorgt für Spannung. Wer einen Sound Blaster oder eine Ad-Lib-Karte in seinem mit Grafik-

> karte ausgestatteten, IBM-kompatiblen Computer hat, kann die musikalische Untermalung dieser Reise in verschiedene Länder aller fünf Kontinente ganz besonders genießen. Die Farbenpracht der Bilder trägt dazu bei, Lernmüdigkeit gar nicht erst aufkommen zu lassen. Wenn die Kinder das Puzzle richtig zusammengesetzt haben, wartet eine kleine Überraschung auf sie.

Ein Programm zum Prozent- und Bruchrechnen behauptet frei von Gags zu sein. Gleichwohl:

> Der Lernende wird vom Programm durchgehend *persönlich mit seinem Vornamen* angesprochen. («Conny, leider falsch! Und so solltest Du rechnen: ...«) Kommentare des »Computerlehrers« zu Lernfortschritten und Lernverhalten sind farblich hervorgehoben ... Immer wieder wird zur selbständig vorzunehmenden Eigenkontrolle aufgefordert. ... Durch *Abarbeitungshaken* kann sich der Lernende jederzeit über seinen Lernstatus informieren. (Hervorhebung von den Autoren des Programms)

Die Bemühung, die Unterrichtswirklichkeit zu simulieren, die das Medium doch ersetzen will – Ansprache, Korrektur, Aufforderung, Rückmeldung –, sind so rührend wie kennzeichnend. *No further comment!*

Diese Beispiele haben mit »Medien in der Pädagogik« zu tun (also mit: Medien helfen beim Lernen), nicht mit dem, wovon dieser Abschnitt handelt: Medienpädagogik (also mit: Man lernt richtig mit den Medien umzugehen). Sie sollten veranschaulichen, welche Mentalität bei denen herrscht, die die Software liefern und damit bei Lehrern, Schülern und Eltern bestimmte Erwartungen und Haltungen auslösen. Diese werden den Vertretern der Schule C zu schaffen machen und vollends denen der Schule A. Wie es scheint, geschieht dies jetzt schon – die Lehrer beginnen gleichsam mit Anti-Programmen zu experimentieren. In dem zur Zeit der Niederschrift neuesten Heft der Zeitschrift »Pädagogik« (4/2001) wird ein noch in der Planung befindliches Programm vorgestellt, mit dessen Hilfe Schülerinnen und Schüler »Basiskompetenzen im Umgang mit den Medien« erwerben sollen. Aber schon die wiedergegebenen Absichten sind zu bescheiden – wie erst wird die Realisierung aussehen! Die Schülerinnen und Schüler sollen mit der Funktionsweise des Internet und der angeschlossenen Dienste »vertraut gemacht« werden. »Als Basiskompetenzen sind ... vor allem die Fähigkeiten zum Umgang mit Hyperlinks und zur Verwendung der E-Mail-Clients zu nennen.« Wieder geht man Fragen der dritten und vierten Ordnung nach: Man stabilisiert und perfektioniert das System, das man unbefragt und unbezweifelt hinnimmt. Medienpädagogik hilft, mit den Nöten umzugehen, die das Medium bereitet, zum Beispiel mit der Auskunftsfülle: Eine Suchanfrage zum Stichwort »Kafka« liefert bei Alta Vista 14 403 Treffer. Was tun? SiN (»Schule im Netz«) fragen! (An der Stelle würde ich nach alternativen Auskunftsmitteln zu suchen beginnen.)

Diese Art von Schadensbegrenzung setzt sich potenziert fort, je weiter man aufsteigt.

An der Eidgenössischen Technischen Hochschule (ETH) Zürich fand im Dezember 1998 eine Tagung zum Thema »Unterrichten mit Internet« statt. In zahlreichen Berichten aus der Schulpraxis und Unterrichtsforschung spiegelten sich die Erwartungen, Prioritäten und Probleme, die man zu, in und mit dem Internet hat. Zwei Dozenten von der Universität Sankt Gallen trugen beispielsweise Konzepte, Methoden, Einsatzszenarien vor, in denen zwei Vorzüge des »Internetbasierten Lehrens und Lernens« besonders beleuchtet wurden: die Förderung selbständigen Lernens und das Arbeiten im Team. Hier ihre Zusammenfassung:

> Das Internet kann dem Lehrer dabei als Informationsquelle und elektronische Bibliothek dienen und ihn bei der Suche nach aktuellen Informationen effizient unterstützen. Als Kommunikations- und Kooperationsplattform ermöglicht das Internet die Zusammenarbeit in vielfältiger Hinsicht: Schüler können miteinander schul- und landesübergreifend in Teams lernen ... Mit Hilfe einfach zu bedienender Web Design Tools ist es möglich, das Internet auch als Publikationsmedium zu nutzen, wovon viele Schulen bereits Ge-

brauch machen, um beispielsweise Schülerzeitungen zu veröffentlichen oder von Projekten sowie Schulereignissen zu berichten.[4]

Als Ergebnis ihrer Arbeit präsentieren die Dozenten »Lernzielorientierte Methoden« und »Teamzentrierte Methoden«. Zur ersten Gruppe gehören »Leittextmethode, WebQuests, Lernen mit Selbststudiummaterialien oder Tutorials, die dem Lernenden gewisse Freiräume, Interaktionen und Feedbacks erlauben«. Es heißt weiter:

> Der Lehrer tritt bei dieser Lernstrategie eher in den Hintergrund (indirektes Lehrerverhalten). Er übernimmt jedoch die Rolle eines »Facilitator«, der als begleitender Coach unterstützt und bei Problemen partiell Hilfestellung gibt. Ziel ist es, den Schüler sukzessive dazu zu motivieren, sich sein Wissen aktiv zu erarbeiten und zu konstruieren. Weitreichende Lernziele sind vorgegeben, innerhalb deren die Schüler anhand von Brainstorming Assignments und Online Tests unter Zuhilfenahme verschiedener Quellen, z.B. Online Textbooks, WWW Links, Präsentationsmaterial, selbständig Wissen erarbeiten und eigene Erfahrungen sammeln können.

Die Methoden der zweiten Gruppe »betonen die Arbeit in Gruppen, um zur kritischen Reflexion anzuregen und auch auf diese Weise zum Aufbau von Werthaltungen beizutragen«. Bei dieser nicht genauer dargestellten »Lernstrategie« stehe »die Entwicklung prozeßorientierten Wissens« im Vordergrund. Der Dozent, wieder in der Rolle eines Coachs, sorgt »für die metakognitive Entwicklung der Schüler ..., indem er gemeinsam mit dem Lernenden deren Lernstrategie und Gruppenprozesse reflektiert«.

Dies sind nicht gerade des Kaisers neue Kleider; wer so mit dem Internet arbeitet, steht nicht »nackt« da. Aber der Gewinn, den es bringt, ist sehr dürftig: Kein neuer Gegenstand, sondern der wohl älteste Hut der Verselbständigungs-Pädagogik, die Herstellung einer Schülerzeitung, wird »erschlossen« – und kein neues Verfahren. Die Selbststeuerung des Lernens ist von vorgegebenen Methoden, Materialien und besonderen *para-*

phernalia abhängig gemacht. Das Urproblem allen veranstalteten Lernens wird weitergeschleppt: die Motivierung, die auch hier »Ziel« bleibt und sich nicht sichtbar aus dem Internet speist. Fast alles wird sympathischerweise im Potentialis vorgestellt – »kann«, »ermöglicht«, »erlaubt« –, und das Wichtigste geschieht ganz ohne das Neue Medium: Der Lehrende reflektiert den Vorgang mit dem Lernenden. Mit Verlaub: Nichts von dem, was hier versprochen wird, ist durch IT sichtbar gefördert, aber alles ist noch einmal komplizierter geworden, noch einmal abhängiger vom Mittelsystem, noch einmal »schulischer«.

Die Probleme, deren Lösung man sucht oder gefunden zu haben meint, sind noch ernüchternder. Lukas Müller und Pierre Marville, beide Lehrer an Schweizer Schulen, haben E-Mail-Kommunikationsprojekte auf den Weg gebracht. Beim ersten geht es wieder um eine Zeitung, in der die Klasse »schülerrelevante Themen in verschiedenen Sprachen« präsentieren sollte. Dafür hatten die Schüler »weltweit Partner gesucht«, und zwar auf einem Schulserver in den USA. 23 Klassen aus allen Erdteilen haben sich gemeldet. Jeden Tag hat die Klasse aus deren Eingaben eine Zeitung im DIN-A4-Format hergestellt. Der Beobachtungsfokus der Lehrer war: Welche Schwierigkeiten traten dabei auf und wie haben die Schüler sie zu bewältigen gesucht?

Beim zweiten Projekt, in dem die Schüler E-Mail-Kontakte mit anderen Klassen aufnahmen, ging es um die folgenden zwei Probleme:

(1) Wie können SchülerInnen ihre Mails verschicken, ohne daß andere ihre Post lesen oder ungewollt löschen können und ohne daß die einzelnen BenutzerInnen am Computer Einstellungen verändern müssen? Vielfach hat man ja an einer Schule nur von einem Computer aus Zugang zum Internet.

(2) Wo kann man für jede Schülerin und jeden Schüler rasch und gratis eine persönliche E-Mail-Adresse einrichten? Der betreffende Mail-Server sollte einem dabei den Zugriff auf die Mails in einem Mail-Programm erlauben, damit Telefonkosten gespart werden können.

Die Antwort auf das erste Problem:

> Mit der Freeware-Version von Eudora kann über eines oder wenige Geräte mit einer Diskettenlösung gratis, ohne aufwendige Soft- und Hardware-Lösungen und sehr komfortabel von vielen Besitzern/Besitzerinnen gemailt werden.

Die Antwort auf das zweite Problem:

> Es ist möglich, im Internet mit geringem Aufwand E-Mail-Adressen herzustellen, welche den obenstehenden Kriterien genügen. Die Adresse eines Servers, der dies erlaubt: www.gmx.de.

Was also geschieht? Ein Unterrichtsmittel erzeugt Umstände (die man ungern als Probleme bezeichnet), und nun befaßt der Lehrer nicht nur sich damit, sondern auch seine Schüler. Ich habe es immer gewußt: Die Schule hat nicht zu wenig, sie hat offenbar zu viel Zeit.

Sind vielleicht nur die Mittelsysteme noch nicht weit genug fortgeschritten? Ich habe Wolfgang Wahlsters Bericht zum Stand der Sprachtechnologie erwähnt (oben S. 176). Er versprach darin, »automatische Informationsextraktion« und »Zusammenfassung von Texten und Dialogen« würden zu »etablierten Technologien«. Natürlich sah er sie als begehrenswerte Errungenschaften an. Auf mich wirkt dies wie Entmündigung. Ich habe Griechisch und Latein gelernt, damit ich selber Platon und Tacitus lesen kann und nicht ein – von wem eigentlich? – verfertigtes Exzerpt.

»Jeder Bürger kann zu jeder Zeit von jedem Ort mit jedem interagieren« – ein Alptraum!

»Das Lesen wird an Bedeutung verlieren, da personalisierte Zeitungen und Bücher verfügbar sein werden und E-Mails und Webinhalte automatisch gefiltert werden« – man muß also weniger »irrelevante Texte lesen«. Wiederum: Wer bestimmt hier, was relevant ist, was mir wichtig sein könnte? Die gesamte Zensur aller Diktaturen ist nichts gegen diese technische, also für harmlos gehaltene Bevormundung!

»Natürlichsprachliche Mensch-Computerinteraktion« wird als unmittelbare Folge des in den letzten zehn Jahren gemachten wissenschaftlich-technischen Fortschritts hingestellt.

Ich glaubte zunächst, aus dieser Neufassung von »Das allmähliche Verschwinden der Wirklichkeit« das große Mißverstehen weglassen zu können, dem Weizenbaums ELIZA begegnet ist. Nein, seine Geschichte ist mit zunehmender Computerisierung noch wichtiger geworden – auch für Lehrer. Weizenbaum hatte ELIZA erfunden, einen Computer, der natürliche Sprache verarbeitet – mit dem man sich also unterhalten kann. Mit Entsetzen schildert Weizenbaum in seinem Buch *Computer Power and Human Reason*[5], wie die Menschen – Wissenschaftler und Laien – seine ELIZA und zumal eines ihrer Programme, DOCTOR, mißverstanden haben und worauf das beruht (S. 3–10). ELIZA besteht aus zwei Teilen, einem Aggregat zur Analyse der sprachlichen Eingabe und einem aktualisierbaren Antwortrepertoire, einer Art offenen Rollenskripts, das je nach der angenommenen Situation eingelegt wird: Gespräch über das Kochen von Frühstückseiern oder beim Einlösen eines Bankschecks oder beim Besuch des Psychotherapeuten. Das zuletzt genannte Programm mit Namen DOCTOR nennt Weizenbaum eine »Parodie« eines ersten Gesprächs einer Patientin mit ihrem Therapeuten, in dem dieser – er stammt offenkundig aus der Rogers-Schule – vornehmlich ihre Äußerungen mit einem Air von Nachdenklichkeit und Aufmerksamkeit zurückgibt:

P.: »Mein Freund hat mich veranlaßt, herzukommen.«
D.: »Ihr Freund hat Sie veranlaßt, herzukommen?«
P.: »Er sagt, ich sei so depressiv.«
D.: »Es tut mir leid zu hören, daß Sie depressiv sind.« usf.

Der Computer ist schlicht mit einer Masche programmiert.

Zu Weizenbaums tiefem Schock glaubte nun eine Reihe von angesehenen praktizierenden Psychotherapeuten ernstlich, hiermit sei eine neue Ära für ihre Zunft angebrochen. In der Zeitschrift *Natural History* (LXXXIV, 1/1975, S. 10) schrieb ein Arzt und Rezensent über Weizenbaums Erfindung:

> In einer Zeit, in der mehr und mehr Menschen in unserer Gesellschaft psychiatrische Hilfe aufsuchen, kann ich mir ein Netz von psychotherapeutischen Computer-Terminals vorstellen – eine Ansammlung von Telefonzellen gleichsam, in denen die Patienten für wenige Dollar pro Stunde mit einem aufmerksamen, getesteten und weitgehend *non-directive* Computer-Psychotherapeuten reden können. (Weizenbaum 1976, S. 5)

Wer geglaubt hatte, eine Psychotherapie werde von allen Seelenärzten als eine Art persönlicher Mitarbeit an den Leiden des Patienten verstanden, der erfuhr es nun anders.[6] Dr. Colby et al. schrieben in ihrer Fachzeitschrift:

> Ein Therapeut läßt sich als ein *information processor*, ein Informationsverarbeiter, und decision maker, eine Entscheidungsinstanz mit einem begrenzten Satz von Regeln für die Erreichung von kurzfristigen und langfristigen Heilzwecken auffassen. (Weizenbaum 1976, S. 6)

Und die Patienten sind bereit mitzumachen! Weizenbaum schildert, wie sich die Besucher seines Instituts im Gespräch mit ELIZA erregten und die Maschine wie einen Menschen behandelten – wie umgekehrt die Therapeuten sich und ihre Rolle als Maschinen zu verstehen bereit waren. Hatten die Besucher ihre ersten Sätze mit dem Computer gewechselt, wurden sie nervös wegen der Anwesenheit des Menschen Weizenbaum und baten ihn, das Zimmer zu verlassen.

Daß dies alles möglich ist, obwohl ELIZA in erster Linie erdacht worden war, um zu demonstrieren, was Sprache ist, wie Verständigung funktioniert und wodurch sie nicht ersetzt werden kann, hat Weizenbaum gründlich skeptisch gemacht – über den »Besen«, den er da zum Wassertragen in die Welt gesetzt hatte. Sein Buch führt den Untertitel »From Judgement to Calculation«, also vom menschlichen, verantworteten Urteil zur objektiven, der Verantwortung nicht bedürftigen Berechnung. Diese Bewegung ist eine geheime und mit der Komplexität der geforderten Entscheidungen ständig wachsende Sehnsucht des Menschen, der der Computer verführerisch und verhängnisvoll entgegenkommt.

Aber wer nur weiß, was der Computer sagt, kann dies nicht prüfen; er kann nicht einschätzen, ob die Antwort genügt oder wichtig ist; Irrtum oder Betrug kann er nicht einmal ahnen. Eine Verkäuferin, die nicht rechnen kann, sondern nur die Tasten ihrer elektronischen Kasse bedienen, glaubt, was die Leuchtschrift und der Kassenbon sagen – kein Zweifel kommt auf über eine gänzlich unwahrscheinliche Ziffer; diese ist etwas, was man liest, und nicht etwas, was man denkt. In einem großen Geschäft mag dies eine nützliche, die gemeinte Verwendung des Computers sein. Das Risiko, daß er sich verrechnet, ist ungleich geringer, als daß die Verkäuferin es tut; er arbeitet schnell, ist unbestechlich und erlaubt ihr, auf anderes zu achten, beispielsweise auf freundliche Behandlung des Kunden: Sie lächelt ihn an, während die Kasse rechnet. Aber in der Schule wäre eine solche »Entlastung« auf Kosten des Verstehens unsinnig. Hier soll man Verstehen lernen.

3
Die Erziehungseinrichtung Familie – und der Schrott

Neil Postman behauptet, daß die Kindheit verschwinde[1], jene Zeit und Zone, die in der Geschichte vornehmlich dadurch entstanden ist, daß die Tätigkeiten der Erwachsenen ein bestimmtes Wissen sowohl forderten als auch gaben, das Kindern im doppelten Sinn unzugänglich war. Dieses Wissen war den Erwachsenen gemeinsam, bezeichnete ihren Status und wurde zu dessen Sicherung dem Nichterwachsenen kunstvoll vorenthalten, auch als jenes Wissen unter ihnen nicht mehr gemeinsam war. Heute ist ihre berufliche Arbeit auf hochspezialisierte Tätigkeiten reduziert, über die sie auch untereinander nicht verständlich reden können; in ihrer Freizeit treiben sie Dinge, die sie mit ihren Kindern ebensogut teilen könnten wie mit ihresgleichen; die Erfahrung von »der Welt« kommt für alle aus zweiter Hand über die Medien und fordert weder Geld (es liegt im Interesse der Sender, daß die Sendung gesehen wird; sie würden, ginge es an, den Zuschauern fürs Zuschauen auch noch zahlen!) noch Vorkenntnisse noch daß man Verantwortung übernimmt. Ja, die Kinder können sich den Medien ausgiebiger widmen als die meisten Erwachsenen, weil sie keiner Erwerbstätigkeit nachgehen müssen. (Einen Beruf haben sie dagegen auch. Sie sind Schüler, womit ihre weitere Lebenslaufbahn beginnt.)

Es gibt Leute, die dies begrüßen. Ich habe Gründe, es – um der Kinder und um der Gesellschaft willen – zu beklagen. Man lese nach, wie Rousseau begründet, warum die Natur den Menschen bei der Geburt zunächst ohne »raison« (Verstand/Vernunft) ausgestattet habe: Sie zwinge ihn auf diese Weise, seine

Organe und Sinne auf seine Erfordernisse hin auszubilden und in diesem Prozeß die den Menschen auszeichnende Erfahrungsmöglichkeit zu erwerben, also seine eigene Veränderung = das Lernen zu lernen und dabei sich selbst und seine Chancen und Grenzen zu erproben. Der Mensch kann sich folglich immer neuen Lagen anpassen; er kann das Gelernte ansammeln und weitergeben, eine Kultur schaffen. Er hat, so sagen die modernen Anthropologen, nicht nur eine Umwelt wie die anderen Lebewesen, sondern eine Welt. Und er *hat* sie, weil er sie sich *erwerben* muß. Mehr noch: Er kann und muß auswählen, was die nächste Generation ihrerseits erfahren soll. Er prüft die eigene *tra-ditio* = Weitergabe. Und bei dieser Prüfung, in der Auseinandersetzung über sie, im Auswahlprozeß, wird die stattgehabte Veränderung bewußt, wird der *cultural lag* geschlossen oder offenbar. Nur eine Gesellschaft, die erzieht, versteht sich selbst.

Was für eine Welt hat ein Kind, dem lauter fertige Bilder – ohne Eingriffs- und Probiermöglichkeit (oder mit nur vorgespielten), ohne Ich und Du, im Zeitmaß einer Unterhaltungssendung – vorgeschüttet werden? Wo und wie lernt es außer in dem Teil des Hirns, in dem die Bilder gespeichert werden? Und was hat es damit gelernt, welches Bild macht es sich von den Bildern? Wird ein junger Mensch nicht eine gänzlich falsche Einschätzung von Gewalt oder Arbeit oder Ruhm oder Geld oder Liebe oder Not haben, die er in lebhaften und leibhaften Bildern vor sich gesehen, aber weder an sich erfahren hat noch in einem Begriff fassen kann, der doch nichts als der Umriß, die Ordnung von Erfahrung ist? Die Wirklichkeit weicht vor dieser dramatisch inszenierten Ersatzwelt zurück – objektiv und subjektiv. Einen Garten wird dieser junge Mensch nicht mehr umgraben, ein Feuer oder ein großes Tier nicht hüten, einen Kranken nicht trösten, seine Leistung nicht zum Markte tragen müssen und aushalten, daß die eines anderen vorgezogen wird. Aber auch den Blick aufs Meer und vom hohen Gipfel hat er getan, den Löwen im Zirkus und den Star auf der Bühne, den Glasbläser und Oberammergau hat er »gesehen«, bevor er sie gesehen hat; mit Hannibal und Old Shatterhand ist er bekannt, bevor er einen einzigen Schritt in die Geschichte getan, einen einzigen Blick auf die Weltkarte geworfen hat; Sexualität und Rausch und Abenteuer, die er eines Tages erlebt, sind nur Kopien von starken oder lediglich grellen Vor-Bildern auf dem Bildschirm.

Das wundersamste *hidden curriculum* der alten Schule, nämlich daß nur die Erkenntnis oder Fertigkeit befriedigt, die man sich aneignet, daß die Freude des Gelingens sich an der Größe des überwundenen Widerstands messen läßt, daß, wie streng auch immer »sie« etwas verbieten oder verhüllen, man es doch herausbekommt – dieses »geheime Lehrpensum« hat ausgedient, kann gar nicht mehr wirken, auch wenn sich die Lehrer wieder darum bemühen. »Ich bin voll, ich kann nichts mehr behalten«, sagt mir einer meiner kleinen Lateiner und er sagt es für sie alle. Was sie aufnehmen, entfällt ihnen sofort wieder. Die didaktischen Künste der Lehrer sind raffinierter geworden; sie bringen die Kinder dazu, sich selbst Aufgaben zu stellen und durch *trial and error* zu lösen; sie »machen Projekte«, bei denen richtige Dinge, konkrete Ergebnisse, reale Erfahrungen herauskommen und die nicht nur Erfolg haben können, sondern auch schmerzlich scheitern. Warum ist die Schule trotzdem »langweilig«? Die Unlust nistet in dem Bewußtsein: Diese handgebastelte Sache hat mit der »Wirklichkeit«, für die sich die Erwachsenen interessieren, nichts zu tun. Das ist *kid-stuff*, Kinderkram für Kinder veranstaltet und von ihnen durchschaut. Mit den Produkten, Daten, Ereignissen »da draußen« kann sich das nicht messen. Die Schüler machen trotzdem willig mit, weil sie gern miteinander sind und weil ihre Lehrer freundlich mit ihnen umgehen. Ihre Schule, das sind die Menschen in der Schule. Jedenfalls für die mittleren Jahrgänge zwischen elf und fünfzehn sind die »Gegenstände« der Schule bestenfalls ein geduldeter Vorwand. Was die Welt betrifft, die sie später irgendwann erwartet, da hat sie die für den Bildschirm inszenierte Wirklichkeit insgeheim entmutigt: So wichtig, so spannend, so »toll« wird mein Leben nie sein! Einzelheiten regen sie zur Nachahmung an: Gesten, Redewendungen, Fahrweisen, ein Tick aus einer Person und ihrer 90-Minuten-Story herausgeschnitten. Bei Serien kann es tiefer gehen. Die Unterhaltungen der Vierzehnjährigen über »Matlock« oder »Unser Charley« oder »Players« oder »Die unheimlichen Besucher« zeigen, was junge Menschen dabei lernen (wollen), Dinge, die wir an Schneewittchen, Aschenputtel und Marienkind gelernt haben, und sehr viel früher. Ihnen begegnen sie nun im Gewand neureicher Hysterien und Schurkerei – Stereotypien statt Archetypen. Die Zehn- und Elfjährigen kommen am Montag »geschafft« in die Schule, um sich von den vier Schicksalen auszuruhen, die sie am Sonntagnachmittag und -abend durchgemacht haben: Altes Rom, Kung-Fu, Wilder Westen und Tatort. Kein Wunder, wenn sie über eine einfache Schreibarbeit glücklich sind und unfähig, weitere »Gegenstände« aufzunehmen.

Kein Wunder auch, wenn diese und ältere Kinder fast keinen Satz zu Ende reden, die Anstrengung, ihre Gedanken so einzuteilen und so zu ordnen, daß sie in eine rudimentäre Syntax passen, nicht aufbringen. Ihre Gedanken sind keine Gedanken, sondern Bilderkaskaden, Meinungsstrudel, Worthülsen, in der verräterischen Sprache meiner Zunft: Interaktionsmuster. Am Ende macht sich ihr Mitteilungsdrang in wilden Gesten und Comic-Lauten Luft.

Die alten Kulturen kannten nur eine pädagogische Einrichtung: die Erwachsenen. Von der antiken Polis bis zur *neighbourhood* in den Slums, die Jane Jacobs beschreibt, gab es eine gemeinsame öffentliche Verantwortung der Alten für die Jungen, sobald sie auf den Straßen und Plätzen erschienen. Der Bürgersteig war die Schule zum Bürger – im Haus, in der Familie wurde man darauf vorbereitet.

Nicht erst die Neuen Medien haben diese Verhältnisse verändert, aber sie haben die Veränderung besiegelt. Die Aufteilung – die Familie erzieht, das heißt: sie übt die Haltungen ein, die Schule bildet, das heißt: sie ordnet die Vorstellungen – gilt seit der Einführung der Schulpflicht. Die Grenzen zwischen den beiden Bereichen waren in der Praxis fließend, in der Theorie aber gut zu erkennen. Die Eltern bemühten sich, ihren Kindern gerade auch solche Haltungen beizubringen, die das Lernen in der Schule erleichterten; die Schule ihrerseits lehrte die sittliche Bedeutung der Familie. Beide zusammen sorgten für die Abtrennung der Kindheit vom Erwachsensein – von seinen Privilegien, seinen Machtmitteln, seinen Geheimnissen.

Diese Abtrennung ist durch die Medien – zuerst das Buch, dann das Radio und schließlich das Fernsehen und den Computer – beendet. Postman hat dies beschrieben, als es längst geschehen war, und hat die Welt immer noch überrascht, so sehr beherrschen uns unsere Vorstellungen.

In diesem Abschnitt will ich die Darstellung der Probleme, die uns dadurch beschert werden, nicht wiederholen. Ich konzentriere mich auf die fünfte der sechs Fragen, mit denen Postman sein Buch schließt: »Gibt es soziale Institutionen, die stark genug und engagiert genug sind, sich dem Niedergang der Kindheit zu widersetzen?« (S. 168) »Niedergang« meint eben das »Verschwinden«, die Auflösung des Unterschieds zwischen Kindheit und Erwachsenheit. Die Schule beruht selbst auf diesem Unterschied. Sie wäre somit die gesuchte Institution. Aber sie leidet nicht nur an einem deutlichen Autoritätsverlust – den vor allem macht Postman aus –, sie stellt mit den angeblich Selbständigkeit fördernden Medien das Kriterium der Erwachsenheit zur Disposition. Der Erwachsene ist der Selbständige. Selbständigkeit aber wird keine Tugend mehr sein, die man sich mit Anstrengung erwirbt, weil man ohne sie nichts erreicht – man wird sie als gegeben voraussetzen; die Apparate werden sie uns schenken; ja, sie werden sie vor allem den Kindern schenken, die »ein so unbefangenes Verhältnis« zu ihnen haben.

Ich blicke von der Bildungseinrichtung Schule aus, mit der ich mich in diesem Buch fast ausschließlich befaßt habe, einerseits zurück auf die Erziehungsinstanz Familie und andererseits auf die s.v.v. »pädagogische Instanz«, die ich »aufgeklärte Öffentlichkeit« nenne.

Was kann und was soll die Familie in der Neue-Medien-Welt tun? Ich lasse einen Amerikaner für mich antworten, dessen Bericht über das Aufwachsen seiner beiden Söhne ich vor Jahren im New Yorker gelesen und für die Neue Sammlung ins Deutsche übersetzt habe.[2] Hier die einschlägigen Passagen, in denen er seine Beobachtungen, Empfindungen und Gedanken zu dem »Schrott« schildert, den die pädagogische und unpädagogische Industrie in Amerikas Kinderstube kippt. Er hat den Aufsatz aus Anlaß des im Telecommunication-Act vom Anfang des Jahres 1996 vorgesehenen V-Chip geschrieben. Diesen können die Eltern in die Fernsehgeräte (vom Baujahr 1998 an) einführen und dadurch Programme blockieren, die ihre Kinder nicht sehen sollen. Er weiß wie seinesgleichen New Yorker Intellektuelle, daß der Chip ihnen keine Erlösung von ihren Nöten bringen wird und schon gar keine Lösung des pädagogischen Problems. Wie kann man etwas bekämpfen, was man selber oft genug genießt? Würde man, umgekehrt, das Fernsehen und seine elektronischen Geschwister ganz aus dem Haus und dem Leben der Familie bannen, wäre das mittelalterlicher Fundamentalismus mit noch heikleren Folgen für das Zusammenleben der Kinder mit ihrer kleineren und größeren *community.*

> Max, mein älterer Sohn, der jetzt gerade 13 geworden ist, hatte früher einen dicken grünen Teppich in seinem Zimmer, ein geflochtenes und mit Troddeln versehenes Stück, das meine Frau von den Vormietern unserer West-End-Avenue-Wohnung geerbt hatte. Als Max fünf oder sechs Jahre alt war, verbrachten wir oft Stunden damit, auf dem Teppich kniend, seine Spielsachen aufzuräumen. Da unten, im weichen Grün, dachten wir über seine Erziehung nach: welche Wertvorstellungen ihm das alles wohl eingebe. Pfennigstükke, Gummibänder, Heftklammern, Murmeln, Erdnußschalen, schmutzige Socken, Spielsoldaten, Holzklötze, Buntstifte, Klumpen von irgendwelchen synthetischen Massen – eine Kinder-Bouillabaisse, ein eingedicktes Gebräu aus Plastik und Metall, zusammengehalten durch einen zotteligen Teppich. So sieht die Landschaft eines amerikanischen Kindes heute aus.
>
> Eines Tages war der Teppich mit Hunderten von Plastikteilen übersät. Ich saß mittendrin – überwältigt. Ein Freund von Max war herübergekommen, und die Jungs hatten ganze Kisten voller Spielsachen auf den Boden geschüttet. Lego, natürlich, ..., aber auch Exemplare von diesen Teenager-Mutanten Ninja Turtles oder von

He-Man und Skeletor, Figuren mit beweglichen Gliedern, dazu ältere Puppen aus der Sesamstraße und aus anderen Serien, die ich nicht kenne. Auf dem Boden Plastiktrümmer von – nein, nicht eigentlich Spielsachen, sondern – Spielzeugsystemen, wie sie auch im Fernsehen oder im Kino oder in beidem vorkommen, mit »Anschlüssen« zu Computerspielen, Comics, normalen Kinderbüchern, Kleidungsstücken und Cornflakesschachteln. Jeder Teil des Spielzeugsystems hatte geholfen, den nächsten zu verkaufen, und so war der Phantasieraum von Max von Requisiten buchstäblich bis zum Horizont verrammelt. Ich las, wie von ungefähr, einen der Superhelden vom Teppich auf und drehte ihm den Arm aus.

Zu meiner eigenen Überraschung bin ich geneigt, den V-Chip zu begrüßen, oder ihn doch wenigstens nicht abzulehnen ... Viele Eltern haben eine ähnliche Einstellung wie ich, und von ihnen sind nicht wenige überrascht, wie tief ihr Unbehagen und oft genug auch ihr Unglücklichsein hierüber – über das Plastikzeug auf dem Teppich – geht. Sie sind aufgebracht, in welchem Maß die Pop- oder Massenkultur mit ihren verschiedenen Ausgeburten in ihre Häuser, in die Gewohnheiten, in das Benehmen, in die Seele ihrer Kinder eingedrungen ist ...

In den letzten zwei Jahrzehnten hat die Pop-Kultur gesiegt; von wenigen Nischen abgesehen hat sie allen Widerstand aus dem Feld geschlagen. Sie hat die älteren, »höheren« Künste in sich verschluckt oder an den Rand gedrängt; sie hat die Schule gedemütigt; sie schreibt der gesamten Gesellschaft die Tonart vor. Die Kinder leben in ihr – und die Eltern tun es auch, was die Sache so verwirrend macht ...

Auch Eltern, die Spaß an der Pop-Kultur haben, reagieren mißtrauisch und verletzt, wie wenn jemand sie zum Narren gehalten habe. Einige Eltern unter meinen Bekannten haben sich in bitteren Zorn gesteigert und verbeißen sich in die aussichtslose Anstrengung, die Pop-Kultur und das Leben auf der Straße – die nicht mehr voneinander zu unterscheiden sind – aus dem Leben ihrer Kinder herauszuhalten. Aus Furcht und Liebe und wohl auch geistigem Ehrgeiz sind sie zu autoritären Wächtern geworden, die das Fernsehen und alle möglichen Arten von »ungeeigneten« Filmen aus der Kinderstube verbannen. (Es gibt soviel zu verbieten – eine ganze Kultur, wenn man's genau nimmt!) Und indem sie dies tun, geben sie dem Verbotenen Glanz und die Anziehungskraft des Gefährlichen; sie riskieren, ihre Kinder von deren Freunden zu isolieren und zu Fremdlingen in der elektronischen Welt der Zukunft zu machen ...

Uns allen ist Entscheidungsfreiheit wichtig. Es könnte freilich sein, daß unsere Kinder – zu unserem Kummer – eine freie Entscheidung, in der Pop-Kultur zu leben, gar nicht mehr haben. Für viele von ihnen ist Pop nicht mehr einfach ein Teil der Wirklichkeit – eine Fülle von Ablenkungen, guten oder schlechten, glänzenden oder schwachsinnigen –, sondern der eigentliche Boden der Wirklichkeit. Die Gefahr besteht nicht darin, daß ein Kind gelegentlich Bildern von Gewalt oder obszönen Handlungen ausgesetzt ist, sondern daß wir eine schäbige, unwürdige Kultur hinzunehmen bereit sind, in der alles seinen Wert verliert – eine Schattenwelt, in der unsere Kinder Gift einatmen und nicht wissen, was reine Luft ist. Sie werden zu Medienverbrauchern, bevor sie eine Person geworden sind ...

In Wahrheit sind unsere beiden Buben weit davon entfernt, fernsehsüchtig zu sein. Aber sie meinen, wie die meisten amerikanischen Kinder, ihnen stünde ein gewisses Maß an Fernsehen, Videospielen und Kinofilmen zu. Diese Freuden gehören gleichsam zu ihrem Territorium: Medienverbrauch ist eines von den Dingen, denen Kinder eben nachgehen ...

Die Pop-Kultur nimmt nicht die ganze Zeit meiner Söhne ein. Die Schule gibt ihnen viel zu tun. Sie lesen, wenn auch nicht soviel, wie wir Eltern gerne hätten. (Wir lesen ihnen auch vor und erzählen ihnen laufend Geschichten oder aus der Geschichte.) Sie spielen Basketball, sind mit ihren Schneebrettern unterwegs, legen alle möglichen Sammlungen an, schließen überall Freundschaften; Max hat sich aufs Rollschuh- und Fahrradfahren verlegt, Thomas spielt Klavier. Wenn wir Toscaninis Siebente Symphonie von Beethoven auflegen, springen und wirbeln sie durch das Wohnzimmer und setzen die Möbel in Bewegung. Sie kommen mir ausgefüllter und aktiver vor, als ich selber mit neun oder dreizehn war. An ihrer intensiven Hingabe an Pop ändert das nichts.

Es kommt vor, daß Max sich am Samstag, wenn er zu Hause ist, oder in den Ferien sofort nach dem Aufstehen an den Computer macht und dort, ebenso unbekümmert um die wiederholte Aufforderung zu frühstücken wie um die Schale von Cornflakes, die wir ihm schließlich unter die Nase setzen, die Kriegs-Strategie-Filme spielt, die er gegenwärtig so liebt: *Cäsar II* im alten Rom zum Beispiel oder *Warcraft,* bei welchem der Spieler, im Auftrag der Humans, Festungen, Städte, Bauernhöfe, Mühlen baut – alles, um die unsäglichen Orcs zu schlagen, kleine eifrige Wesen, die von allen Seiten her angreifen und ängstliche Schreie ausstoßen, während sie in die Unterwelt geprügelt, gestampft, gefeuert, bombardiert werden. (Kinder mit perversen Anwandlungen können sich auf die Seite der Orcs stellen; es können auch zwei Kinder auf beiden Seiten gegeneinander kämpfen.) *Warcraft* stellt einen gewaltigen Komplexitätsfortschritt gegenüber den »Baller-Spielen« wie *Wolfenstein 3-D* oder *Doom* dar, in denen der Spieler durch dreidimensionale Gänge eilt und endlose Angreiferscharen niedermäht. (In *Wolfenstein* tötet man am Ende Hitler, nach dem man alle SS-Leibwächter umgebracht hat; ich habe das Spiel selber gespielt – nicht ganz ohne Vergnügen.) In *Warcraft* avanciert der Spieler, nachdem er eine bestimmte Schlacht gewonnen hat, auf eine höhere Ebene und wird dort vom Erzähler persönlich begrüßt. Dieser spricht eine pompöse mittelalterliche Sprache, die sich vom Kaiser/Emperor in der *Star-Wars*-Trilogie in viele Gegenden der Kinderkultur ausgebreitet hat: »Gewaltige Heerscharen der Orcs haben das Dunkle Tor wieder errichtet und setzen nun dem Land Niedergard mit Belagerung zu«, sagt der Erzähler ...

Danach kann es sein, daß Max Freunde besucht oder im nächsten Burger King sein Lunch ißt, wo er einen Double Whopper und eine Coke bestellt und (hoffentlich) die Gratis-Puppen und andere Lockmittel für den *Glöckner von Notre Dame* übersieht. Danach werden sich die Jungs vermutlich in eine Special-Effects-Orgie wie *Mission Impossible* locken lassen. Später werden sie im Park Basketball spielen (Baseball liegt außerhalb der Wahlmöglichkeiten eines Media-Kids) oder im Haus herumlungern und (wenn wir es erlauben) fernsehen oder sich ein Leih-Video »reinziehen«. Während die Kinder auf den Bildschirm starren, schieben wir ihnen Teller mit rohem Gemüse und gebratenem Huhn zu, von denen sie eine Probe nehmen und dabei dauernd Chips, Fritten oder Pop-Tarts verlangen. Und so geht es bis in die Nacht. Wir greifen gelegentlich ein, zerren Max von seinen Freunden weg. Aber wenn wir unserer Arbeit nachgehen und nicht eingreifen können, verbringt er seinen ganzen Tag mit *junk,* Schrott aus den Medien, einschließlich der Mahlzeiten – einen Tag mit Spaß, Freunden und vielleicht gesteigerter Aufmerksamkeit, aber mit wenig anderem ...

Irgend jemand wird jetzt sagen: »So war das doch immer!«, und damit meinen: daß in den Augen jeder Elterngeneration die Generation ihrer Kinder sich mit Dingen abgibt, die ihr nicht guttun. In den 60er Jahren des vorigen Jahrhunderts wuchsen die New Yorker Kids in einer rauhen Stadt auf – mit Gangs, Prostituierten und Gewalt in den Straßen –, und die meisten von ihnen waren mit so schrillen und unaufgeklärten Vergnügungen vertraut wie Hahnenkämpfen und Boxen ohne Handschuhe ...

In den neunziger Jahren schlägt Schlimmeres auf die Kinder ein als Comics, aber wir können Warshow zustimmen, daß Kinder bei keiner Sache lange verweilen. Die Computerspiele und Fernsehsendungen zum Beispiel bahnen den Weg zu ihrer eigenen Verwerfung; sie machen die Kinder ungeduldig, und diese Ungeduld richtet sich gegen sie selbst. Kinder stürzen von einem Wunsch in den nächsten und verlassen schnell *Loony Tunes* für *Superman, Superman* für *MacGyver, MacGyver* für *The Wonder Years, The Wonder Years* für *Wolfenstein, Wolfenstein* für *Sim City, Sim City* für *Myst, Myst* für *Doom, Doom* für *Doom II.* Nichts hält lange vor. Die Ratlosigkeit, die auf jeder Station dieser Via Dolorosa erzeugt wird, läßt keine Hingabe für irgend etwas entstehen. Das Kind zieht weiter und zieht schließlich aus: Es verläßt den Medien-Tunnel am anderen Ende – noch immer unbefriedigt.

Meine Jungens scheinen gleichwohl nicht wirklich in Schwierigkeiten zu sein. Sie können, wenn es um moralische Fragen geht, Entschlossenheit und Ernst zeigen; sie stehen für ihre Freunde ein und für die Schwachen. Ich denke, es ist nicht wahrscheinlich, daß sie gewalttätig werden oder Verbrechen begehen (die Vorteile des Anständigbleibens sind zu offensichtlich), und wenn sie einmal aus der Bahn geraten, wird man ihnen, wie den meisten Upper-middle-class-Kindern eine zweite Chance geben, ja, auch eine dritte – und sie werden in Ordnung und durchkommen. Aber um den Preis welcher Schädigungen auf dem Weg dahin?! Das ist eine erbärmliche Frage. Sozialwissenschaftler haben sich doch um harte Kriterien bemüht und Experimente entworfen, mit deren Hilfe man die Wirkung von Gewaltdarstellung auf Kinder messen kann! ...

Es bedarf keines wissenschaftlichen Nachweises eines direkten Einflusses der Medien auf Kinder, um uns gegen die Brutalität und den schäbigen Konformismus aufzubringen, mit denen die Pop-Kultur unseren Kindern zusetzt und sie verschlingt. Wenn Kinder in der Pop-Kultur leben, die zu einem großen Teil häßlich und dumm ist, dann ist das Wirkung genug. Der Unflat als solcher ist beleidigend.

Mögen die Spiele und Sendungen je für sich wenig Schaden anrichten, wenigstens keinen, der nicht wiedergutzumachen wäre – alle zusammen freilich, da bin ich nicht sicher. Auch wenn der Charakter eines Kindes nicht durch eine einzelne Fernsehshow, durch einen Film, ein Video- oder Computerspiel geprägt wird – der unablässige elektronische Sturmangriff muß Spuren hinterlassen. Die Kinder werden erwachsen – aber sie werden Spötter. Spötter aus Überfluß. Sie lernen und wissen, daß in den Medien alles zum Wegwerfen ist; im Fernsehen ist alles nur für den Augenblick; es ist »nur Fernsehen«. Die Kinder sagen das in dem abschätzigen Ton, der ausdrückt: Nichts ist eben wirklich wichtig. Auf solche Weise von ihren ersten Tagen an mit Täuschung und Schein abgefertigt, werden heutige Kinder wohl nie hinreichend gegen ein System der Schmeichelei und Beschwichtigung gerüstet sein, das ihre Unsicherheiten zudeckt und ihr Ego aufbläht. Mit fünf oder sechs sind sie auf den Markt gezerrt worden. Dort werden sie zu Käufern gemacht, nicht zu Bürgern ...

Ich habe eben ein dreijähriges Mädchen erlebt, das die Namen der Personen im »Glöckner von Notre Dame« hersagte, noch bevor der Film angelaufen war. Disney hat schon Besitz von ihr ergriffen. Diese Pop- oder Massenkultur hat auch die Widerstandskräfte, die einst mit der Avantgarde und den Minderheitenkulturen assoziiert waren, absorbiert und aus einst tapferen Gesten leere Gesten gemacht; Unzufriedenheit kann man kaufen; die Jugendlichen legen sich einen nervösen Mach-mich-nicht-an-Ton zu als Zeichen ihrer

Unabhängigkeit. Eine höhnische Art zu reden breitet sich wie ein Ausschlag in der ganzen Kultur aus. Sie schüchtert ein, und sie seift ein ...

»Zeig Flagge!«, sage ich zu mir selbst und mißbillige und verbiete. Aber Haltung allein gibt noch keinen Halt. Die Gewalt wird in einer Weise vermarktet, die die Eltern alsbald zur Abwehr mobilisiert: Jim Carrey, dem – Film um Film – das Ketchup aus den Ohren kommt; oder Sylvester Stallone, der die Bevölkerung von ganz Cleveland mit dem Maschinengewehr niedermäht; oder Spielhöllen, in denen das Geballere lauter ist als die Schlacht an der Somme. »Beavis und But-Head« ist eine schlaue Sendung – sie mokiert sich über die hirnrissige Teen-Kultur und verkauft sich gleichzeitig an sie. Die Sendung macht sich glänzend – und ist kaum auszuhalten: dieser Wechsel von Grunzen zu Kichern zu Grunzen, diese Warzenschweingeräusche, dieses Hin und Her von Duarschloch und Leckmich. Hip-Eltern haben vielleicht Spaß an der ironischen Selbstvernichtung von B. & B. – mich macht die Tatsache elend, daß alles, was das Fernsehen für die Jugendlichen bringt – einschließlich der Ironie –, in erster Linie eine Ware ist.

Die Kids in den Treffpunkt-Sendungen behandeln einander als Ware; die Mädchen schwingen ihre Schultern und lächeln, um sich zu produzieren; das Publikum johlt, wenn die Jungen die Hemden abstreifen und ihre Brustwarzen und Tätowierungen zeigen. Das ist gewiß nicht das Ende der Westlichen Zivilisation. Aber daß und wie die Show die jungen Leute dazu bringt, einander zu Stereotypen zu machen, ist widerlich. Kinder haben keinen Begriff von Vulgarität, und die Hersteller der Kommerz-Kultur können froh sein, wenn sie sich nie einen machen. Die Eltern dagegen müssen es. Wenn ich mich stark genug fühle, rede ich mit meinen Jungs, ich karikiere, ich bringe sie dazu, zuzugeben, daß die Sendungen schwachsinnig sind. Aber ich stelle das Gerät nicht ab; täte ich es, sie würden es wieder anstellen, sobald ich weg bin. Ich möchte, daß sie es abstellen ...

Unterstützt von Heerscharen von Psychologen und Marktforschern, erreichen die Kultur- und Unterhaltungsindustrien meine Kinder in jedem Stadium ihrer Wünsche und ihrer unvermeidlichen Enttäuschungen. Der alte Traum ist ausgeträumt, daß Eltern und

> Lehrer ein Kind bei der Entwicklung seiner eigenen Interessen und seiner eigenen Art unterstützen. In diesem Lande sind die besessenen Geschäftemacher stärker als die Eltern, die sich mit den Schwierigkeiten von Autorität und Freiheit, von Bildung des Geistes und der Seele herumschlagen …
>
> Hier mein diesbezügliches Golgatha: Ohne meine Erlaubnis hat Max vor einigen Monaten den Film Pulp Fiction auf Band im Hause eines Freundes gesehen und ihn offenbar als eine seltsame Sammlung von verruchten Schaudern genossen …
>
> Nun, nachdem er Pulp Fiction gesehen hatte, wollte er sich in Quentin Tarentinos früheren, sehr viel ärgeren (und gänzlich überflüssigen) Film Reservoir Dogs (Wilde Hunde) reinwuchten. Nein, sagte ich. Aber warum nicht?, fragte er; seine Freunde hätten ihn doch auch gesehen. Ich sagte ihm, ich könne ihn nicht daran hindern, den Film bei anderen Leuten zu sehen; lieber wäre es mir, er täte es nicht. In solchen Wortwechseln ist Max' Argument im Grunde: »Wenn ich nicht alt genug bin, mir den Film anzusehen, wieso bin ich alt genug zu verstehen, warum ich ihn nicht sehen soll?« Dies ist die endgültig letzte Frage der Media-Kids an ihre Eltern …
>
> Die Medien überschwemmen die Kinder mit Vergnügungen, die Eltern mit Schuldgefühlen.

»Eine sympathische, aber schwache Antwort«, werden die geplagten Eltern unter meinen Lesern sagen. Ich meine, sie wirkt so, weil David Denby sich mit den pädagogischen Taten, die er und seine Frau tun, nicht brüstet – man sieht sie nicht gleich. In Wahrheit sind sie erheblich und richtig. Wir haben im wesentlichen nur eine Möglichkeit, die Kinder gegen »Schmeichelei und Beschwichtigung« zu rüsten: ihnen eine starke Erfahrung vom guten Leben zu geben – von Aufrichtigkeit, Anspruch, Überzeugungstreue. Von ihren Eltern wissen Max und sein jüngerer Bruder: They care – es ist ihnen ernst um uns; im übrigen ist ihr Leben »o.k.«! Mr. und Mrs. Denby denken über das nach, was ihren Kindern widerfährt. Täten das die Eltern überall in der Welt mit gleicher Gründlichkeit, sie würden nicht darauf bestehen, daß auch die Schule ihre Kinder in Erfahrungen

»aus zweiter Hand«, in die abgeleitete Wirklichkeit eintaucht, die aus den Neuen Medien sprudelt. Sie würden die Schule zum Bundesgenossen einer ja auch vorhandenen vernünftigen und schönen Wirklichkeit machen – mit Beethovens Siebenter Symphonie, »Oliver Twist« und Chuck Berry (ich habe sie in meiner Textauswahl oben ausgelassen).

Es ist nicht alles »Schrott« und »Show«, was die Medien-Generation erfährt. Die jungen Menschen haben sehr wohl ihre Realität; sie sehen ihre Lage einigermaßen illusionslos; sie tun in ihr, was ihnen möglich und notwendig erscheint. Aber den Maßstab dafür entnehmen sie offenbar nicht unseren Systemen. Beruf, Geldverdienen, eine Familie gründen, Karriere machen, mehr leisten (vor allem mehr als andere), den Wirtschaftsstandort Deutschland sichern, Rechtschreibung, Haushaltung, politische Verantwortung – das alles hat keine ausschlaggebende Bedeutung für und Macht über sie. Sie entscheiden nach Vorliebe und Vorteil und von Fall zu Fall; sie haben Ideale (Wertmaßstäbe, Prinzipien) und Idole, vornehmlich weit weg; sie orientieren sich aneinander; sie sind mit den Worten und nach dem Urteil der Interpreten der Shell-Studie[3] schnellebiger, diffuser und eklektischer geworden – »wie die Gesellschaft«, möchte man hinzufügen. Ihren Ort und ihre Mitwirkung in dieser suchen sie danach aus, ob sie mitbestimmen, ihre Fähigkeiten einsetzen und jederzeit aussteigen können; vor allem wollen sie sich keine Vorschriften machen lassen. Angesichts dessen, was ihnen die Gesellschaft zu bieten hat (bei uns ist jeder sechste Jugendliche arbeitslos, in Frankreich jeder vierte!), sind sie noch erstaunlich ausdauernd in der Verfolgung ihrer Ziele.

Das alles freilich sollte meine Hypothese nicht in Zweifel ziehen – die Hypothese, daß sich der Anteil des Vorgestellten gegenüber dem des Erfahrbaren durch die Medien insgesamt erhöhe und damit auch im Leben junger Menschen zunehme. Die Gefahr eines Kurssturzes in der von ihnen wahr- und eingenommenen »Gegenwelt« (Shell-Studie) ist jedenfalls sehr groß, wenn die sozialen Stützen wegbrechen und wenn ihre Vorstellung dann von Monty-Python-Gestalten bevölkert, von »Trainspotting«-Anreizen zugerichtet und von nichts als Computer-

Information genährt ist. Dann hilft die »skeptische Distanz« (Shell-Studie) zur Politik nicht nur nicht, dann schwächt und verwirrt sie diese Generation. Skeptische Distanz sollte sie den Medien gegenüber haben, die ihr (und uns) vorgaukeln, sie seien der eigentliche Schauplatz des Lebens, an allem »dran« und beteiligt, für alles zuständig und nützlich.

Was David Denby als Amerikas Pop- und Massenkultur beschreibt, scheint mir unleugbar und ist zu großen Teilen auch bei uns erkennbar. Aber ich glaube nicht, daß die Medien »Schrott« hervorbringen *müssen*. Das Medien-Schicksal unserer Kinder wird in der Tat nicht durch den V-Chip entschieden, sondern durch das, was wir Erwachsenen der Spaßkultur entgegensetzen.

4
Die »aufgeklärte Öffentlichkeit« als pädagogische Instanz – und der Schein

Die »aufgeklärte Öffentlichkeit« eine »Instanz« zu nennen, gar eine pädagogische, ist kühn: Sie ist allenfalls ein Postulat, läßt sich gerade nicht an bestimmten Personen und Einrichtungen »festmachen« und zählt seit der Antike eher zu den Verderbern der Menschen als zu ihren Lehrmeistern. Und doch hat, wer sich an sie wendet, einen Adressaten – und erhält Antwort, oft eine hochmoralische. Die aufgeklärte Öffentlichkeit entstand und bestand aus einem Zusammenspiel von Gebildeten (einzelnen und Ständen), Gelehrten und Publizisten. Was sie definierte, war die Bemühung, Irrtum und Täuschung welcher Art auch immer zu durchbrechen. In der Neuzeit vollzog sich dies durch die Abwendung von geglaubter Wahrheit zu gewußter Wirklichkeit. Einer der ersten Aufklärer unserer Geschichte, Sokrates, hat das Angriffsziel »Schein« genannt, griechisch *doxa,* was zugleich auch »Meinung« und »Ruhm« bedeutet, die Entsprechung von »Schein« im Subjekt. Die geistige Hervorbringung und Verfestigung von *doxa* heißt *dogma.* Sokrates bekämpfte beides mit großer Ausdauer und unerbittlicher Gründlichkeit.

Die Wissenschaft hat sich nur den einen Gegner bewahrt: den Schein; das Verfahren der Aufklärung hat sie erst methodisiert, dann ihrerseits dogmatisiert; ihre Erfolge sind überwältigend; sie hat die Erkenntnis weit in den Weltraum und tief in die Materie hineingetrieben, an Stellen, die sich der Anschauung und der Anschaulichkeit entziehen. Und die Rekonstruktion der Natur in der Form von Technik potenziert inzwischen die Ablösung der Erkenntnis von unseren Organen – von unserer natürlichen Ausstattung –, so daß wir die Phänomene kaum noch von den Phantomen unterscheiden können, die wir selber hervorbringen.

Dies erzeugt einen Aufstand derjenigen Geister, die meinen, damit verrate der wissenschaftlich tätige Mensch den Auftrag der Aufklärung, und da man Aufklärung immer auch mit der Vertreibung von Unmenschlichkeit und Ungerechtigkeit, von Unfreiheit und Unfrieden gleichgesetzt hat, sehen diese Geister in den Folgen der modernen Wissenschaft auch einen Beweis, daß hier nicht Aufklärung, sondern ein Wissensdespotismus, eine Hybris des Machens, ein Sinnzerstörer am Werk ist. Am Anfang war die falsche, teuflische Zerstückelung, am Ende steht die betörende und schädliche Synthetik: die Zusammensetzkunst. Die Jungen haben sie in der Schule erfahren (siehe die »Gesamtqualifikation«, die sie im Abitur nachweisen sollen, unten S. 237 f.) und sich abgewandt: erst zu Tolkien und *flowerpower*, dann zu Techno und Hip-Hop.

Nie ist wichtiger gewesen, was Theodor Wilhelm die eigentliche Aufgabe der Schule nennt: die Ordnung der Vorstellungen. Einsicht und Einstellung der Lehrer kommen dem heute – auf Grund der vielgescholtenen Reform und des nicht weniger gescholtenen Zeitgeistes – näher als zuvor. Sie würden darüber hinaus gern aus der Schule einen Erfahrungsraum machen, in dem Kindheit, die allmähliche Aneignung von Wirklichkeit, Unordnung und frühes Leid, Bewältigung der Unordnung und frühes eigenes Glück noch stattfinden. Aber die Schule als gesellschaftliche Instanz zur Verteilung von Lebenschancen und Sicherung des Standorts Deutschland läßt das nicht zu. Sie stranguliert das bißchen Rousseauscher Erziehungsweisheit mit verwaltender und verwalteter Gerechtigkeit und Anschluß an die Informations- und Kommunikationsgesellschaft. In ihr haben Abschlüsse, Berechtigungen und der Leistungsstand im internationalen Vergleich den Vorrang. Und diese hat man, wie die Fertigung und Sortierung anderer Produkte, rationalisiert.

Aus der »Ordnung der Bildungsgänge in der Sekundarstufe II« des Landes Nordrhein-Westfalen mit letzten Veränderungen vom 24.11.1998 zitiere ich einen einzigen, beileibe nicht den längsten Paragraphen von insgesamt 43 (!) über die »Gesamtqualifikation«:

(1) Bei der Feststellung der Gesamtqualifikation wird das Punktsystem gemäß § 16 Abs. 2 angewendet.

(2) Als Gesamtqualifikation sind höchstens 840 Punkte erreichbar, und zwar höchstens 330 Punkte einfacher Wertung im Grundkursbereich, 210 Punkte in zweifacher Wertung im Leistungskursbereich und 300 Punkte im Abiturbereich. Der Abiturbereich umfasst die vier Kurse der Prüfungsfächer im zweiten Halbjahr der Jahrgangsstufe 13 in einfacher und die Prüfungsergebnisse in den Prüfungsfächern in vierfacher Wertung. Wird eine besondere Lernleistung erbracht (§ 17), werden die Prüfungsergebnisse in den Prüfungsfächern dreifach gewertet und das Ergebnis der besonderen Lernleistung in vierfacher Wertung hinzugezählt. Wird im ersten bis dritten Abiturfach sowohl schriftlich als auch mündlich geprüft, wird das Endergebnis im Verhältnis von 2 (schriftlich) zu 1 (mündlich) aus den Ergebnissen der beiden Prüfungsteile gebildet. Ein Leistungsausgleich zwischen den drei Bereichen ist nicht möglich. Die Abiturprüfung ist bestanden, wenn die Bedingungen gemäß den Absätzen 3 bis 5 erfüllt sind.

(3) Für den Grundkursbereich gelten folgende Bedingungen:

1. Die Leistungen in 22 Grundkursen werden gemäß § 28 angerechnet. Zu den anzurechnenden Grundkursen zählen nicht die beiden Grundkurse aus der Jahrgangsstufe 13/II im dritten und vierten Abiturfach. Diese Kurse werden im Abiturbereich angerechnet.
2. In 16 der 22 anrechenbaren Grundkurse müssen jeweils mindestens fünf Punkte erreicht sein.
3. In der Gesamtheit der im Grundkursbereich anzurechnenden 22 Kurse müssen mindestens 110 Punkte erreicht sein.

(4) Für den Leistungskursbereich gelten folgende Bedingungen:

1. Jeder Schülerin und jedem Schüler werden im ersten und zweiten Abiturfach die Leistungen in jeweils drei Leistungskursen aus den Halbjahren 12/I, 12/II und 13/I gemäß § 28 angerechnet. Die Leistungskurse im ersten und zweiten Abiturfach aus der Jahrgangsstufe 13/II werden im Rahmen des Abiturbereichs angerechnet.
2. In vier der anzurechnenden sechs Leistungskurse müssen wenigstens fünf Punkte der einfachen Wertung erreicht sein.
3. Die in den beiden Leistungskursen in der Jahrgangsstufe 13/I erreichte Punktzahl der Kursabschlussnote wird dem entsprechenden Leistungsfach in einfacher Wertung zugerechnet.
4. In der Gesamtheit der im Leistungsbereich anzurechnenden sechs Leistungskurse müssen einschließlich der Regelung gemäß Nummer 3 mindestens 70 Punkte der zweifachen Wertung erreicht sein.

(5) Für den Abiturbereich gelten folgende Bedingungen:

1. Kein Kurs der vier Prüfungsfächer in der Jahrgangsstufe 13/II darf mit der Punktzahl Null abgeschlossen worden sein.
2. Wird keine besondere Lernleistung gemäß § 17 eingebracht, müssen mindestens in zwei Prüfungsfächern, darunter einem Leistungsfach, im Abiturbereich (dem Kurshalbjahr 13/II der Prüfungsfächer in jeweils einfacher und der Prüfung in jeweils vierfacher Wertung) mindestens jeweils 25 Punkte erreicht sein.
3. Wird eine besondere Lernleistung gemäß § 17 eingebracht, müssen mindestens in zwei Prüfungsfächern, darunter einem Leistungsfach, im Abiturbereich (dem Kurshalbjahr 13/II der Prüfungsfächer in jeweils einfacher und der Prüfung in jeweils dreifacher Wertung) mindestens jeweils 20 Punkte erreicht sein.
4. Im Abiturbereich gemäß Absatz 2 müssen insgesamt mindestens 100 Punkte erreicht sein.

Man kann das für schieren Wahnsinn halten. Man kann auch sagen: Hier tut sich ein System auf, von dem ein Scholastiker nur träumen konnte. Die Einrichtungen sind exakt aufeinander abgestimmt, und der Geist hat sich in einer einzigen Dimension auslegen und in ihren Dienst nehmen lassen. Menschliche Entwicklung, Kultur, der Qualifikationsbedarf der Gesellschaft und die natürlichen Zahlen stehen in einer prästabilierten Harmonie. Die Technisierung des ganzen Vorgangs ist vorgezeichnet. Eine solche Kursbuch-Bildung mit komplizierten Anschlüssen ist exakt das, wofür man Computer erfunden hat. Die technische Zivilisation kann und muß nicht durch den Geist eingeholt werden, sie hat ihn sich anverwandelt.

Wenn die Jugendlichen in immer größerer Zahl die Beute obskurer Sekten werden, wenn sie »die Wissenschaft ablehnen«, wenn ihnen eine Tat schon darum als richtig erscheint, weil sie spontan, ungeplant und unbegründbar ist – denn dann ist sie »wahr« und nicht »verlogen« –, haben wir es mit den Opfern einer massenhaften und absurden Lektion zu tun, die in den Medien, in der Schulverwaltung, in der »Ordnung der Vorstellungen« durch Unterrichtsbeamte gleichermaßen waltet. Die Erfahrung wird segmentiert und für einen bestimmten Zweck rekonstruiert. Dabei wird sie um ihren Zusammenhang, ihre zeitliche Dauer, ihre Größe oder Kleinheit und vor allem um ihre Nähe oder Ferne gebracht. Im Film lasse ich mich auf eine Person ein, sehe ihr in Lagen zu, in denen ich meinen besten Freund noch nicht gesehen habe, erlebe zum Greifen nah, wie ihr eine Gefahr droht oder ein tödliches Leid widerfährt, und kann weder mit Rat noch mit einem Stück Brot noch mit einem Aufschrei helfen. Welch ein Training in Unmenschlichkeit! Ich greife verlegen zu meinem Bier. Später muß ich auch das nicht mehr. Die an- und abschaltbare Schein-Welt des Fernsehens, die Wenn-dann-Erkenntnis der Wissenschaft, die Ratio der politischen Programme und Maßnahmen haben dies gemeinsam: die Chemie ihrer Entstehung.

Claudio Hofmann schrieb in seinem Buch »Smog im Hirn / Von der notwendigen Aufhebung der herrschenden Wissenschaft« (Bensheim 1981, päd.extra Verlag) – sein Ziel vorwegnehmend:

> Die Wissenschaft ist am Ende. Viele merken es, aber die wenigsten können es aussprechen. Der Glaube an die Allmacht der Wissenschaft bindet nicht nur die Zungen; er lähmt auch das Denken. (S. 114)

In diesem Buch ließ er das paralysierte Denken wieder auferstehen durch lustvolle Angriffe auf die Denkform der Unterdrükkung, durch Entfesselung von Wut, durch private Bekenntnisse, durch Beschwörung des Irrationalen, das die Wissenschaftler angeblich leugnen. Was machte dieses Buch bei vielen Jugendlichen so beliebt – bei Menschen, die immerhin Bücher lesen und die an einer wissenschaftlichen Einrichtung studieren?

Ich denke, es war das Versprechen, hier werde dem verhinderten Eigenen und darum Eigentlichen wieder stattgegeben. Sie heilten daran eine Verletzung – das Trauma des kartesischen Menschen, der *hier* denkt und *da* leibt, der sich hat vormachen lassen, das Wirksamste, Wichtigste und Gewisseste sei das Scheinhafte, die elektronische oder mathematisch-statistische Abstraktion, befreit von Subjektsein und Ganzsein, von Zufall und Schicksal, von Phantasie und Metaphysik, eine »irre« schnelle Kombination von »irre« vielen *bits.*

Machten (und machen) die Gefahren und Schädigungen, denen die Jugendlichen in der technischen Zivilisation ausgesetzt sind, Sorgen, so waren die in diesem Buch angebotenen Remedien vollends zum Fürchten: Aufhebung der Wissenschaft und Umwandlung ihrer Institutionen in öffentliche Foren für die Planung politischer Entscheidungen – weil die Wissenschaft uns des Verantwortungsbewußtseins in der Geschichte beraube, uns gigantoman mache und unsere Welt zerstöre: die zwischenmenschlichen Beziehungen, die Natur, die gesellschaftlichen Strukturen und das Denken.

Man hat das Wort »Wissenschaftsfeindlichkeit« voreilig zur Bezeichnung von Skepsis gegenüber und von immanenter Kritik an der Wissenschaft verbraucht, die beispielsweise der bedeutende Chemiker Erwin Chargaff oder der konservative Philosoph Hans Jonas oder der ökologiebewußte Schriftsteller Jürgen Dahl oder, aus anderen Motiven, bescheidene Pädagogen wie Horst Rumpf oder ich selber geübt haben. Wie will man nun den postmodernen Haß auf die Rationalität nennen, der bei Claudio Hofmann und seinesgleichen ausbrach und weiter ausbricht?! – diese Mischung aus kalkulierter Simplifikation[1] und Verschwörertheorie[2], aus Selbstanklage[3] und erhabenem Ulk mit und nach Paul Feyerabend[4], aus Selbsterfahrung als Tor zur Befreiung[5] und »alternativer« Darstellung der Alternative:

> 16. März. Die ersten warmen Nächte. Die Kinder haben sich Dekken geholt und sind nach oben mit mir. Es riecht noch wie Heu, vielleicht auch von den Matratzen. Durch die offene Luke gegenüber die ersten Sterne ... Jan will noch mehr über die Sterne wissen. Entfernung und so ... Ich geh noch mal raus mit ihm, und wir staunen die Sterne an, ganz ohne Zahlen. (S. 157)

Dies ist das unheimlichste Merkmal der wissenschaftlich-technischen Zivilisation: daß wir von ihr abhängen *und* sie so mißverstehen, verleumden und zu verbannen suchen! So etwas kann kein gutes Ende nehmen.

Die erfolgreiche Simulierung des Menschen durch die von ihm gemachte Maschine gibt ihm eine bange Ahnung von einer möglichen Umkehrung. Unwillkürlich sucht er nach dem Gegenbild, verlangt nach Gegennahrung: Idylle, Märchen, Anthroposophie, Anrufung, Unmittelbarkeit. Ich habe oben (S. 183) von dem »Hunger auf Person« berichtet, den meine Lateinschüler zeigten. Sie genossen meine gewiß nicht perfekten Erzählungen als einen Vorgang, an dem sie und ich gleichermaßen beteiligt waren und in diesem Augenblick nur wir – schon nicht die Nachbargruppe; sie erlebten mit Spannung, wie etwas, was in mir war, nun in ihnen selber entstand. So eigentümlich gegenläufig sind unsere Bedürfnisse; der Widerspruch nährt sich selbst; das Phänomen scheint zuzunehmen; die Menschen entscheiden sich für das eine gegen das andere; eines Tages stehen sie sich aus gegebenem schwierigem Anlaß – Genmanipulation, Versuchen an Embryonen, Sterbehilfe, »Entsorgung« von Bohrinseln, Entschuldung der Dritten Welt, Globalisierung der

Wirtschaft – in Göteborg oder Genua mit Steinen oder Schlagstock gegenüber.

Ich gehe einen Schritt weiter. Die Selbstmordrate der Jugendlichen ist höher als die irgendeiner anderen Gruppe. In den USA haben sich im Jahr 1983 rund 6000 Menschen unter 18 Jahren das Leben genommen, 400 000 haben es versucht (FAZ, 6.11.1984). In zehn Jahren ist die Rate um über 40 % gestiegen. Die Erklärungen der Erzieher/Experten leuchten ein und klingen zugleich hilflos und abgegriffen: Schuld seien die zunehmende Anzahl der Scheidungen, das Gefühl der Jugendlichen, entwurzelt zu sein, und der Erwartungsdruck – die Angst vor dem Versagen in einer Gesellschaft, in der in erster Linie der Erfolg zähle.

Ich versuche, mir das dunkle Wort »Entwurzelung« zu erklären: Es könnte die geschilderte Entbehrung von Grunderfahrungen bezeichnen, in denen sich ihrerseits Grundwerte und Grundbegriffe bilden. In einem solchen Gefüge finden wir Halt, können wir Wurzeln schlagen. Man nimmt sich das Leben, weil die Liebe, die man erfährt, nicht ausreicht für die Not, die man hat. Man nimmt sich das Leben *nicht,* wenn man wenigstens hofft, es werde die Liebe eines Tages geben. Diese Hoffnung wird von frühen und einfachen ersten Erfahrungen getragen, die weitere Erfahrungen ermöglichen. Die Erfahrungen müssen *meine* Erfahrungen sein. Dann umschließen sie Werte. Der Werte versichert man sich in der Übereinstimmung mit anderen, wozu man einen (Grund-)Begriff von Übereinstimmung und Verschiedenheit, von Wirklichkeit und Schein, von »jetzt«, »gelegentlich«, »immer« braucht und bildet. In der TV-Welt sind die Grunderfahrungen durch Bilderfolgen verdrängt, am Computer durch Mausklick. Die Schulordnung ersetzt Bewertung durch Messungen und Äquivokationen. Die falsch gelehrte, unverstandene Wissenschaft ertötet die Freude am Begriff, sie erledigt das Begreifen mit leeren Abstraktionen.

Dem jungen Menschen bieten sich drei Wege an: *erstens* Mitmachen, »grau« werden, sich dem Strom überlassen; *zweitens* Aussteigen, in den Dienst der Königin von Phantasien treten und als Bastian Balthasar Bux die Welt retten oder mit Harry Potter das Böse überlisten; *drittens* sich selbst aus der Welt schaffen. Die vierte Möglichkeit heißt »der technischen Zivilisation gewachsen sein«, und das meint ein starkes Subjekt und gutes Mitglied der Gemeinschaft, das die Wissenschaft und Technik versteht, verantwortlich beherrscht, vernünftig genießt. Aus dieser gemeinplätzigen Möglichkeit müssen wir Wirklichkeit machen. Das ist die Aufgabe.

Ein letztes hierzu: In der Antike galt als zweitgrößtes Glück – neben einem frühen und freien Tod –, nicht geboren zu werden. Deutschland verfährt nach dieser Weisheit. Es ist inzwischen das Land mit dem geringsten Nachwuchs. Das bedeutet, daß viele Kinder ohne Geschwister aufwachsen und daß sehr viele Erwachsene, mit denen sie umgehen, selber keine Kinder haben, also nicht wissen, was es heißt, heute Kind zu sein. Es verschwindet nicht nur die Kindheit, es verschwinden die Kinder. – Auch hierin sind die, die es gibt, Opfer der nichtbewältigten technischen Zivilisation, Opfer der uneingestandenen Angst der Erwachsenen vor ihr.

Für den mit Vorstellungskraft, Erinnerung, Sprache begabten Menschen war Relation von *hier* Wirklichkeit und *da* Schein, Repräsentation, Konstrukt, Symbol von jeher gefährlich. Sie wird durch die Medien in einem ungeheuren und ungeheuerlichen Maß zugunsten des letzteren verschoben. Was da geschieht, will ich an einer anderen Repräsentation als der des Bildschirms darstellen, bei dem das Prinzip und das Phänomen zu nah beieinanderliegen. Ich wähle dafür die machtvollste Stellvertretung für die Wirklichkeit neben Wort und Bild: das Geld. Der ursprünglichen Theorie zufolge symbolisiert dieses einen Sachwert und war (nur) so lange »gültig«, wie dieser tatsächlich einlösbar war. Der Sachwert bestand einst – praktischerweise – in einem Edelmetall, das seinerseits, um nicht immer gewogen werden zu müssen, gemünzt wurde: Es war ein Zwischenwert im Tauschhandel. Es deckte sich selbst. Aristoteles hat das System ausführlich in seinen Oikonomika[6] dargestellt. Das im 17. Jahrhundert aufkommende »stoffwertlose« Papiergeld war durch Edelmetalldepots der Banken gedeckt. Da selten alle Menschen auf einmal die Einlösung der »Scheine« verlangten, kam es auch selten zur Probe auf die Tragkraft des Symbols. Heute ist die »Deckung« des Geldes einer abstrakten Wertbestimmung gewichen, aber es symbolisiert nach wie vor einen gedachten oder unterstellten Anspruch, der sich wiederum dadurch am Leben erhält, daß die Menschen nie alles Geld ausgeben: in seinen Gegen- oder Sachwert umsetzen. Bei Waren und Dienstleistungen, die sie für diesen »Schein« kaufen, erfahren sie nur, daß die Verkäufer derselben ihrerseits glauben, den Schein für eine andere Ware oder Dienstleistung wieder einsetzen zu können – sie erfahren den Glauben der anderen an das, was sie selber zu glauben haben. Sie heben also Geld, das sie im Augenblick nicht benötigen, auf »für den Fall, daß ...«. Aus diesem Aufheben ziehen sie einen weiteren anderen Gewinn dadurch, daß sie es jemandem, der es für eine Investition braucht, leihen, wofür sie einen Teil des Erlöses und/oder der Substanz beanspruchen. An den Wert dieser beiden müssen alle die glauben, die ihr Geld so arbeiten lassen. Wo der Glaube von sehr vielen geteilt wird, erweist er sich als Gewinn, wo er schwindet, wird er zum Verlust. Das Symbol Geld hat eine Wirtschaft oberhalb der Güterwirtschaft entstehen lassen. Und – damit komme ich zu meinem Punkt – die Elektronik erlaubt es, die Schwankungen dieses Glaubens in Sekundenschnelle zu registrieren und weltweit mitzuteilen. Die wiederum weltweite Verflechtung der Unternehmen liefert den Anlaß und die Rechtfertigung dazu.

Was die Elektronik mit dem Symbol »Geld« macht, macht sie *mutatis mutandis* mit dem Wissen, mit Dienstleistungen, mit Unterhaltung, mit der Kommunikation, mit der Politik. Sie liefert eine in sich schlüssige Repräsentation, die, da sie von allen beansprucht und von fast allen bejaht wird, den *Charakter von Wirklichkeit* annimmt. Von hier aus könnte eine heutige Kahn/Wiener-Spekulation (s.o. S. 55 ff.) für das Jahr 2030 Sätze wie diese enthalten: Kriege inszeniert man auf dem Bildschirm; eine Rede eines Politikers, die das Fernsehen nicht überträgt, braucht gar nicht erst gehalten zu werden; ein Wissen, das nicht über den Computer abgerufen werden kann, ist bedeutungslos; Bücher, weil unbezahlbar und in winzigen Auflagen hergestellt, sind nicht nur überflüssig, sondern als undemokratisch verpönt;

Besuche bei Bekannten gelten als unhöflich, Gespräche führt man über die Konferenzschaltung.

In einer solchen Welt hat das Lebensbewußtsein immer weniger Stützen in der erfahrbaren, von uns unabhängigen Wirklichkeit. Und so ließe sich die Spekulation – auf die heutige Medien-Generation zurückgewendet – so fortsetzen: Jugendliche zumal könnten verführt sein, die »hergestellte Wirklichkeit« über jene zu stellen. Und, weil sich beide mischen (zum Beispiel im Anrufbeantworter, in dem die elektronisch aufbewahrte Stimme des Anrufers ja sehr realistisch repräsentiert wird); weil zudem für die jungen Leute genug vom Reichtum der auf all dem gründenden Gesellschaft abfällt, daß sie sich mit Handy, PC und Internet Zeit-Raum-füllende Welten machen können, die sie für ihre »eigenen« halten; weil schließlich die virtuelle Welt von den schlauesten und bestbezahlten Köpfen gespeist und vermarktet wird, dürfte ihnen ihre Armut, ihre Abgeschnittenheit von und ihr Mangel an Lebenssinn nicht voll zum Bewußtsein kommen. Die Kultgestalten und Kommunikationspartner, die Kriege der Sterne und das Reality-TV, die Videoclips und das Sichausstellen in Homepages schieben sich vor die Aufgabenlosigkeit, vernebeln die Langeweile, entheben den medienkonsumierenden Menschen der Skrupel des Geschöpfes, das sein Brot im Schweiße seines Angesichts essen sollte. *Easy going* und *no problem*, Antibabypille und Sozialdeterminismus, Selbstverwirklichung pur und der Walkman im Ohr – das sind schon jetzt die weichen Stellen im Deich gegen die große elektronische Flut. Die Erosion der Bürgerverantwortung durch die telematische Scheinwelt ist voll im Gang.

In der Situation erfinden die Menschen den Begriff der »Virtualität«, der ihnen erspart, sich zwischen Möglichkeit, Wirklichkeit und Schein zu entscheiden.

Ein erstes Bewußtsein von Virtualität bekam ich mit zwölf Jahren, als mein Vater mich in das Berliner Planetarium mitnahm. Sterne und Planeten, Sonne und Mond bewegten sich in geeigneter Zeitraffung auf der schwarzen Kuppel des dunklen Raums. Über der gleichbleibenden Silhouette der Stadt konnte der Astronom zeigen, wie der Nachthimmel am 24. Dezember des Jahres Null ausgesehen habe oder wie er im Jahre 1986 aussehen werde, wenn der Halleysche Komet wiederkehre. Ein Ausdruck dafür fehlte mir freilich, und obwohl es im Lexikon das Wort »virtuell« schon gab, wäre es hierfür niemandem in den Sinn gekommen – schon gar nicht den Kundigen. Man hätte von einer Nachbildung oder einem Modell des Kosmos gesprochen oder, weil dieses beweglich war, von einer Simulation. Deren Aufgabe war es, eine möglichst große Ähnlichkeit mit der sinnlichen Erfahrung herzustellen, nicht jedoch, um den Betrachter zu täuschen, sondern um ihn genauer erkennen zu lassen, was da geschieht. Die Projektion gab die scheinbare Bewegung des Fixsternhimmels und die tatsächliche der Planeten und Satelliten im Verhältnis zu ihm wieder – wie man sie von Berlin/Tiergarten aus sieht. Heutige Planetarien können nicht nur die Abläufe beschleunigen und zwischen verschiedenen Zeitpunkten hin- und herspringen, sie können den Betrachter auch an einen ganz anderen Standort versetzen, ihn das jeweilige Schauspiel vom Mars oder vom Sirius aus erleben lassen. Die astronomische Wirklichkeit ist – soweit man sie kennt – als Konstruktionsgesetz in den Simulator eingegeben, der in Sekundenschnelle die gewünschte Konstellation errechnet und zur Erscheinung bringt.

Ohne daß der Zwölfjährige es so hätte sagen können, wußte er: Hier wird eine »vorhandene Möglichkeit realisiert«. Diese unterscheidet sich von erfundener Möglichkeit, von bloß Phantasiertem, und würde von einem aristotelisch Geschulten eher »potentiell Vorhandenes« genannt. Zu diesem Bewußtsein verhalfen mir damals zwei am gleichen Abend zuteil gewordene Einsichten.

Erstens: »Viele Sterne, die Sie draußen wahrnehmen,« sagte der vortragende Astronom, »sind vielleicht schon erloschen, wenn die Strahlen hier eintreffen. Sie haben mehrere Millionen Lichtjahre (das Licht durchmißt 9,46 Billionen Kilometer in einem Jahr) auf ihrer Reise durchmessen. Zum Vergleich: Das Licht der Sonne braucht acht Minuten bis zur Erde.« Mir ging auf: Am Himmel sehen wir immer nur den Schein von etwas Vergangenem. Um eine wahre Wahrnehmung davon zu haben, muß ich etwas tun – ich muß den Zeitunterschied dazudenken. Die Zeitmanipulationen des Planetariums sind nur eine Spielart hiervon und insofern eigentlich ganz ehrlich.

Zweitens: Nach dem Vortrag verwandelte sich das Planetarium in ein Kino, wodurch es sein Publikum und seine Einnahmen vermehrte. An jenem Abend lief »Hannibal«, ein italienischer Film, in dem mein punischer Held als widerwärtiger Barbar dargestellt wurde. Die Enttäuschung über dessen Unähnlichkeit mit meiner Vorstellung ließ mich die Täuschungen deutlicher sehen, mit denen die Simulation aus der Cinecittà arbeitete: ein ausgedachtes Karthago aus Gips und Pappe, die durch übertriebene Perspektive vorgespiegelte Unendlichkeit des Lagers, das durch schnelle Schnitte und schrille Laute erschwindelte Schlachtgetümmel. Mir ging auf: Es gibt zweierlei Schein – und der Unterschied liegt in der Absicht. Der eine Schein will, daß ich mit ihm rechne, daß ich den Abstand zwischen ihm und der Wirklichkeit denke; der andere Schein will, daß ich ihn für die Wirklichkeit halte.

Später, als ich Platon studierte, lernte ich, daß es die eigentliche Leistung der Bildung sei, Schein von Wirklichkeit zu unterscheiden, ihre größte Schwierigkeit jedoch darin bestehe, die beiden Arten von Schein auseinanderzuhalten. Das ist schon deshalb so, weil der Mensch seit langem in einer von ihm selbst gemachten Wirklichkeit lebt. Alle Artefakte aber – von den Gegenständen über die Erkenntnisse der Wissenschaften bis zu den Lebensformen, zu Familie und Demokratie, zu Markt und Gerechtigkeit – können Ausdruck oder Mittel des einen wie des anderen Scheins sein. Mit dem Verhältnis von Schein und Wirklichkeit kommt der Mensch in der Regel zurecht, weil Wirklichkeit, wenn man den Begriff ernst nimmt, sich als Maßstab behauptet.

Durch die »elektronische Revolution« hat sich nicht nur die Menge von hergestelltem Schein explosionsartig vermehrt, es hat auch die Schwierigkeit zugenommen, seine zwei Spielarten auseinanderzuhalten. Die ständige Perfektionierung der Daten-Verarbeitung im weitesten Sinn hat unter anderem die unheimliche Vermischung der beiden zur Folge. Was auf dem Bildschirm erscheint, kann fast immer beides sein: einerseits ein Mittel zur besseren und schnelleren Wiedergabe, Veranschaulichung und Gestaltung potentieller Wirklichkeit, andererseits Wirklichkeitsersatz, eine s.v.v. konzentrierte Ablenkung von der Erfahrung, eine Abkoppelung der medialen Beschäftigung von den Störungen der nichtmedialen Welt.

Um so mehr müßten wir bedacht sein, uns die Möglichkeit der Unterscheidung zu erhalten – allein schon dadurch, daß wir zwei Bezeichnungen bereithalten. Statt dessen benutzen wir das eine Wort »Virtualität« für beides – froh, daß es das Problem verhüllt, daß es nichts erklärt, daß es keine Wertung nahelegt, nicht einmal eine Frage. Wir haben es mit dem Computerwesen aus dem Englischen übernommen – ohne einen Hauch seiner dort waltenden Unbestimmtheit. Das Adverb »virtually« ist seit eh und je geläufig, wo man eine Entscheidung zu meiden sucht – »man könnte sagen«, »annähernd«, »so gut wie«, »gleichsam« sind seine deutschen Entsprechungen. Das mittellateinische »virtualis«/»virtualiter« hieß noch »seiner Anlage nach«. Weil deren Kraft jedoch nicht immer durchschlägt, wurde daraus von allein »dem Anschein nach«. Nichts von dieser Ambivalenz klingt mit, wenn heute in Deutschland das Wort »virtuell« benutzt wird. Robust, ohne sprachliche und sachliche Anfechtung heften wir es allem an, was über den Bildschirm betrieben wird: Universitäten, Geschäften, Zeitungen, Gesprächen, Spielen. Die Einrichtung, deren Aufgabe die Bildung der jungen Menschen ist, wird angehalten, die schwierige Unterscheidung der beiden Arten von Schein gegen deren einfache Gleichsetzung einzutauschen. Ein Beispiel: Ein virtueller Zoo solle entstehen, berichten die »Nachrichten aus der Bertelsmann-Stiftung« (1/2000). Die Mädchen einer Klasse 6 b eines Gymnasiums in München haben sich dazu in Teams aufgeteilt, »von denen jedes eine andere Tierart erforscht. Konzentriert blicken die Gesichter auf die Bildschirme. Die Hände fliegen von der Maus zur Tastatur und zurück. Internet-Recherche ist angesagt. Die 12jährige Vroni will den schnellsten Weg zum Münchner Zoo nehmen und tippt htp:/www.hellabrunn.de in den PC. Schade: ›The named host does not exist.‹ Also beim

Suchdienst Lycos reinschauen: Dort sind reichlich Tierbilder zu finden. Vroni kopiert einen chinesischen und einen amerikanischen Alligator in das Word-Dokument«. Am Ende werden die »Ergebnisse« den anderen »via Beamer präsentiert«. Das As: Ein Bild von einer Anaconda, die ein Wildschwein verschlingt.

So verschlingt die Virtualität die Zeit der Schülerinnen, die sie damit verbringen sollten, wichtige Erfahrungen zu machen, an richtige Probleme zu geraten, deren Lösungen sie nachzugehen lernen, ihre Sprache und ihre Vorstellungen zu ordnen, grundlegende Fertigkeiten einzuüben, sich nützliche Gewohnheiten zuzulegen, ihre besonderen Gaben zu entdecken und zu nutzen, ja, und Unterscheidungen vorzunehmen.

Überall sehen wir die bewundernswerten Leistungen der Computeranimation, des *computer-aided design,* der »Realisierung von Möglichkeit« durch entsprechend programmierte Apparate. In der Berliner Ausstellung »7 Hügel – Bilder und Zeichen des 21. Jahrhunderts« konstruierten diese aus bestimmten Grund-Daten vergangene oder zukünftige Gebäude, gedachte oder gesuchte Personen, komplexe soziale und ökonomische Entwicklungen – Potentialität, eine Zwischenwelt, nicht Wirklichkeit und nicht Spuk, Phantom, Willkür. Die virtuelle Börse, das virtuelle Kaufhaus, der virtuelle Buchverlag, der virtuelle Friedhof, das virtuelle Reisebüro, ja sogar die virtuelle Reise sind schon »Wirklichkeit«.

Wenn wir nicht aufpassen, werden wir beides verlieren – den Sinn für Realität, für die Welt der sinnlich faßbaren Gegenstände, die gegenwärtigen Personen, und den Sinn für die Welt der nichtprogrammierten Möglichkeit, der frei spielenden Einbildungskraft, der *poiesis.* Wir bringen beide dem sich verselbständigenden Schein zum Opfer – dem Zwitter der Chatroom-Kommunikation, der Lycos-Information, der Big-Brother-Soap –, statt mit getrennten Anstrengungen die Wirklichkeit zu steigern. Hoffentlich lernen wir das noch rechtzeitig.

Meiner Hoffnung stellt sich eine – erst war's nur Behauptung, dann theoretische Überzeugung und nun ist's – etablierte philosophische »Schule« entgegen, die anhand des Computers »beweist«, daß der Mensch denke, wie der Computer arbeite:

Seine und unsere mentalen Leistungen folgten dem gleichen Prinzip. Nicht der Computer äffe den Menschen nach, sondern der Computer offenbare uns die Mechanismen des Denkens. Ich habe eingangs (S. 33 f.) Joseph Weizenbaums Kritik hieran zitiert. Davor – auch davon war schon die Rede (S. 217 ff.) – hatte er vor der Täuschung gewarnt, »sprechende Geräte« für sprachfähig zu halten. Er ging so weit, zu fordern, wir sollten »es unterlassen, daran weiterzuarbeiten, weil wir uns diese Art zu denken abgewöhnen müssen« (Weizenbaum 1984, S. 106). Ein sprechender Computer erspare dem Menschen das Programmieren desselben nicht; er verschleiere nur dem Benutzer das eingegebene Programm besser.

»Die künstliche Sprache [ist] rein abstrakt ohne Bezug zur Realität«, sagt Joseph Weizenbaum (1984, S. 103). Er meint damit gleichermaßen die mathematische Sprache der Physik und die Computer-Sprache. Beide verbindet das Prinzip der Eindeutigkeit, dem sie durch das Abstreifen aller Subjektivität, aller Unschärfe, aller Vergänglichkeit genügen. Beide verbindet sodann ein Wahrheitsideal – das Wahrheitsideal des Instrumentalismus. Beide verbindet *darum* auch die Hoffnung, es werde eines Tages möglich sein, die menschliche, natürliche Sprache so zu disziplinieren, daß sie von Geräten gelernt werden könne.

Was wären die Folgen? Was ist aufgrund von Weizenbaums Warnung zu befürchten? Wenig, solange wir die Computer in ihrer Sprache programmieren müssen! Wir bleiben uns des Abstraktionsprozesses bewußt. Es schmerzt ja buchstäblich, wenn beispielsweise in einer Forschungsgruppe, die die Wirkungen der Laborschule auf ihre Schüler nach deren Abgang untersucht, unsere erfahrungsträchtigen Fragen dem Erhebungsinstrument angepaßt werden: damit verläßliche und gültige (in der Fachsprache »reliable und valide«) Ergebnisse herauskommen, die man mit anderen ebensolchen vergleichen kann. Es schmerzt die Anpassung unseres Interesses, unserer Erwartungen, unserer Wahrnehmung an unsere Mittel. Aber der Computer erlaubt es, immer mehr Daten zu verarbeiten, immer kleinere Merkmalsgruppen einzubeziehen, immer mehr Abweichungen mit immer mehr potentiellen Ursachen zu korrelieren – und so folgt man ihm um immer künstlicherer Konstrukte willen, die nur mit großer Anstrengung wieder verständlich und brauchbar werden. Je weiter man es hierbei bringt, um so weniger wird man das Abgestreifte, den Verlust an Wirklichkeit wahrnehmen.

Wissenschaft, unser Knecht, und ihre Verfahren, also ihre Hilfsknechte, erhalten mit dem Computer einen Universalknecht, der Personen überdauert, geistig ubiquitär ist – und schon aus diesen Gründen beherrschend. Da er keine Einsicht hat, man ihn nicht überzeugen kann, muß und wird man ihm folgen: der überwältigenden Masse der ihm verfügbaren Daten, der Unbeirrbarkeit seiner Operationen, der Gleichgültigkeit und also Unparteilichkeit des Geräts gegenüber widerstreitenden menschlichen Zwecken. Wir werden unsere Probleme so einrichten, daß sie zu diesem imperialen Erkenntnisinstrument passen. Wir werden die Forderung des amerikanischen Instrumentalismus erfüllen und nur noch Fragen stellen, auf die eine Antwort »mit den vorhandenen Mitteln« zu erwarten ist – andere Fragen werden von John Dewey als »krank«, verseucht ausgeschlossen.[7] Erkenntnisse, die nicht mit Hilfe des Computers gewonnen und überprüft worden sind, werden nur begrenzte Wirksamkeit haben – eine um so geringere, je mehr sich die Demokratie durchsetzt, deren Regierungen im Auftrag von Mehrheiten handeln. Wir werden Verhältnisse schaffen, die objektivierten und standardisierten Vorgaben folgen (wie wir es beispielsweise in der Pädagogik oder in der Sozialhilfe längst mit unentrinnbarer Gründlichkeit getan haben); es werden sich menschliche Schicksale mit den Verhältnissen verbinden; die Menschen werden sich an die damit gegebenen und ihnen bekannten Chancen klammern; aus einer Entlastungsmaßnahme wird ein allmächtiges System.

Rechtfertigt dies die Befürchtung, die Menschen würden wenn nicht prinzipiell, so doch dereinst wie ihre Computer denken und also wie ihre Computer sein?

Man kann hierzu drei unterschiedliche Positionen vertreten:

(a) Das tun wir (leider) schon längst.
(b) Der Computer und der Mensch denken *notwendig* gleich.

(c) Menschliches Denken überschreitet prinzipiell die dem Computer eingeschriebenen Operationen, ist nicht isolierbar von den physiologischen, psychischen und existentiellen Zuständen der Person.

Zu (a): Wir denken jetzt schon wie Computer

Wer sich über den Computer beklagt, weil er unsere Beziehungen mechanisiere, materialisiere, mediatisiere (beispielsweise aus Anlaß einer vom Computer ausgestellten Abrechnung des Gaswerks oder der Bank), klagt an der falschen Stelle: Nur weil unsere Beziehungen schon so sind, kann der Computer zu ihrer Verwaltung eingesetzt werden. Unsere Welt *ist*, wie Kafka sie beschreibt. Der Computer vollendet in seiner Weise das Prinzip der gewollten technischen Zivilisation: Versachlichung, Verfügbarkeit, Vernetzung von allem mit allem. *Er* ist die Folge, nicht die Ursache.

Zu (b) Computer und Menschen denken notwendig gleich

Was der Mensch sei, erkenne man an der Geschichte, sagt Hegel. Der junge Marx radikalisiert dies und sagt: Er werde »der Mensch« durch die Geschichte; die Geschichte sei die Geschichte der Entäußerungen des Menschen; an den Maschinen (an der Industrie) und an unserer Wissenschaft (an der Naturwissenschaft) würden unsere Möglichkeiten offenbar.[8] Hat man den Gedanken einmal gehört und gedacht, kommt er einem selbstverständlich vor: Denkmaschinen denken wie Menschen, die ihnen die Gesetze ihres Denkens eingegeben haben, die man also dafür kennen muß. Aber ist die Umkehrung – Menschen denken wie ihre Denkmaschinen (nur weniger rein) – zulässig?

Die Frage (wie die Behauptung) zwingt zu einer operationalen Definition von »denken«. Legt man eine solche zugrunde, hat der Computer klare Vorteile: Er leistet reines, von Gefühlen, Ereignissen, Schwankungen ungetrübtes »Denken«, das in ungeheurer Geschwindigkeit ungeheuer viele Daten miteinander kombinieren kann. Wenn Nick Knatterton denkt, erscheint über ihm eine Blase, in der steht: »Kombiniere …« Und das ist es in der Tat, was Denken zumeist ausmacht. Knatterton hat wahrgenommen: Ein großer zotteliger Hund ist mir beharrlich gefolgt; der Hund winkelt die Vorderbeine merkwürdig nach außen – er hat etwas Menschliches; es gibt einen Artisten, der fähig ist so zu gehen; dieser Artist ist seit einiger Zeit verschwunden. »Kombiniere: Die wandelnde Schlummerrolle ist der in ein Hundefell gekleidete neue Geheimagent und ehemalige Artist Ernst Schnüffler.« Ein Computer tut exakt dies: Er unterscheidet – die »wandelnde Schlummerrolle« (ein Wesen, das wie ein Hund aussieht, aber keiner ist) von einem normalen Hund; und er führt zusammen (kombiniert) – woanders gespeicherte Daten (über den Artisten Ernst Schnüffler) mit dieser Beobachtung.

Und doch denkt der Computer nicht wie Knatterton. Zu dessen Kombinierkunst gehört so etwas wie Instinkt – die Gabe, unter tausend möglichen Einfällen den einen plausiblen herauszugreifen, den er dann begründet – und das Bewußtsein, daß ein Irrtum möglich ist.

Die Theoretiker sagen (um von störenden Nebenbedeutungen fortzukommen): Der Mensch und der Computer sind beide *informationsverarbeitende Systeme,* das ist das »tertium comparationis«. Informationsverarbeitung heißt: Beide haben *Daten* (also gespeicherte oder speicherbare isolierte Wahrnehmungselemente); beide haben eine *binäre Ermittlungs-* oder *Abrufungs-Logik:* Hund oder Nichthund? Wenn Nichthund, dann wandelnde Schlummerrolle; wandelnde Schlummerrolle oder Nicht-Schlummerrolle? Wenn Nicht-Schlummerrolle, dann verkleideter Agent ...; beide haben schließlich einen *Algorithmus:* ein Befehlsprogramm für die Abfolge der Operationen – hier Prüfkombinationen, bis die Wahrnehmungen und Daten zueinander passen.

Eines kann der Computer freilich nicht: sich die binäre Logik und den Algorithmus ausdenken oder sie aufgeben oder sie abwandeln oder rechtfertigen; er kann nicht einmal die Wahrnehmungen selbständig sammeln, genauer: Er kann nur Wahrnehmungen, nicht aber ihren Begriff aufnehmen – Lautunterschiede, nicht aber die Bedeutung der Wörter. Er erkennt

Karthago nicht wieder, wenn ich es mit C schreibe, es sei denn, ich hätte auch das in ihm eingetragen »K« = »C« (im Telefonbuch hätte er dann doch wieder Probleme mit »Kurd« / »Curt« Müller). Er hält bei sonst völlig gleicher Adresse Prof. Dr. Hartmut von Hentig für einen anderen als Professor Hartmut von Hentig und schickt mir den Prospekt doppelt. Unser Vorteil ist: Wir müssen nicht alles wissen. Was wir entbehren können, entscheiden wir in unserer Situation. Der Computer hat keine »Situation«.

Zu der Frage »Kann eine elektronische Maschine denken wie ein Mensch?« schreibt der russische Informatiker I. Bestushew-Lada:

> Diese Frage verrät die lächerliche Arroganz, die den Vertretern der Gattung Homo sapiens eigen ist. Der heutige Mensch ist aufrichtig davon überzeugt, daß seine Gedankengänge überaus tiefschürfend, logisch und originell sind. Es kommt ihm gar nicht in den Sinn, wie stereotyp, verworren und primitiv seine Gedanken sind, von einigen Ausnahmen abgesehen. Könnte der Computer sich gekränkt fühlen, würde er eine solche Frage als tödliche Beleidigung auffassen. Die Maschine kann nicht so denken wie der Mensch, sie kann viel tiefgründiger, logischer und origineller denken. (Zitiert nach M. Otte, 1985, S. 161 f.)

Und viele pflichten ihm bei. Sollten wir einst so denken wie die Computer, wäre das – dieser Aussage zufolge – ein Fortschritt. Mag sein – wenn wir darüber nicht das verlieren, was im menschlichen Denken auch enthalten ist und es angeblich verdirbt: das Verstehen, Bewerten, Entscheidenwollen und -müssen, Verantworten, Stolz und Scham, Neugier und Überdruß, Staunen und Zweifeln. Diese Momente des menschlichen »Denkens« kann man als dessen Unvollkommenheit und Störung ansehen oder als davon untrennbare Funktionen, als Bestandteil eines und desselben Geistes. Im ersten Fall müßten wir unseren Kindern beibringen: Das Denken überlaßt den Computern – sofern ihr nicht in der Lage seid, emotionsfrei zu denken wie sie! Aber was wäre dann »Bildung«? Reichtum der

Vorstellungen, Mut des Urteils, ästhetische und soziale Empfindsamkeit – ohne Denken, weil doch das Denken ohne sie zu sein hat?

Ich denke also: daß der Computer nicht denkt. Er tut, was sein Name sagt, er rechnet. Wenn man das In-Beziehung-Setzen von definierten Größen »Informationsverarbeitung« nennt, ist dieser Terminus für die Beschreibung menschlichen Denkens untauglich. Im »Historischen Wörterbuch der Philosophie« heißt es:

> Information ist jede Konfiguration von Symbolen, die vom jeweiligen System unterschieden und identifiziert sowie erzeugt und in andere Konfigurationen überführt werden kann. Dabei spielt ... der Inhalt und die Bedeutung (keine Rolle). (Zitiert nach Danner, 1986, S. 13)

Carl Friedrich von Weizsäcker hat vor 27 Jahren einen Vortrag über »Sprache als Information« gehalten. In einem Gedankenexperiment führt er vor, was bleibt, wenn man Sprache in Information aufgehen läßt. Aus dem fülligen Alltagssatz wird das Telegramm, aus dem Telegramm das Logik-Kalkül; Information zeigt sich als etwas von Materie (Lauten, Zeichen) und Bewußtsein (Vorstellungsinhalten) Unterschiedenes, eine Form oder Struktur, in der etwas aufbewahrt und aus der es rekonstruiert werden kann.

Die Übernahme der Information in Sprache ist eine Übersetzung – und heikel. Auf die Frage, ob es prinzipiell möglich sei, Sprache auf so verstandene Information zu reduzieren, antwortet v. Weizsäcker mit einem »Nein« oder wenigstens »non liquet«:

> Der Grund dafür ist, daß jeder Versuch, einen Teil der Sprache eindeutig zu machen, schon den Gebrauch der natürlichen Sprache voraussetzt, auch soweit sie nicht eindeutig ist.[9]

Sollte dies nicht auch für das Denken gelten?

Wenn einer dafür plädiert, natürliche und künstliche Sprache, natürliche und künstliche Intelligenz, das Denken von Menschen und das Denken der Wissenschaft getrennt zu halten, dann muß es sich nicht um »Berührungsangst« handeln, wie mein Bielefelder Kollege Michael Otte nahelegt, und nicht um einen »Abgrenzungsversuch« des um seine Subjektivität bangenden Menschen gegen das, was doch nur die Konsequenz des Denkprinzips selbst ist.[10] Es handelt sich vielmehr um die Feststellung einer gegebenen Bedingung: Die Bedeutung für uns konstituiert den Wert der Operation; wir müssen unsere Zwekke setzen – außerhalb des »Imperiums der instrumentellen Vernunft« (Weizenbaum, 1984, S. 23 f.).

Der erziehbare Computer wäre ein Computer mit einer »Lebensgeschichte«. Ein Satz aber, der begänne: »Die Biographie dieses Computers zeigt ...«, wäre Unfug – wenn unsere Sprache noch taugt.

Zu (c): Menschliches Denken überschreitet das des Computers prinzipiell

Das menschliche Denken ist gewiß zunächst eine Tätigkeit des Individuums und damit subjektiv. Aber jahrtausendelange Übung hat zu Regeln der Objektivierung geführt. Dieses sich durch Selbstkritik reinigende Denken sollte man nicht einer vorgängig gereinigten künstlichen Intelligenz opfern; Michael Ottes Einwand:

> Wenn das Subjekt nur *durch seine Besonderheit* definiert ist, dann ist es kein Subjekt mehr, denn es läßt sich ... nicht mehr von der Maschine unterscheiden (1984, S. 164).[11]

ist richtig, aber irrelevant, weil niemand dies behauptet. Das Subjekt, von dem hier die Rede ist, und das erstens eine natürliche Sprache spricht und zweitens die Herrschaft über die künstliche Intelligenz beansprucht, ist nicht durch »Besonderheit« definiert, sondern durch das *Bewußtsein* seiner Besonderheit. Bewußtsein aber läßt sich – das ist sein Wesen – nicht simulieren. In dem Maß, in dem die *ratio* sich zur Herrschaft über das Leben aufschwingt, in dem Maß mobilisiert sie den Widerstand, die Selbstbehauptung des Willens.

Es ist unleugbar, daß das Denken über das Denken durch den Versuch seiner Objektivierung im Computer beträchtlich angeregt und gefördert wird. Die zuständigen Gelehrten unterziehen sich dieser Anstrengung. Die Bildungseinrichtungen tun es noch nicht.[12] Sie werden es erst tun, wenn die »aufgeklärte Öffentlichkeit« es tut.

5

Abschied von der Bildungseinrichtung »Enzyklopädie«, oder: Je mehr wir wissen, um so mehr müssen wir denken

Ich nähere mich dem Thema dieses Abschnitts mit einer persönlichen Erinnerung: Vor fast 50 Jahren war ich Lehrer an einem von Georg Picht geleiteten Landerziehungsheim, also einer Schule, die Bildung (durch Unterricht) mit Erziehung (durch Zusammenleben) verbindet. Es war mein erster Posten als Lehrer. Ich unterrichtete Griechisch und Latein. Zugleich war ich der »Hauserwachsene« für etwa ein Dutzend Jungen von 14 Jahren.

Unterricht war vormittags wie an anderen Schulen auch. Von 17 bis 19 Uhr war Arbeitsstunde; hier wurden Hausaufgaben unter Aufsicht gemacht. – War das »Bildung«?

In den anderen Stunden streifte man durch das Gelände, probte im Chor oder an einem Theaterstück, redete mit Freunden (zu denen auch Lehrer zählten), schrieb, las, übte sein Musikinstrument, spielte Hockey, arbeitete im Garten, stritt sich oder liebte sich, gammelte oder machte Ordnung. – War das »Erziehung«?

Ich, der ich Pädagogik nicht studiert hatte und also die Theorien nicht kannte, die darauf antworten, hätte wohl an dieser Einteilung nichts auszusetzen gehabt; so sahen es auch die anderen Lehrer; so verstanden es die Eltern, die ihre Kinder hierher brachten. Wenn die Zensuren eines Buben oder Mädchens in Deutsch oder Mathematik schlecht zu werden drohten, mußten sie entweder ihre Hockeyleidenschaft drosseln oder ihren Klarinettenunterricht abbrechen oder eine der Bildungsarbeit nicht bekömmliche Freundschaft aufgeben und vor allem das Geländespiel am Sonntag auslassen. Daß diese Dinge auch die »Bildung« berührten, kam niemandem in den Sinn.

Rückblickend auf die eigene Kindheit und Jugend, rückblikkend auf diese ersten Jahre in einer pädagogischen Gemeinschaft und, von mir inzwischen bekannten Theorien absehend, bin ich geneigt, Bildung und Erziehung ganz anders zu verteilen – nicht nach Absichten, Zeiten, Gegenständen und Tätigkeiten, sondern nach Wirkungen. Drei Viertel von dem, was einst der Bildung zugedacht war, wirkte nicht »bildend«. Drei Viertel von dem, was auch noch geschah, hat uns gebildet – hat das, was der bildende Unterricht als mehr oder weniger totes Gestein anlieferte, geordnet, zu einem Gebäude/Gebilde zusammengesetzt und mit Sinn versehen. Und an dem Gebilde bauen wir – wir alle – unser ganzes Leben lang. Das s.v.v. sich bildende Gebilde sind wir selbst.

Sind also Erziehung und Bildung identisch – bis auf den Modus? Das eine widerfährt uns von anderen, das andere tun wir selbst; das eine beginnt das Ganze, das das andere *ist*; beide unterscheiden sich von Bildungsgütern und Bildungswissen, die man zu einem Zweck *hat*? *Hier* Erziehung-und-Bildung – die bewußte und gewollte Veränderung des Menschen, eine Bereicherung der Person, ein Befreiungs-, Ordnungs-, Aneignungsvorgang; *dort* ein nützliches Instrument »zur Lösung von«, ein notwendiges Vehikel der Verständigung in der Kultur, ein geschätzter Besitz, ein Maß der gesellschaftlichen Anerkennung?

Der Anlaß für mich, hiervon zu reden und so zu fragen, steckt im Untertitel dieses Abschnitts, dessen zweite Hälfte, die Apodosis, ich hier erweitere: »Je mehr wir wissen, um so mehr müssen wir denken, entscheiden, verantworten und also *sein*.« Teilt man, wie ich es eben getan habe, die mit dem Wort »Bildung« bezeichneten Phänomene ein in einen Prozeß der Aufhellung, Sinngebung, Formung einerseits und in nützliche Mittel der Verständigung und Information andererseits, dann fällt die Enzyklopädie wie von allein den letzteren zu. Heute jedenfalls sinnt man ihr eine andere Funktion gar nicht mehr an; man hat sich mit ihrer Utilität nicht nur abgefunden, sondern gut befreundet. Aber die Gebildeten und vollends diejenigen unter ihnen, die darüber nachdenken, was es heißt, »gebildet« zu sein, verachten den »Enzyklopädismus«, handhaben das Wort »enzyklopädische Bildung« wie ein Fossil, weisen nach, daß man sie nicht mehr haben könne und darum nur wollen könne, wenn man ein Halbgebildeter ist. »Die Enzyklopädie im Zeitalter des Computers« – ist dieses Thema nicht eine wunderbare Gelegenheit, über die fortschreitende Materialisierung des Geistes zu klagen, einer längst vergangenen und verlorenen Möglichkeit umfassender Weltkenntnis den digitalen Todesstoß zu versetzen, das zwittrige Wort »Bildung« endgültig auf die eine oder andere Seite zu ziehen: Bildung gehe folgerichtig im Formalen auf, seit man das materiale Wissen dem Computer auftragen könne, der die Idee der Enzyklopädie verwirkliche; oder: Bildung könne nun endlich die bisher nie beherrschte Wissens-Materie vollständig durchdringen, ordnen, über sie verfügen, vermöge doch der Computer, was dem Menschen nur unvollkommen gelinge: »vernetzt zu denken«!

Angesichts ihres elektronischen Konkurrenten will ich die Aufgabe der Enzyklopädie in unserer Zeit prüfen, nicht freilich, wie dies ein sozialwissenschaftliches Institut täte, sondern als einer, der von Berufs wegen täglich jungen Menschen geholfen hat, sich Vorstellungen von der Welt zu bilden und diese zu ordnen – und der selber bewußt aus der Geschichte unseres Geistes denkt, jedoch in der Gegenwart.

Ich muß – und will – darum mit der »allgemeinen Bildung« beginnen, die mit ihrer Enthaltsamkeit gegenüber aller Spezialisierung, mit ihrem historischen Fächerkanon, mit der Allseitigkeit ihrer Bemühungen – um Geist, Seele, Körper, um Naturwissenschaften, Geisteswissenschaften, Sozialwissenschaften, um Geschichte und Gegenwart, um Heimat und Welt, um Sprache und Sprachen, um Künste und Mathematik – so etwas wie Nachhut und Nachhall des enzyklopädischen Anspruchs ist. Erfüllbar freilich ist er mit ihren Mitteln schon lange nicht mehr. Die 15 bis 18 Fächer des Gymnasiums, die Form, in der sie nebeneinander im Wochenstundenplan unterrichtet wurden und werden, das von Spezialisten ausgewählte, vorgetragene, abgefragte Pensum (so das ehrliche, aber unverstandene Wort für diesen Vorgang!), die Ausmessung und Verrechnung der erbrachten Leistungen – dies alles hat der so erworbenen Bildung die Kennzeichnung »enzyklopädisch« eingetragen und diesem Wort wiederum die Bedeutung nicht-wirklich-angeeignet, von-allem-etwas, wesenlos, strukturlos und unaufrichtig. Die Bibel und das Grundgesetz, Leonidas und Hannibal, Faust und König Lear, Hebelgesetz und Linnésches System, deutsche Kaiser und Französische Revolution, Satz des Pythagoras und Grammatik, Mona Lisa und Müllerin-Lieder – das sind Erkennungsmittel der »Gebildeten«; aber »Bildung« und gar schon universale, *all-round,* das heißt sowohl die Person allseitig entfaltende wie die Kultur allseitig repräsentierende Bildung sind sie nicht. Im »Kranz« der Fächer fehlen beispielsweise die Jurisprudenz und die Medizin, die Nationalökonomie und die technischen Wissenschaften, die Astronomie und die Ethik, die alle in der großen Encyclopédie noch eigene, oft mehrbändige Abteilungen einnahmen, von modernen, unsere Welt bestimmenden Disziplinen wie Tiefenpsychologie oder Soziologie oder Informatik ganz abgesehen. Der Kreis ist eine historisch bedingte Selbsttäuschung.

Am Birklehof, dem eingangs erwähnten Landerziehungsheim, das Georg Picht leitete, schlug dieser darum der Konferenz einen ganz anderen Lehrplan für die Oberstufe vor. Dieser entsagte auch dem letzten enzyklopädischen Anspruch für die Bildung des einzelnen. Seine Grundidee war: Allgemeine Bildung kann heute nur eine Gemeinschaftsleistung sein. Damit war nicht gemeint: Auch die Bildung – wie die Wissenschaft – sei in Zukunft arbeitsteilig. Vielmehr: Jede Bildung eines jeden Menschen entsteht in einem Umgang mit Menschen einer anderen, nie identischen Bildung im Horizont der gemeinsamen Kultur. Was die Verständigung unter ihnen ermöglicht und erfordert, ist das Gemeinsame und Allgemeine daran. Diese Theorie sagte nicht mehr und nicht weniger, als daß alle Versuche, einen verbindlichen Kanon von Gegenständen als Maß der allgemeinen Bildung aufzustellen, nicht nur vergeblich, sondern für die Idee der Bildung selbst schädlich sein müssen: dann werde sie (a) belanglos, (b) der erschlossenen Welt nicht mehr gerecht und (c) untauglich zur Verantwortung der Kultur. Bildender Unterricht muß so organisiert sein, daß er diese Erfahrung ermöglicht. In dem Gutachten »Zur Situation und Aufgabe der deutschen Erwachsenenbildung« (Folge 4 der Gutachten des Deutschen Ausschusses für das Erziehungs- und Bildungswesen), dessen Text wesentlich von Georg Picht formuliert ist, heißt es:

> Obwohl Bildung der Bücher bedarf und nicht ohne Anstrengung des Denkens entsteht, beruht sie doch wesentlich auf den unvertauschbaren eigenen Erfahrungen, die der einzelne auf allen Stufen seines Lebens macht ...
>
> Andererseits ist Bildung die Fähigkeit zu hören und die Fähigkeit mitzusprechen: Teilnahme an einem gemeinsamen Bewußtsein. Gebildet ist man nicht für sich, sondern nur in einer ›Republik der Geister‹, als Mitmensch, der an der gemeinsamen Existenz und ihrem Bewußtsein teilhat. Die Erkenntnis der Lückenhaftigkeit der eigenen Bildung gehört zu ihrem Wesen. (S. 22)

Der Gedanke war so geistvoll wie unpraktisch. *Unpraktisch,* sage ich; die Nöte der Neugestalteten Gymnasialen Oberstufen, die auf ihn und verwandte Konzepte der 50er Jahre zurückgeht, beweisen nicht, daß er *falsch* war. Sie zeigen nur, wie zäh Gewohnheiten, wie machtvoll die sogenannten Verhältnisse und wie unphilosophisch die Normalmenschen sind. Diese kehren darum immer wieder zu den Enzyklopädien zurück – den Stoff-Enzyklopädien wie den Methoden-Enzyklopädien.

Am Birklehof gab es am Dienstagabend in Georg Pichts Wohnung ein Philosophisches Colloquium. Dort bin ich zum erstenmal Ciceros »*cultura animi*« (Tuskulanische Gespräche II, 5) begegnet und der Möglichkeit, diese mit »Bildung« zu übersetzen: Bearbeitung und Verfeinerung unseres Bewußtseins. Der lateinische Terminus gab dem deutschen Wort »Bildung/bilden« seine ursprüngliche Kraft zurück, aber auch die eigentümliche Unfaßbarkeit, die ihn für die damalige Situation – ich meine die Anstrengungen um eine Erneuerung unseres Bildungssystems im zweiten Jahrzehnt nach dem Zusammenbruch – so gut wie unbrauchbar machte.

Kurz darauf lasen wir in demselben Colloquium Platons *Politeia.* Ich wurde durch Picht auf etwas aufmerksam gemacht, was ich bisher immer überlesen hatte: wie das Siebente Buch und mit ihm das Höhlengleichnis beginnt: »Und nun mach' dir an folgendem Begebnis ein Bild davon, wie es um Bildung und Unbildung unserer Natur bestellt ist«, Μετὰ ταῦτα δή ... απείκασον τοιούτῳ πάθει τὴν ημετέραν φύσιν παδείας τε πέρι καὶ απαιδευσίας (514a). Mit anderen Worten: Das Höhlengleichnis ist ein Gleichnis unserer Verwandlung durch *paideia.* Diese – die wir mit dem Wort »Bildung« übersetzen – wird im Gleichnis als eine »Umwendung der ganzen Seele zur Wahrheit« dargestellt, als eine περιγωγὴ ὅλης τῆς ψυχῆς (εις αλήθειαν) (518c-d) –, das radikalste Gegenbild zur sowohl traditionellen wie zur sophistischen Vorstellung von Bildung und weit entfernt auch von Georg Pichts eigenem Oberstufenkonzept. Dieser hat zwar die Platonische *paideia* nicht beiseite getan und schon gar nicht relativiert (das kann man nicht, ohne sie zu verkehren), aber er hat sie zu einem Bestandteil eines allgemeinen pragmatischen Orientierungssystems gemacht. Gebildet werde (!) heißt es in dem zitierten Gutachten des Deutschen Ausschusses, »jeder, der in ständiger Bemühung lebt, sich selbst, die Gesellschaft und die Welt zu verstehen und diesem Verständnis gemäß zu handeln« (S. 20).

Vor 30 Jahren hat Georg Picht dann in Mannheim einen Festvortrag aus Anlaß des Erscheinens des ersten Bandes von Meyers Enzyklopädischem Lexikon gehalten und darin die gewohnte, folgenreiche, auf Quintilian zurückgehende Vorstellung destruiert: *Enkyklios paideia* heiße die runde, allseitige Bildung, von der vorhin die Rede war. »Enkyklios« aber bedeute, so belehrte uns damals Georg Picht, »im Kreislauf der Dinge wiederkehrend« und, seit dem 4. Jahrhundert, »alltäglich«, »üblich«, nämlich nicht abgehoben, nicht aristokratisch, nicht hermetisch. *Paideia* wird in dieser Zeit bürgerlich, von bestimmten kanonisiertem und schwer zugänglichem Wissen unabhängig, frei und befreiend: durch die Beherrschung der Mittel. Dies ist die demokratische und aufklärerische Lehre der Sophisten, die Emanzipation von der Herrschaft esoterischer Künste verspricht. Jeder kann alles lernen, keiner muß alles wissen. Noch heute ist dies die Position der allgemeinbildenden Schule: Bildung ist formal; um sie zu erreichen, bedient man sich bestimmter gemeinsamer Gegenstände, über die zu verfügen auch aus anderen Gründen nützlich ist.

Ich habe meine Erinnerungen an Georg Picht bemüht, um mein Feld zu ordnen:

- Von Enzyklopädie sprechen bedeutet nicht nur, von einem Buch sprechen, das so heißt, sondern auch und vor allem von einer Idee, die in diesem Namen steckt.
- Die Idee war, wie das Wort sagt, die einer freien und allgemeinen, allgemein zugänglichen Bildung.
- Frei und allgemein war sie durch ihren formalen Charakter.
- Man lernt sie jedoch an dafür bewährten gemeinsamen Gegenständen.
- Diese Gemeinsamkeit der Gegenstände verwechselt man dann mit der eigentlich gemeinten Allgemeinheit und unterlegt ihr eine falsche Erklärung von *enkyklios paideia*.
- Die gemeinsamen Gegenstände werden verbindlich, aus Freiheit wird Bindung.
- Eine substantielle Allgemeinbildung (mit einem Kanon von Gegenständen) gelingt nicht nur praktisch nicht, sie ist auch theoretisch nicht mehr schlüssig zu begründen.
- Eine radikale platonische Kritik an den sophistischen Künsten macht auch diese pädagogisch unglaubwürdig.
- Die dialektische Figur von einer Aufklärung, die an der eigenen Kurzschlüssigkeit scheitert, und von der Tradition, die die revolutionäre Formalisierung unterwandert, kehrt in der Geschichte wieder – im 5. Jh. v. Chr., im 18. Jh., in der Gegenwart.
- Von beiden – den Sophisten wie den Traditionalisten – gleichermaßen geschmäht, lebt der Enzyklopädismus fort.

Was tun wir mit solcher Erkenntnis – beispielsweise wenn wir die Didacta besuchen oder wenn wir erfahren, daß das Bibliographische Institut eben noch einen neuen Brockhaus herausgebracht hat? Verdecken und vertuschen wir – ohnmächtig und schlechten Gewissens – das Versagen der beiden großen Bildungsideale, der *formalen,* auf der Entwicklung von geistigen Fähigkeiten beruhenden Bildung, der *materialen,* auf dem Wert von Erkenntnisgütern beruhenden Bildung? Oder geben wir – bewußt und guten Gewissens – der Erfahrung statt, daß Enzyklopädien uns den Enzyklopädismus ersparen helfen, bekennen uns also offen und optimistisch zu einer Entwicklung, die uns den neuen, vielleicht letzten Brockhaus beschert, bevor die Speicherung und Verteilung des Wissens durch Computer und Bildschirm, Kabel und Satellit übernommen werden?

Beunruhigt von dieser Frage, beunruhigt auch von der Möglichkeit, sie könne falsch, überflüssig, dem Verständnis der Enzyklopädien von sich selbst unangemessen sein, habe ich einige von diesen aufgesucht. Welche Ansprüche stellen sie an sich selbst? Welche Erwartungen wecken und nähren sei bei ihren Benutzern? Welche Gemeinsamkeiten zeigen sie? Welche Entwicklung haben sie durchgemacht?

Ich beginne mit der großen Encyclopédie, die wir mit den Namen von Diderot und d'Alembert verbinden[1]. Dieses legendäre Werk sah ich eines Tages überrascht und beglückt in der Bibliothek eines Freundes – fast zweihundert Bände in hellem Halbleder, umgeben von anderen bibliophilen Kostbarkeiten und einem Wasserschloß aus der Renaissance. Daß es sich dabei nicht, wie der Besitzer und ich meinten[2], um die erste Ausgabe handelte, deren Publikation 1751 begann und sich dann fast zwei Jahrzehnte hinzog, sondern um eine mit Zustimmung Diderots zwischen 1782 und 1832 realisierte Neuausgabe[3], war schwer festzustellen – eben weil sie nicht dem vorgestellten, seither üblichen Ordnungsprinzip folgt: Es gab keinen ersten mit A beginnenden Band.

Ein Vormittag zunehmend aufgeregten Blätterns, Suchens, Lesens hat mir eine geheime Vermutung bestätigt, die ich vorher gar nicht auszusprechen gewagt hätte: Daß Enzyklopädismus – d. i. die verstiegene Idee, *alles* Wissen der Menschheit sei zusammenzufassen, zugänglich zu machen und gleich zu behandeln, also nicht durch ein Deutungsmuster zu bewerten –, daß dieser Enzyklopädismus gar nicht notwendig zur Idee der Enzyklopädie gehört. Die großen Aufklärer des 18. Jahrhunderts hatten nicht ein Archiv des Wissens im Sinn, sondern, wie sie es nannten, eine »Encyclopédie méthodique ou dictionnaire raisonné des sciences, des arts et des métiers«, von der sie dann aber zugunsten der alphabetischen Anordnung Abstand nahmen. In der »Encyclopédie méthodique ou par ordre de matières« meines Freundes war der ehrgeizigere ursprüngliche Plan verwirklicht. Sie war die größte und vielleicht letzte Anstrengung ihrer Art, das überwältigende Wissens seinerseits *geistig* zu bewältigen, sich nicht mit seiner technischen Organisierung zu begnügen – und dies, obwohl die unausgesprochenen Materialisten unter ihren Autoren überwogen. »Ce mot [scil. ENCYCLOPEDIE] signifie enchainement des sciences« (Das Wort Enzyklopädie bedeutet Fesselung der Wissenschaften), so dekretiert Diderot (s.v. ENCYCLOPEDIE) – unbekümmert um die Tradition des Begriffs. Daß die Herausgeber dieses Werkes auch Vollständigkeit erstrebten, daß sie in der Planung und Ordnung des *mundus intelligibilis* eine Generalstabsarbeit höchsten Ranges vollbrachten, daß sie an die großen Wissenssammlungen des Mittelalters und des 16. Jahrhunderts anknüpften, kann den unvoreingenommenen Leser nicht hindern, das Auffälligste auch zuerst zu sehen und zu bewundern: daß es den Enzyklopädisten zuallermeist um die Verständlichkeit der Welt ging. Verständlichkeit aber beruht auf Zusammenhang. Weil ihnen gelungen ist, diesen Zusammenhang in der Idee der Aufklärung und das heißt in vernünftiger Begründung *(dictionnaire raisonné!)* zu geben, hat man ihn als selbstverständlich hingenommen; man hat nicht erkannt, daß es sich um ein durch und durch *philo*sophisches und nicht *pan*sophisches Werk handelt. Die Enzyklopädisten hießen in ihrer Zeit nicht umsonst »les philosophes« schlechthin.

Indem wir uns heute diesem vor 170 Jahren vollendeten Versuch zuwenden, könnten wir vielleicht Mut bekommen, diese

Anstrengung zu erneuern und die falschen, nicht zur Idee der Enzyklopädie gehörigen Merkmale fortzulassen, Auskünfte zumal, die wir heute dem Computer übertragen können. Der mag sich der Vollständigkeit annehmen und, indem er die technische Bewältigung des Wissens leistet, uns helfen zu erkennen, was eine rationale Bewältigung des Wißbaren heißt. Die Fülle der Information ist ja da und wächst und wächst. Ein System, das auf Arbeitsteilung in der Sache und in der Zeit beruht, das ökonomisch nur funktioniert, wenn das schon vorhandene Wissen genutzt wird, kann den Computer nicht entbehren. Die Aufgaben der Bildung aber können mit ihm nicht nur nicht gelöst werden, sie werden schwieriger. Die Bildung muß bei anderen Mitteln Zuflucht suchen.

Ich möchte nun meine Begegnung mit den Enzyklopädien, voran der Encyclopédie von 1782, schildern. Daß es sich um ein Erkenntnissystem und nicht bloß ein Nachschlagwerk handelt, sieht man schon an seiner Gliederung. Die Bände sind nicht durchnumeriert, die Gegenstände sind nicht in alphabetischer Ordnung von A bis Z auf die Bände verteilt. Das Werk hat vielmehr zahlreiche ungleich große Abteilungen: Jurisprudenz, Medizin, Landwirtschaft, Handel, die schönen Künste, Astronomie, Grammatik und Literatur – worunter auch Sprache, Sprachen, Sprachwissenschaft, also alles das fällt, was wir der Philologie zuordnen, und somit auch die Schulbildung – etc. Innerhalb der einzelnen Abteilungen herrscht dann die alphabetische Ordnung und sind Sach- und Worterklärungen gemischt, was den uns gewohnten Eindruck eines Universallexikons zunächst bestätigt. Allgemeinsprachliches findet sich jedoch in der mehrbändigen juristischen Abteilung nicht, sondern nur Fachtermini und besondere juristische Redensarten. Aus verschiedenen Einleitungen einzelner Bände (*den* Ersten Band des Gesamtwerkes gibt es nur in der Form des zuerst erschienenen Bandes) entnimmt man, daß die Encyclopédie méthodique vor allem der Belehrung (enseignement) dienen will und darum den Nutzen der Wissenschaften, der Geschichte, der schönen Künste und der Berufe herausstellt. Zur Nützlichkeit der Belehrung aber gehört die Vernünftigkeit, der – mit

Kant gesprochen – gesellschaftliche Verstandesgebrauch, in all diesen menschlichen Tätigkeiten. In dem Artikel ENCYCLOPEDIE (er steht in der Abteilung »Philosophie«) werden einer solchen die folgenden Zwecke zugeschrieben:

> … die über die Welt verstreuten Kenntnisse zu sammeln; das ihnen zugrunde liegende System den Zeitgenossen darzulegen und den nachkommenden Generationen zu überliefern, damit die Bemühungen der verflossenen Jahrhunderte nicht ungenutzt verlorengehen, damit unsere Enkel besser unterrichtet und demzufolge auch tugendhafter und glücklicher sein möchten, und damit wir selbst nicht dahingehen, ohne uns um die Menschheit verdient gemacht zu haben.

Und in der Einleitung zum Band »Grammaire et Littérature« heißt es:

> Die methodische Enzyklopädie stellt die Prinzipien auf, legt die Gesetze und Regeln dar und liefert die Bestandteile und die Entwicklung der menschlichen Kenntnisse; und in ihrem belehrenden Fortgang schreitet sie mit dem Ernst daher, der der Bedeutung ihrer Lehre und ihrer Vorsätze entspricht.

Diderots Enzyklopädie ist – zu meiner Überraschung und wohl zur Überraschung eines jeden, der an den Brockhaus und den Meyer gewöhnt ist – ein durch und durch pädagogisches Werk.

Der nach Lebensgebieten mehr als nach Disziplinen gegliederten Encyclopédie méthodique steht eine Encyclopédiana zur Seite, die das gesamte übrige Opus noch einmal kürzer, nun statt zur Belehrung zur Ergötzung zusammenfaßt: als deren notwendige und angenehme Ergänzung (dont elle fait partie aussi nécessaire qu'agréable). Und schließlich gibt es 11 Bände mit über 3000 »Planches«, Abbildungen von außerordentlicher Anschaulichkeit. Nichts war den Autoren zu gering, um hier aufgenommen und festgehalten zu werden – sofern es Teil der Bemühung des Menschen um rationale Beherrschung der Natur ist: Flaschenzüge und Webstühle, Bergwerke und Feuerpumpen, die Organe des Menschen und die Bahnen der Sterne, Pflanzen und Gesteine. Die Planches und die Encyclopédiana machen deutlicher als irgendein anderer Teil der Encyclopédie, daß die Autoren von einem vorhandenen, nur noch nicht in allen Teilen aufgedeckten Zusammenhang der Erscheinungen, Begebenheiten, Gedanken, Wörter ausgingen und daß die in diesen gespiegelte Welt dem Menschen faßbar und endlich ist. Es ist nicht die Schuld der Enzyklopädisten, daß wir das Abenteuer der Aufklärung hinter uns zu haben meinen, daß Aufklärung selber keine politischen Folgen mehr hat, daß wir mit Wissen übersättigt sind, unsere Erfahrungsmöglichkeiten dagegen verarmen. Es ist umgekehrt falsch, ihre Ordnung der Welt deshalb für mechanisch zu halten: Es war eine so kühne wie notwendige philosophische Ordnungstat – und eine politische zudem. Das Werk, schreibt Egon Friedell, hatte einen geheimen Hauptzweck:

> … Es war nichts Geringeres als ein riesiges Arsenal aller subversiven Ideen, die im Laufe der letzten Generationen ans Licht getreten waren. Hierbei verfolgten die Verfasser eine sehr geschickte und listige Taktik. In Artikeln, hinter denen man Anstößiges wittern konnte, wie ›Seele‹, ›Willensfreiheit‹, ›Unsterblichkeit‹, ›Christentum‹, trugen sie die rechtgläubigen Lehren vor, während sie an ganz anderen Stellen, wo niemand solche Auseinandersetzungen vermutete, die entgegengesetzten Prinzipien mit einer Fülle von Argumenten entwickelten und zugleich durch versteckte Hinweise, die aber der eingeweihte Leser sehr bald verstehen lernte, die Verbindung herstellten.[4]

Eine auch nur ähnlich spannende Rolle ist einem heutigen Lexikon natürlich versagt.

Auf meiner ersten Suche nach dem Stichwort ENCYCLOPEDIE geriet ich zunächst an den Band Grammaire et Littérature, in dem auch das Stichwort ÉDUCATION abgehandelt wird. Zwischen ENCLITIQUE und ENDEMIQUE, wo ENCYCLOPEDIE hätte stehen sollen, stand sie nicht. Ich griff zur Encyclopédiana und verweilte beim ersten Blatt: Ein Motto von Horaz »iucunda et idonea dicere vitae«, »die angenehmen und nützlichen Dinge des Lebens sagen«. Es folgte einer Erläuterung der Absicht und Anlage der Encyclopédiana; sie werde enthalten: weniger bekannte und erstaunliche Regungen des Geistes (de moins connu ou de plus curieux parmi les saillies de l'esprit), glanzvolle Leistungen der Phantasie, die kleinen Geschichten in der großen Geschichte der Welt wie der einzelnen Völker, ungewöhnliche Bräuche, zeitbedingte und persönliche Züge bedeutender Menschen, Anstoß und Wirkung starker großzügiger Seelen, Akte der Tugend, die Anschläge des Lasters, die Verwirrungen der Leidenschaften, die wichtigsten Gedanken der Philosophen, kluge Entgegnungen darauf, Anekdoten, Sentenzen, Redensarten und schließlich die Eigenarten der Wissenschaften, der Künste, der Literatur. Und dann endlich eine Anspielung auf die *enkyklios paideia*: »Die Encyclopédiana wird den Kreis der Kenntnisse schließen (fermera le cercle des connaissances), indem sie sich all dessen annimmt, was die Autoren der Encyclopédie méthodique aufgrund ihres Planes haben übergehen müssen.«

Auch in diesem Band, also in der Encyclopédiana, kein Stichwort ENCYCLOPEDIE. Vor der Stelle, an der es stehen müßte, findet sich ÉMULATION, danach ENFANT GATÉ; also lese ich, was über diese gesagt wird:

> ÉMULATION, plus innocente que l'envie, plus sage que l'ambition, l'émulation est toujours un bien …
>
> WETTEIFER, argloser als der Neid, klüger als der Ehrgeiz, ist der Wetteifer stets ein Gut …
>
> In seiner Jugend hatte Themistokles nichts als Wein und Ausschweifungen im Sinn. Als aber Miltiades seinen berühmten Sieg bei Marathon errungen hatte …, spürte Themistokles eine heftige Regung, es ihm gleichzutun, ihn womöglich zu übertreffen …

Und dann wird die Geschichte dieser Bemühungen erzählt. In dem etwa zwei Spalten umfassenden Artikel folgen weitere Beispiele von Wetteifer auf anderen Gebieten und am Ende Verallgemeinerungen.

Unter ENFANT GATÉ/Verwöhntes Kind wird die Geschichte einer *dame d'esprit*, einer gebildeten Frau, erzählt, die fürchtete, ihr Sohn könne durch ihre Schuld erkranken – wodurch er ein Tyrann wurde.

> Eines Tages hörte sie ihren Sohn unten im Hof weinen und sieht, daß ein Diener ihm etwas verweigert, was er offensichtlich verlangt hat. Sie eilt empört zu ihrem Gatten, der ihr gegenüber so schwach ist wie sie gegenüber ihrem Sohn, und bittet ihn, einzuschreiten. Er geht hinab, beschimpft den Diener als insolent und stellt ihn zur Rede. Er verteidigt sich: Madame möge doch selber ihrem Sohn geben, was dieser begehre: Der Sohn habe in eine Schüssel Wasser geblickt und den sich darin spiegelnden Mond gesehen. Den wolle er haben.
>
> Alle müssen lachen, und die Erziehung des Kindes wird umgestellt. Auch hier folgen andere Beispiele und schließlich eine Nutzanwendung.

Unsicher, ob ich irgend jemanden mit dem Zitieren dieser Stellen von der prinzipiell pädagogischen Anlage des Werkes überzeugen werde oder vielmehr nur von ihrem Unterhaltungswert, habe ich in der Encyclopédie méthodique einen Gegenstand aufgesucht, den jedes andere Handbuch durch Definition, systematische Begründung, historische Herleitung und Beschreibung der Institutionen darzustellen sich bemühen würde – ÉDUCATION.

> ÉDUCATION / Erziehung und Bildung: Chosroes, König der Perser, hat einen Minister. Der bittet den König um Urlaub: Er habe einen Sohn, und nur er selbst könne diesen so erziehen, daß er dereinst dem König gebührend diene. Der König gibt der Bitte statt unter der Bedingung, daß er auch seinen – des Königs – Sohn erziehe: seine Seele erhelle und festige. Der Minister nimmt beide Jungen mit sich fort vom Hof und von dessen verderblichen Einflüssen. Nach sechs Jahren kehrt er zurück. Der König, die beiden jungen Männer beobachtend, bemerkt, daß sein eigener Sohn besser geraten ist als der des Ministers und sagt ihm dies in Verwunderung.

> Der Minister antwortet: Herr, ich habe beide in gleicher Weise erzogen, aber deinem Sohn konnte ich nicht vorenthalten, daß er dereinst von den Menschen gebraucht werde, während mein Sohn wußte, daß er die Menschen brauchen werde. [Freie und kürzende Wiedergabe]

Man sieht hoffentlich, was ich meine, wenn ich sage: Die Enzyklopädie ist ein Buch, das zum Lesen verführt – und doch in allem Ernst belehrt, hier z.B. über den Unterschied von Erziehung und Sozialisation. Welche Unmittelbarkeit zur Sache, welche Anschaulichkeit, welch' unbefangene Lust an der Wirkung! Mein eigener Artikel »Pädagogik« in Meyers Enzyklopädischem Lexikon von 1971 fängt da – leider – ganz anders an!

Auch heute gibt es Menschen, die in einem großen Konversationslexikon buchstäblich schmökern. Aber das ist dann meist nicht dessen Verdienst oder gar dessen Absicht. Es handelt sich um geistige Müßiggänger; sie haben eine nicht unbegreifliche Freude an dem lustigen Durcheinander, in dem Affekt auf Affe, Querulant auf Quersumme, Ringelnatz auf Ringelnatter folgt; sie werden von Bildern und Querverweisen weitergelockt; die Kürze der meisten Artikel läßt Angespanntheit nicht aufkommen. Aber eine Welt baut sich vor ihnen nicht auf.

Zurück zur Encyclopédie. Sie war nicht nur ein wahrhaftiges Lesebuch, das auf einer bestimmten literarischen Tradition fußte, sie war zugleich auch ein Forum, auf dem neue Theorien erprobt, eine Erkenntnisformel gewagt, eine Idee, eine Erfindung, ein Tatbestand zum erstenmal dargestellt, Kritik und Gegenkritik geübt wurden. Die Enzyklopädisten waren neugierig und machten neugierig. Worauf? Auf alles – aber vor allem darauf, wie sich die Dinge in der Welt reimen. Das lohnt sich zu wissen. Wissen freilich mußte man damals noch suchen, nicht nur aufsuchen, und fand es oft genug nur unter persönlicher Gefahr. Es war nicht, wie heute, selbstverständlich »da« und gar »zuviel«.

Neben der Encyclopédie stand in der Fürstlich Hatzfeldtschen Bibliothek, in der mir dies alles widerfuhr, die achte Auflage des Brockhaus aus dem Jahre 1833. Sein Titel drückt einen Wandel aus: Allgemeine Deutsche Realenzyklopädie für die Gebildeten Stände (Conversationslexikon) in zwölf Bänden, Leipzig/Brockhaus. Aus dem »öffentlichen Raisonnement« (Jürgen Mittelstraß, S. XIV) ist die »Conversation« in feineren Kreisen geworden und aus dem nach Wissens- und Lebensbereichen gegliederten System eine alphabetisch sortierte Realiensammlung. Was soll hier das Wort »Enzyklopädie« sagen (es kommt ja im Titel noch vor)? Und was bedeutet »Conversation«? Unter dem Stichwort ENZYKLOPÄDIE findet sich zunächst die von Picht als falsch entlarvte sprachliche und sachliche Herleitung:

> … bezeichnet ursprünglich den Inbegriff und Kreis derjenigen Kenntnisse und Fertigkeiten (die artes liberales der Römer), in welchen die Alte Welt die Bildung eines freien Mannes umschloß.

Diese Figur habe man später vom Leben auf die Wissenschaften übertragen, und zwar schon im Hellenismus; Universalwissenschaftler hätten Universalenzyklopädien (sic!) verfaßt – Varro, Plinius, Stobäus, Suidas, Marcianus Capella; das Mittelalter habe diese Tradition fortgesetzt in der Form von Historiae (Nachforschungen), Speculum (Spiegel), Satira (Potpourri), Summa (Summe), Orbis (Erdkreis), also in der Form von Abbildungen der Welt ohne wissenschaftliche Systematik, bis hin zu Bacons Novum Organum, dem man die Wendung von den Sachen zu den Erkenntnismitteln attestiert, und zu Diderots Encyclopédie, die man ahnungslos ein »Archiv« nennt. Man lobt deren »Korrektheit und Eleganz des Stils«, verbunden »mit Nachahmung der Natur und moralischen Zwecken« und schließt hier mit der Idee des Konversationslexikons an. Aber wie es in der Folge zur Preisgabe der Sachordnung zugunsten der durchgängigen Alphabetisierung gekommen ist, erklärt man nicht.

Die bürgerliche Gesellschaft verlor über dem Behagen, das sie bei der enzyklopädischen Verfügung empfand, das Motiv, das zu dieser geführt hatte. Es kennzeichnet das deutsche Universallexikon, daß es Vollständigkeit und Verläßlichkeit über alles schätzt und daß der Brockhaus von 1901 im Artikel ENZYKLOPÄDIE, nach zweieinhalb Spalten Geschichte dieser Gattung von Lexikon, vier Spalten mit der Aufzählung von buchstäblich Hunderten von Nachfolgern der Encyclopédie füllt. Der ganze Kontext hat sich gewandelt. Das wird vor allem in dem Artikel CONVERSATION deutlich: »Umgang, also genauer Verbindung zwischen Personen, die sich gegenseitig aufsuchen, um das Vergnügen ihrer Gesellschaft zu genießen ...« In den sogenannten gebildeten Kreisen, in denen dieses möglich und üblich war, hatte das Wissen eine andere Funktion als noch ein halbes Jahrhundert zuvor. Ihnen wird in diesem Artikel versichert, der gute Ton lasse sich nicht lernen; die Erziehung der höheren Stände sorge aber für etwas, was ihm ähnlich sehe. Hilfreich für die gebildete Unterhaltung seien die »Conversationsstücke«. Gerne würde man hier die Franzosen zum Vorbild nehmen, von denen nicht zu Unrecht ein alter Ausspruch sage: »Les Français seulement savent converser et les autres nations savent que disserter et discuter.«

Auch dies haben die gesellschaftlichen Entwicklungen weit hinter sich gelassen. Das moderne Universallexikon ist ein Instrument der heutigen Wissenschaftskultur, in der nicht mehr eine Minderheit, sondern die Mehrheit eine höhere Bildung erhält. Es erzieht nicht, es deutet nicht, es streitet nicht, es greift nicht vor, es verfolgt keine moralischen Zwecke. Obwohl fast jede Schule heute ihren Großen Brockhaus oder den Großen Meyer besitzt und benutzt, ist die Enzyklopädie aus ihrem pädagogischen Auftrag entlassen. Das heutige Universallexikon setzt Bildung voraus. Ich habe notiert, was ich in den letzten Monaten im Brockhaus oder Meyer nachgeschlagen habe (außer den für diesen Text aufgesuchten Stichwörtern): ASYL, die symbolische Bedeutung von FEUER, die drei Wissensformen von Max SCHELER, St. VEIT als Patron der Bettnässer, ANTISTHENES, die Einwohnerzahl der PHILIPPINEN. Die Sache, um die es jeweils ging, war mir bekannt; was ich brauchte und suchte, war eine zusätzliche Auskunft – eine Herleitung, ein Synonym, eine Beziehung, ein Datum. Das enzyklopädische Lexikon ist des kleinen Mannes, des Schülers, des Studenten, des Studienrats, des Abgeordneten, des Journalisten Ersatz für die Universalbibliothek. Nicht nur sind Quiz, Examensarbeit und Kreuzworträtsel ohne Sachlexikon nicht zu bestehen, unsere hochentwickelte, aufgeklärte, republikanische Kultur ist ohne den Brockhaus und den Meyer gar nicht zu denken: Sie stellen das Wissen der Zeit allen Menschen in der gleichen Weise zur Verfügung, von Sonderinteressen und Sonderperspektiven gereinigt, bewußt nüchtern, vielfach überprüft nicht nur durch Experten, sondern durch den Gebrauch, also durch die Öffentlichkeit selbst; sie haben eine dem Bedarf angemessene Beständigkeit (etwa 20 Jahre ist eine Auflage im Dienst und gültig – und das wiederum müssen die Verfasser der Artikel berücksichtigen); sie aktualisieren das Wissen, aber sie sind nicht aktuell; sie haben durch ihre Geschichte Autorität und dadurch Verantwortung und Unabhängigkeit.

Fragt mich jemand nach Beispielen dafür, daß und wie auch wir noch eine *polis* sein können, ein Gemeinwesen, in dem die Bürger ihre öffentlichen Angelegenheiten selber regeln, fallen mir diese Treuhänder des zeitgenössischen Wissens als erste ein. Aber ein Organon der Wissenschaft und Bildung, eine Encyclopédie im vorhin verdeutlichten Sinn, eine Leitidee für die Menschheit: »So baue deine Kultur in der Form klar gedachter, geordneter Einzelwissenschaften auf, die alle miteinander durch ihre Methode, die Idee der Aufklärung, die Verständlichkeit und Zugänglichkeit verbunden sind«, können die »Enzyklopädien« heute nicht sein und wollen es seit langem auch nicht. Dies alles ist ebenso dahin wie die falsch oder richtig ausgelegte *enkyklios paideia*.

Und so läge es denn nahe, daß die Encyclopedia Britannica, Meyers Enzyklopädisches Lexikon, die Brockhaus Enzyklopädie (und viele andere, die sich so nennen) den Namen »Enzyklopädie« ablegen. Und schon gar alle die Lexika, die ausdrücklich nur einen Ausschnitt der Welt des Wißbaren wiedergeben und mit dem Wort »Enzyklopädie« lediglich bekunden, daß sie dies gründlich und umfassend zu tun beabsichtigen, z.B. Pauly-Wissowas Realencyklopädie der klassischen Altertumswissenschaft oder die Enzyklopädie Erziehungswissenschaft. Handbuch, Lexikon –, es gibt guten Ersatz für diesen Namen, man ist nicht auf so sonderbare Bezeichnungen wie »Allbuch« oder so blasse wie »Nachschlagewerk« angewiesen.

Ich will hierzu nachdrücklich sagen: *Dies* befürworte ich nicht! Ich kann nicht wollen, daß der Anspruch, den die Encyclopédie in die Welt gesetzt hat, just in dem Augenblick verschwindet, in dem man seine Erfüllung am meisten braucht.

Ihn verschwinden zu machen, ist der Computer und das telematische System, mit dem dieser verbunden ist, geeignet. Jeder Mensch wird seinen Terminal haben, sagt man uns, und kann dann das Wissen, das er braucht, durch geeignete Bedienung der Tasten auf den Bildschirm holen. Das technische Ordnungsmittel tritt an die Stelle der formalen Bildung; den Stoff – bebildert, aktualisiert, allgemein zugänglich, so arrangiert, daß alles mit allem kombinierbar ist – liefert der Datenspeicher. Beruhigend fügt man hinzu: Es werde, wenn Bedarf danach bestehe, weiterhin auch Bücher geben. Das Wissen werde zwar gänzlich, aber nicht ausschließlich in dem magnetisierten Gallert untergebracht, den wir aus dem Zukunftsfilm »Rollerball« kennen und der dort alle Bibliotheken und Archive ersetzte hat. Der freie Markt mache es möglich: den elektronischen Brockhaus über Internet für die modernen, fixen Schaumenschen, den gedruckten Brockhaus für die altmodischen, besinnlichen Lese- und Schreibmenschen.

Man lasse sich nicht täuschen; man höre nicht auf, die Neben- und Nachwirkungen zu bedenken, bevor man sich dieser Vorstellung hingibt. Zwar wird niemand den Computer aufhalten können, aber es ist für uns alle von größter Wichtigkeit, als was wir ihn bekommen. Es ist wichtig zu wissen, wovor wir auf der Hut sein müssen – nicht in dem Apparat, sondern in uns selbst. Es ist wichtig, daß wir uns nicht nur auf Annehmlichkeiten, sondern auch auf Schwierigkeiten gefaßt machen.

Die zu befürchtenden Folgen – neben den gewiß nicht gering zu achtenden positiven – habe ich geschildert. Hier will ich dem Leser drei Fragen nahelegen, die eng mit dem Enzyklopädismus und der Enzyklopädie verbunden sind:

Computerwissen verspricht immer Gewißheit und erzwingt Konsens. Das ist das eine. Man wird erwidern: Im Prinzip gelte das für den Brockhaus und das Wissenschaftssystem auch jetzt schon – mit dem Unterschied, daß diese nicht jedem zugänglich sind. Richtig! Darum ja auch meine bisher geübte Kritik. Ich plädiere für Gegengewichte – nützliche und angenehme – die uns die Gewohnheit des Selberdenkens, des selbständigen Wissenserwerbs, der zwar mühseligen, aber befriedigenden Wissensverarbeitung erhalten und lohnend machen. Daß ich im Brockhaus nachschlagen, den Band wählen, den Buchstaben suchen muß, daß ich mit dem Auge das Umfeld des Wortes miterfasse – Ökologie / Ökonomie / Ökumene; Dissens / Disput / Dissonanz; Denken / Denkmal / Denkschrift / Denksport / Denkzettel –, daß ich abschätzen kann, wie klein oder wie groß das eben erworbene Wissen gemessen am Ganzen ist – dies macht den hier geforderten Unterschied. Die Verdoppelung des Wissens alle sechs Jahre muß uns als Problem bewußt sein. Darf die Mühelosigkeit der Akkumulation im Computer uns darüber und über die Folgen täuschen?

Das führt zum zweiten nachdenklich machenden Merkmal. Das Wissen wird auf den Schirm gebracht – das ist ein Akt. Ein Akt läuft in der Zeit ab. Wer bestimmt die Zeit – der Apparat, der Hersteller der Software, oder ich? Bestimme ich – »blättre« ich also vor und zurück, verweile ich, wo ich will, springe ich, wohin ich will –, ist auch der Bildschirm noch ein Buch, wenn auch ein unfaßbares, dessen Umfang, Anfang und Ende ich nicht gleichzeitig sehe, vielleicht überhaupt nicht abschätzen kann. Beim Lesen des Bildschirms ist das freilich in den meisten Fällen anders: Da läuft etwas nach eigenem Gesetz ab. Beim Buch ist alles gleichzeitig da, und mein Denken läuft; ich schreite am Inhalt entlang. Wie wird uns dieser Rollenwechsel – vom Leser zum Empfänger, vom Subjekt des Vorgangs zu seinem Objekt – bekommen?

Es wird, drittens, viele Konkurrenten für die Befriedigung des gleichen Wunsches auf Information geben – beliebig von mir abrufbar. Das ist gut, aber verwirrend. Nicht jedermann wird ohne weiteres damit fertig. Es wird zudem Scheinkonkurrenz geben. Und das ist nicht gut, ist schlimmer als gar keine Konkurrenz: Es wird das Kritikbedürfnis erst nähren, dann beschwichtigen und schließlich als überflüssig erscheinen lassen. Die Tatsache, daß alles über den gleichen Schirm kommt: meine Bankabrechnung, die FAZ, die Reiseberatung, der Informatik-Kurs, die Wahlanalyse, Theater- und Filmkritik, die E-Korrespondenz, das Börsengeschäft und seit über zehn Jahren ein Universalauskunftssystem, das alle Universallexika weit hinter sich läßt, wird deren Rolle in der Wahrnehmung der Benutzer gründlich verändern. Da dies alles bezahlt, also verkauft sein will, wird man dem Benutzer Ärger und Zumutung ersparen. Ist ein solches Verfahren bei den persönlichen und politischen Fragen, um die es letztlich gehen wird, ohne Abstrich von der Wahrheit möglich?

In den drei genannten Hinsichten verbindet und verbündet sich der Computer mit unseren Schwächen – unserem Sicherheitsbedürfnis, unserer Bequemlichkeit, unserer Eigenliebe. Und darum glaube ich nicht, daß wir ihn haben können, ohne Schaden zu nehmen. Denn, so lautete die Titelthese dieses Abschnitts: Je mehr wir wissen, um so mehr müssen wir denken, entscheiden, verantworten. Und weil die Probleme uns jetzt schon über den Kopf wachsen, suchen wir bei Expertensystemen (nicht einmal bei einzelnen Experten) Zuflucht – möglichst bei Apparaten, denn die Menschen begehen ja Fehler. Die automatisierte Überprüfung unserer Gesundheit ist ein Beispiel hierfür wie die automatisierten Suchmaschinen im Internet.

Noch einmal: Der Computer kann sich auch mit unseren Stärken verbünden – mit Neugier, Veränderungsmut, Phantasie. Ob dies geschieht, hängt von der Einstellung ab, die wir zu ihm haben. Wenn wir vor der schieren Fülle des Wißbaren kapitulieren und *darum* den Computer zu ihrer Bewältigung einsetzen, haben wir schon verloren.

Ich beklage nicht, daß es zuviel Wissen gibt, sondern zuviel nicht angeeignetes, herrenlos und namenlos wirksames Wissen. Die in unserer Republik immer häufiger zu hörenden Sätze »Darüber gibt es gesicherte Erkenntnisse ...« oder »Nach dem neuesten Stand der Wissenschaft gilt ...« oder »Spätestens seit

... wissen wir ...«, fangen an, unheimlich zu werden. Angesichts von möglichen Kernkraftunfällen, durch neue elektronische Abwehrsysteme gefährdeter *strategic arms' control,* internationalem Terrorismus, Dollar-, Energie-, Arbeits-, Klima-Krisen können wir in der Tat gar nicht genug wissen, aber Wissen muß es sein und nicht das Machtwort ungeprüfter, unverstandener, unverantworteter Daten.

Ein gedrucktes Universallexikon ist kein Bollwerk gegen solche Entwicklungen – auch nicht auf dem kleinen eigenen Gebiet der alltäglichen, bürgerlichen Wissensvergewisserung oder -ergänzung. Aber eine wahre Encyclopédie könnte helfen, aus dem Nach-Schlagen ein Nach-Denken zu machen.

Der Meyer von 1971 hat einen ersten zaghaften Schritt zurück zu seinem Ursprung gemacht: Neben den lexikalischen Artikeln, die die »objektive Information« bieten, stehen in jedem Band etwa fünf Essays. Sie sollen ein »lebendiges Bild von den wissenschaftlichen und gesellschaftlichen Entwicklungen unserer Zeit« vermitteln. Aber wer nimmt sich einen der 25 schweren Bände vor, um darin – ohne Sachzusammenhang – etwas über Pädagogik, Parlamentarismus, Philosophie (und den rechten Gebrauch der Vernunft), Physik (und ihr Begründungsproblem) oder Planwirtschaft zu lesen, nur weil alle mit einem »P« anfangen? Die 100 bis 150 Essays hat er doch lieber in einem handlichen Band beieinander.

Radikaler geht die Lexikothek des Bertelsmann Verlages vor: Sie teilt sich auf in ein normales Lexikon mit sogenanntem Basiswissen und Aufsätze in rund 500 Schwerpunktkapiteln. Man hat beispielsweise das Stichwort »Siebenjähriger Krieg« aufgeschlagen, ist von dort zu »Friedrich II. von Preußen« verwiesen worden und zieht nun, auf Anraten des Lexikons, den Aufsatz mit dem Titel »Politische Gegenpole: Wien und Berlin« hinzu. Dieser Aufsatz schneidet quer durch eine Fülle anderer Artikel: Bündnispolitik, Kaiserreich, preußischer Protestantismus und österreichischer Katholizismus, Schlesien, Polen, Europa, Gleichgewicht der Kräfte etc. Die Werbung des Verlages verkündet: Dies mache Schluß mit den Friedhöfen des Wissens. So werde aus Wissen wirklich Bildung. Was man heute – angesichts der Fülle des Wissens und seines schnellen Veraltens – brauche, seien erstens gute Quellen und zweitens eine Technik, diese zu erschließen. Bertelsmann bietet seine Lexikothek ausdrücklich als Unterrichtsmittel an.

Der Meyer von 1971 und diese Lexikothek hätten sich mit ihren neuen Versuchen beide auch auf Hegel berufen können, der 1830 schrieb:

> Als Enzyklopädie wird die Wissenschaft nicht in der ausführlichen Entwicklung ihrer Besonderung (Spezialisierung) dargestellt, sondern ist auf die Anfänge und die Grundbegriffe der besonderen Wissenschaft zu beschränken.[5]

Mit den jeweiligen Konzepten will ich hier nicht rechten. Ich will alle ermutigen, die einen mechanischen Enzyklopädismus zugunsten einer Encyclopédie raisonné verlassen. Den ersteren kann man dem Computer übertragen; der wird ihn in seiner Weise perfekt erfüllen und dadurch nützlich sein. Aber eben weil er mehr Wissen enthält und auswirft, als die einzelnen Menschen verarbeiten, prüfen, verantworten können, brauchen sie Hilfe für das letztere.

Sage keiner, das gehe nicht! – James Krüss hat im Verlag des Bibliographischen Instituts, in dem auch der Meyer und der neue Brockhaus erscheinen, gezeigt, wie so etwas aussehen kann. Es ist eine wunderbar entschiedene Encyclopédie: Für Kinder und darum einfach und unpompös, aber auch bunt und verlockend; von *einem* Mann und also aus *einem* Guß; von einem lebendigen Geist und nicht einem Experten; darum ungeschützt – außer durch Stil und Logik; eine ganze Welt in 77 Artikeln; diese ironisch in alphabetische Reihenfolge gebracht; damit den Anspruch auf Ordnung durch den Autor aufhebend: Du, Leser, bilde dir deine eigene; von aufklärerischer Absicht vibrierend; in farbiger, klarer, witziger Sprache und hintersinnig illustriert – kurz, ein Universallesebuch, das dem Denken Appetit macht und ihm interessantes Wissensfutter vorwirft; das im Bewältigen von Wissen einübt; das hilft, unser Wissen zu nutzen und zu genießen.

Ich erlaube mir, daraus zu zitieren:
Ein Biologe in Braunschweig zeigte mir einmal eine trübe Brühe in einer flachen Glasschale und sagte: ›Das ist eine Bazillenkultur im Wohlstand, nämlich in einer Zuckerlösung. Darin entartet sie sehr bald.‹

Ein Mädchen, das mich besuchte und die Tomaten in meinem Garten sah, erklärte mir: ›Die Tomate ist eine Kulturpflanze. Sie wurde zuerst in Süd- und Mittelamerika gezüchtet.‹

Ein Schriftsteller, der hoch im Norden Norwegens lebt, sagte mir einmal, als wir über Geister sprachen: ›Im Kulturkreis um den Nordpol herum muß man einfach an Geister glauben.‹

Alle drei sprachen von Kultur; aber immer hatte das Wort einen etwas anderen Sinn.

Was ist das: Kultur? Das Wort gehört zum lateinischen Wort *cultura,* das ›Bearbeitung‹ oder ›Anbau‹ bedeutet. Aber schon bei denen, die Latein sprachen, bei den alten Römern, hatte das Wort einen Doppelsinn. Es meinte die Bebauung auf dem Acker, der Korn und andere Früchte trägt, aber auch schon eine Bebauung auf dem ›Acker des Geistes‹, der Früchte trägt in Sprache, Kunst und Wissenschaft …

Der so beginnende Artikel »Kultur«, endet zwei Spalten weiter so:

Kultur und Menschwerdung stehen miteinander in Wechselwirkung: Erst mit der Kultur werde aus einem Tier ein Mensch. Erst mit dem Menschen gibt es Kultur auf der Erde. Leider zerstört der Mensch aber auch oft seine Kultur.

Ist eine Kultur berufsmäßig stark aufgegliedert in Handwerker, Beamte, Wissenschaftler und Soldaten, sprechen wir von einer Hochkultur. Jeder, der diesen Lexikonartikel lesen und verstehen kann, ist Mitglied einer Hochkultur.[6]

Ich füge hinzu: Wer alle 77 Artikel gelesen und verstanden hat, ist nicht nur Mitglied unserer Hochkultur, er weiß auch, wie wichtig, wie schwierig und wie befriedigend es ist, sie zu verstehen, und daß diese Bemühung »rundum« nötig und möglich ist.

IV
Epilog

Die Forschung und das »Gute Leben«

Die Gedanken der vorausgehenden Abschnitte sind allgemeiner und grundlegender Art. Ob sie gültig sind, welche Wirkungen sie haben, wie weit sie tragen, hängt nicht von der Aktualität der Beispiele, nicht von der Verwendung der neuesten Literatur, nicht von der Berücksichtigung der letzten technischen Entwicklungen ab. Wenn man der fünften Computer-Generation Aufträge in gesprochener Sprache erteilen kann und die sechste ihrerseits mit »menschlicher Stimme« antworten wird, hält das die Zunahme der Ver-Mittlung/Mediatisierung unserer Welt, die Verdinglichung und Entfremdung der damit vollzogenen Erkenntnis- oder Steuerungs- oder Austauschvorgänge, die Macht der Systeme über den einzelnen nicht auf, sondern dissimuliert sie nur. Der Stand des Wettlaufs zwischen verschiedenen Übermittlungstechniken und die Formen ihrer Verbindung haben keinen Einfluß auf die Qualität der Programme, ändern nichts an dem Regiment der Einschaltquoten, entkräften nicht das Argument, daß mehr Angebote eine kunstvollere Auswahlstrategie verlangen. Und auch die Forschung, die die Wirkungen der Medien und das Verhalten der Empfänger oder Benutzer aufhellt, kann zwar dartun, was beispielsweise der Medien-Kritiker Postman alles nicht berücksichtigt habe: wie verschieden die einzelnen Menschen eine Fernsehsendung aufnähmen, wie verschieden ihrerseits die Sendungen seien, wieviel »zuschauerfreundlicher« diese werden könnten, wenn man den Erkenntnissen der Medienforscher folgte. Aber aus ihr kann nicht hervorgehen, daß die für den Bildschirm gemachten und miteinander um die Aufmerksamkeit des Publikums wetteifernden »Wirklichkeiten« gut schmecken müssen, daß, weil

Nachdenken dem Genuß schade, es darum auszuschalten sei und daß die Grenzen zwischen Kinder-Vorstellungen und Erwachsenen-Vorstellungen, zwischen Spiel und Ernst, zwischen Handlung und ihrer Simulation durch die Telematik verwischt werden sollten. Das *kann* aus ihr nicht hervorgehen, solange wir nicht einen festen gemeinsamen Maßstab für das »Gute Leben« haben.

Von diesem aber und von seinem Schatten, dem schlechten oder beschädigten oder gefährdeten Leben, handeln die einzelnen Abschnitte dieses Buches. Die ersten drei (I, 1–3) und die letzten drei (III, 3–5) ergänzen die anderen gleichsam um eine geisteswissenschaftliche und kulturgeschichtliche Dimension. Denn natürlich ist der Computer nicht »vom Himmel gefallen«. Er folgt einem Weg, den sich der Geist seit Jahrtausenden hartnäckig bahnt; er erfüllt einen uralten – schon im ersten Text angedeuteten – Traumwunsch der Menschheit: das einmal erworbene Wissen vollständig, auf kleinem Raum, für jedermann zugänglich bewahren zu können. Aber auch hier haben die Wunschträumer sich den Preis nicht klargemacht – und die wachsamen Kritiker nicht die Möglichkeiten eines beschränkten, sinnvollen, weniger gefährlichen Gebrauchs eines solchen Mittels.

Wenn man so will, bezeichnet der Computer ein neues Kapitel aus der »Dialektik der Aufklärung«. Auch das »Gute Leben« – das sei damit gesagt – ist nichts Absolutes, es soll sich in der Geschichte verwirklichen, es muß in jeder Zeit gegenüber deren Schwächen und Chancen neu gedacht werden.

Mehr Computer und mehr Fernsehen, das mag unaufhaltbar sein, und vor allem: für viele Bereiche der technischen Zivilisation praktisch, ökonomisch, notwendig – die Lösung eines alten Problems. Das »Gute Leben« und die »Gute Gesellschaft« bedürfen freilich – nicht erst heute, sondern seit Hunderten von Jahren – etwas anderes dringender: Verständlichkeit und Gestaltbarkeit der Welt, Verantwortlichkeit und Selbständigkeit der Bürger, Gemeinsinn und Politik. Daß diese durch Telematik gefördert werden, ist einstweilen eine bloße Behauptung; daß sie in einem Gegensatz zur Telematik stehen, auch. Wenn Alain

Finkielkraut in seiner jüngsten Streitschrift »Internet, die beunruhigende Ekstase«[1] sich durch die »ekstatischen und unbarmherzigen« Hervorbringungen von Internet, Computer und Fernsehen in eine vorgeschichtliche, eine Neandertal-Welt versetzt sieht, bekennt er damit kaum mehr als eine Idiosynkrasie. Seine Hauptthese verdient jedoch ernst genommen zu werden. Neben die befürchtete Gefahr totalitärer Überwachung stellt er die Gefahr des totalen Kommunikationszwangs und hoch über sie die Gefahr der »liberté de choix totales« – der totalen Wahlfreiheit, die wir Beliebigkeit nennen: mit Texten, Lauten und Bildern zu machen, was man will (S. 22). Diese Freiheit nennt er »fatal« – schlimm und unentrinnbar. Sie beraube uns »dessen, was uns entzogen ist, nimmt uns das Nichtaneigenbare aus der Hand« (S. 24). Sie löst die Grenzen auf, die uns zu Menschen machen. Und so empfiehlt Finkielkraut, gegen den Strom zu schwimmen – gegen den herrschenden »mimétisme à l'envers« (die Umkehrung des natürlichen Vorbildverhältnisses von den Erwachsenen zu den Kindern), gegen Internet im Klassenzimmer für das Buch, gegen den Bildschirm für konkrete Aneignung, gegen Virtualität für Wirklichkeit.

Finkielkrauts Argument ist bewußt »archaisch«. Als Philosoph kann er sich das leisten. Der Pädagoge muß sich mit der praktischen und nachweisbaren Erkenntnis begnügen: daß die vom Philosophen gewollte Wahrhaftigkeit, die Würde des Menschen, die verantwortete Bürgerschaft andere Grunderfahrungen, andere Übungen, andere Einstellungen verlangen, als sie das Leben-und-Lernen mit den Medien hervorbringt.

Die Systeme der Mittel haben den Menschen zu immer gewaltigeren technischen Leistungen befähigt, seine Befähigung zur Meisterung derselben jedoch kaum erhöht. Der Rüstungswahn, die Überwältigung der Ökologie durch die Ökonomie, die Wucherungen der Bürokratie, die Zunahme des Massenelends in den einen Teilen und die Zunahme von groteskem Reichtum in anderen Teilen der Welt – dies alles zeigt, wie wenig wir unseren eigenen Erfindungen gewachsen sind. Wir brauchen eine Verlangsamung des Fortschritts und betreiben das Gegenteil: die Beschleunigung, aus Angst, ein anderer könne uns zuvorkommen und so übervorteilen. Wir gewähren uns die Zeit zum Nachdenken, zum kritischen Vorausdenken, zum Philosophieren nicht. Wir geben den jungen Menschen nicht, was sie brauchen: eine Ausstattung vor allem mit dem Willen zu verstehen, mit der Fähigkeit zu urteilen und zu entscheiden, mit dem Zutrauen in die Möglichkeit, diese Welt menschlich zu gestalten – nicht Ablenkung durch Fernsehen, nicht Abrichtung auf Taste, Schirm und Algorithmus, nicht Abrufung von gesicherten Daten, die uns das riskante und mühsame Denken ersparen sollen. Wir brauchen vor allem in der Kindheit unmittelbare Erfahrung mit greifbaren Folgen – nicht an- und abstellbare Bilderfluten.

Die Untersuchungen der Medienwirkung sind von großer Bedeutung, wenn wir uns über die wichtigen Ziele unserer gesellschaftlichen und persönlichen Existenz geeinigt haben. Wer einen »sozialen Bedarf« für mehr »telematische Kommunikation« behauptet, muß diesen nachweisen, wohlgemerkt nicht nur eine statistische »Nachfrage«. Ein sozialer Bedarf ist für mich beispielsweise der Schutz des Eigentums oder die Verwirklichung von Gerechtigkeit oder eine die Verständigung in der Kultur ermöglichende Bildung oder die Herstellung von Öffentlichkeit in unserer Republik. Wenn nachgewiesen würde, daß ein Fernsehgerät oder *personal computer* je Person und eine große Zahl wählbarer Programme den Frieden unter den Familienmitgliedern sichern und die Dichte der Kommunikation unter ihnen nicht herabsetzen, dann wäre damit noch kein »sozialer Bedarf« bestätigt, sondern nur eine Befürchtung entkräftet und eine Fülle neuer Fragen aufgeworfen: wie es dann mit den Beziehungen in der Nachbarschaft, in der Gemeinde, in anderen sozialen Gruppen stehe; welche Programme Gegenstand der festgestellten Kommunikation waren; was da als »Kommunikation« bezeichnet worden ist etc.

Hertha Sturms intelligente Medienforschung[2] findet nach ihrem eigenen Bekunden wenig öffentliches Interesse – ich vermute, weil man ihren Argumenten nicht zutraut, die Wirklichkeit zu verändern. Sie hat beispielsweise jene Halbsekunde erkannt und empirisch beleuchtet, die normalerweise zwischen einem Ereignis und seiner Wahrnehmung liegt, und die uns erlaubt, die hier hilfreiche Erfahrung abzurufen.

> Da notiert man ... als Autofahrer: ›Da rast so ein Idiot auf mich zu.‹ Erwartungsabruf: ›Gleich knallt's.‹ Erfahrungsabruf: ›Gas weg, rechts ran, bremsen.‹[3]

Am Bildschirm sei das anders. Der Zuschauer könne nicht vorhersagen, was das nächste Bild sein werde; seine Erfahrungen und Erwartungen seien nicht gefragt. Hertha Sturm nennt dies den »Verlust der inneren Verbalisierung«. Ich habe mir dazu am Rand notiert: »Fernsehwahrnehmung – verwirrende Fülle von Reizen. Wissen wir, ob die verwirrende Fülle nicht jenen lebensrettenden ›Erwartungsabruf‹ löscht?« Eine Wirkung der Wirkung auf die Wirkung. Nicht daß die Schnitte, Schwenks, Zooms die jeweiligen Darstellungsverläufe unterbrechen, zerstückeln, unvorhersehbar machen, also »den lebensrealen Wahrnehmungserwartungen und Wahrnehmungserfahrungen der Zuschauer zuwiderlaufen«, ist wohl das schlimmste, sondern daß wir uns dessen eines Tages nicht mehr bewußt sein könnten. Bei meinen Schülern vermengten sich die Erinnerungen an Selbsterfahrenes und Ferngesehenes jedenfalls auf die unheimlichste Weise. Und der Weg, den die von der Forschung hervorgebrachte Erkenntnis über unsere warnende Vernunft in die politische Gestaltung unserer Wirklichkeit zu nehmen hat, ist unendlich weit; wer ihr helfen will, muß bereit sein, es auch mit den ökonomischen und technischen Widerständen aufzunehmen, die die psychologischen und dramaturgischen Gesetze überwältigen. Die wissenschaftliche Kritik an den »grandiosen Irrtümern des Neil Postman« und der politischen Publizistik eines Pädagogen verkennt den Unterschied der Aufträge und Anlässe. Postman wie mir ging es und geht es darum zu klären, was wir Bürger eigentlich wollen, bevor wir uns tief in die neuen Systeme verstricken. Thesenschriften, die die Wünschbarkeit der Telematik auch in unseren Schulen behaupten, argumentieren inzwischen sehr viel vorsichtiger. Thesenschriften, die davor warnen, tun es mit immer scharfsinnigeren Argumenten, leugnen aber immer weniger die Notwendigkeit, sich auf die Sache einzulassen. Mit diesem Buch, das meine 1984 aufgestellten Forderungen – ausgiebiger und aktueller begründet – wiederholt, kann ich getrost sagen: Ick bin all do.

Die dem Menschen seit Anbeginn vertraute Wirklichkeit weicht einer neuen – der Kunstwelt des Bildschirms, der Software, der gespeicherten, mechanisch geordneten, zweifelsfreien Information. Wir brauchen *eben darum* die nicht mediatisierten, selbst verantworteten, sinnstiftenden Denk-, Wahrnehmungs- und Aneignungsformen – wir brauchen allgemein gebildete Menschen, die sich untereinander verständigen können und wollen. *Dies* ist der kritische Auftrag der Stunde – nicht Vermehrung des Wissens des einzelnen und nicht romantische Abwendung von der neuen Realität.

Ich fasse die Forderungen, die sich für die Pädagogik und die Bildungspolitik daraus ergeben, noch einmal zusammen:

1. Pädagogische Hilfen für eine mit Medien aufwachsende Generation dürfen sich nicht auf die unmittelbar von diesen gegebenen Chancen, Unsicherheiten, Gefahren beschränken. Die Hoffnung, die man auf neue Fächer setzt, auf »virtuelle Lehrerfortbildung«[4], auf eine besondere Medien-Kompetenz der Lehrer, die diese im Unterricht an die Schüler vermitteln, auf eine Einübung der Schulen in die Medienwelt dadurch, daß man sie ans Netz bringt – diese Hoffnung greift zu kurz. Meine Aufzählung der anderen Merkmale unseres Lebens, auf die vorzubereiten nicht weniger wichtig und ebenso schwierig ist (in Kapitel I,3), wollte die Pädagogen ermutigen, vor allem in den ersten eineinhalb Jahrzehnten auf eine Lebens-Kompetenz zu achten, ihren Ehrgeiz nicht auf die Meisterung solcher Dinge zu richten, die fast alle Kinder und Jugendlichen ziemlich mühelos lernen werden, wenn sie sie wirklich brauchen. Sie wollte andererseits der Schule die Beibehaltung und Ausbildung ihrer pädagogischen Kompetenz nahelegen: Dies ist gerade um der technischen Zivilisation willen nötig. Pädagogische Kompetenz widerspricht der Zerstückelung der Probleme; sie verlangt die Wahrnehmung der

ganzen Person; sie wird Erleichterung vor allem in der Bescheidung der Mittel suchen.

2. Das heißt unter anderem, daß die Schule ihre kompensatorische Funktion wahrnimmt und bejaht: Sie muß in erster Linie lehren, was das Leben nicht lehrt, was aber für seine Erhaltung und Würde notwendig ist. »Behandeln, was im Leben vorkommt« und »lehren, was vorkommen sollte« ist zweierlei: Medien, ihre Prozesse, Produkte, Probleme kommen im Leben vor, aber wie man sie dienstbar macht, welchen Rang und welchen Einfluß sie richtigerweise haben sollten, wie man also produktiv und weise mit ihnen umgeht, das ist an Onkel Emils Gebrauch des PC und dessen spezieller Nutzung im Betrieb, aus Benutzerstatistiken und aus dem Internet, an den Fernsehgewohnheiten der Erwachsenen und vom Fernsehen selbst gerade nicht zu lernen. Die Schule muß und darf das Gemeinte – ideale Verhältnisse – im Sinn haben, wenn sie auf das Wirkliche – reale Verhältnisse – vorbereitet. Sie muß die Schwächen der Medienwelt, die ich an den beiden Symptomen »Schrott« und »Schein« illustriert habe, aufwiegen.
3. Sie muß es so einrichten, daß beim Erfahren der Welt und also auch der in ihr so machtvollen Medien die Hektik, das Gedränge, die Fragmentarisierung, die diese dem Leben aufdrängen, nicht vorherrschen: Wir Menschen setzen das Maß – sollten die Kinder lernen. Wenn es zu schnell geht: Aufzeichnungen machen, sich Zeit nehmen, den Bild- oder Informationsablauf unterbrechen, ihn redend, denkend, handelnd unter sich bringen. Die gute Schule stellt *vor,* und wenn das nicht geht: *neben* jede Information die Erfahrung, aus der diese hervorgeht. Die gute Schule ermöglicht und fördert das Gespräch zwischen anwesenden Personen oder läßt die Schülerinnen und Schüler den gewünschten Gesprächspartner aufsuchen. Sie sollen spüren, was dies von einer »Kommunikation«, sei es mit Apparaten, sei es über diese mit Unbekannten unterscheidet: Das Gespräch schließt Verantwortung für das ein, was in ihm gesagt worden ist oder aus ihm folgt; Gespräch ist nie nur Übermittlung und Aus-

tausch von Information. Die gute Schule ermöglicht Arbeit, Handlung, Entscheidung und läßt in diesen lernen, was das ist, was das jeweils erfordert, was das ermöglicht; bloßes Lernen für einen nur gedachten Fall ist eine pädagogisch schwache Kategorie.

4. Alle Pädagogen sollten darauf bedacht sein, daß Kinder an wichtigen Dingen, Gedanken, Begegnungen wahrnehmen lernen, was diese wichtig macht – Freude, Nützlichkeit, Schönheit, die Wohltat von Vernunft und geistiger Klarheit, die uns gegebene Verantwortung. Wenn der Schule das auch nur ein klein wenig besser gelingt als dem sogenannten »Leben«, hat sie sich über das nutzlose Klagen der Medien-Feinde und über die drängelnden Forderungen der Medien-Förderer erhoben. Und sie hat vermutlich die Kinder für sich gewonnen.
5. Die Schule sollte das Medien-Problem entdramatisieren. Die eigentlichen Gefahren kann sie so wenig ausräumen wie die eigentlichen Chancen dieser intelligentesten menschlichen Erfindung wirklich nutzen. Die Einsicht hierin gibt ihr die Möglichkeit, das Ihre zu tun. Wie sagte doch der kluge Joseph Weizenbaum:

> Der Computer in der Schule ist eine Frage der Priorität. Ich frage: Beherrschen 18jährige in diesem Land ihre Muttersprache, wissen sie viel von ihrer Geschichte, ihrer Kultur, ihrer Literatur? Können sie denken? Wenn die Schule diese Dinge vermittelt hat, wäre ich damit einverstanden, daß der Computer eingeführt wird.[5]

Anhang

Ein Streit zwischen Jürgen Rüttgers und Hartmut von Hentig in DIE ZEIT vom 19.09.1997 über »Schulen ans Netz«

Fragestellung: *Warum ist es pädagogisch sinnvoll, trotz mangelnder Konzepte die Computer jetzt schon in großem Maßstab in den Schulunterricht zu bringen?*

Jürgen Rüttgers: Medienerziehung muß eine zentrale Bildungsaufgabe werden

Eine Ära geht zu Ende: Die Industriegesellschaft wandelt sich zur Wissensgesellschaft. Die klassischen Produktionsfaktoren – Boden, Arbeit, Kapital – werden nach und nach durch den Produktionsfaktor Wissen ergänzt. Durch die digitale Technik ist der »Rohstoff« Information immer weniger zeit- und ortsgebunden. Das aus Information generierte Wissen wird damit in Zukunft prinzipiell für jeden, zu jeder Zeit und an jedem Ort zugänglich sein. Weltweit entsteht auf diesem Wege ein riesiges Wissensmeer. In Deutschland lernen jedoch nur wenige bereits in der Schule, sich darin zu orientieren. Während die digitale Revolution dabei ist, das Gesicht der Welt zu verändern, hat die pädagogische Debatte in Deutschland von dieser Entwicklung kaum ernsthaft Notiz genommen.

Doch obwohl moderne Informations- und Kommunikationstechniken zunehmend Beruf und Alltag dominieren, stand bis vor kurzem nur für etwa zwei Prozent der Schüler überhaupt ein Computer zur Verfügung und ist in so manchem Lehrerkollegium das Internet noch ein Buch mit sieben Siegeln. Während aus Nintendo-Kids längst kleine Computerexperten werden, können nur etwa zwanzig Prozent der Lehrer mit PCs umgehen. Dabei wird nach Schätzungen von Experten schon im Jahr 2000 nur noch ein Drittel aller Arbeitnehmer ohne Computerkenntnisse auskommen können. Es ist also nicht bestreitbar, daß die persönlichen Zukunftschancen der Kinder von dieser Fertigkeit abhängen. Wenn Kinder in der Schule für das Leben lernen sollen, müssen sie auch lernen, mit Wissen und der Verarbeitung von Wissen – also auch mit Computern – sinnvoll umzugehen. Medienkompetenz ist zukünftig eine Schlüsselqualifikation.

Die Einrede, hier werde die Schule als Bildungsort einmal mehr »verzweckt«, diesmal für den Qualifikationsbedarf der Wirtschaft, kann ich nicht gelten lassen. Mir erscheint es zweitrangig, welcher bildungstheoretische Ansatz gewählt wird. Wenn Bildung im Humboldtschen Verständnis gerichtet sein soll auf die »Aneignung von Welt«, dann ist der Umgang mit neuen Medien eine Fähigkeit, deren Beherrschung in Zukunft wesentliche Dimensionen dieser Welt erst erschließt. Wenn Bildung gerichtet sein soll auf Einübung in Mitverantwortung für das Gemeinwesen, dann wird künftig das elektronische Forum ein Raum demokratischer Meinungs-, vielleicht auch Willensbildung sein. Der Schulunterricht als ein Ort von Bildung muß deshalb in die Lage versetzt werden, die Lebenswirklichkeit der neuen Medien widerzuspiegeln.

Zusammen mit Telekom-Chef Ron Sommer habe ich deshalb im vergangenen Jahr die Initiative »Schulen ans Netz« gestartet. Ziel ist es, bis zum Jahr 2000 rund 10 000 Schulen ans Internet anzuschließen. Es war eine Notmaßnahme, weil unsere Schulen wieder einmal ins Abseits zu geraten drohten. Dafür stellen das Bundesbildungsministerium und die Telekom 59 Millionen Mark zur Verfügung.

»Schulen ans Netz« leistet einen wichtigen Beitrag dazu, die Schüler auf die Wissensgesellschaft des 21. Jahrhunderts vorzubereiten. Den Schulen wird die Möglichkeit gegeben, in Zeiten knapper Kassen und auf unbürokratische Weise die notwendige Infrastruktur für eine Medienerziehung in die Klassenzimmer zu holen. In Chemie, Biologie und Physik geht es auch nicht ohne Labor. Und Sport ohne Turnhalle und Sportgeräte ist ebenso undenkbar wie Medienerziehung im digitalen Zeitalter ohne Multimedia-Equipment. Natürlich ist es damit noch nicht getan. Die Bereitstellung der Infrastruktur ist selbst noch keine Medienerziehung, sondern nur die Voraussetzung dafür, dass sie stattfinden kann.

Allein das Anstoßen dieser Initiative hat dazu geführt, daß viele Verantwortliche aus ihrem Dornröschenschlaf erwacht sind. Medienerziehung, die auch die neuen elektronischen Medien einschließt, ist plötzlich ein Thema.

Ein wichtiges Feld ist hier das Unterscheidenkönnen von Fiktion und Wirklichkeit: Es sollte uns nicht belustigen, daß erwachsene Menschen bei einem öffentlich-rechtlichen Fernsehsender anrufen und fragen, ob sie eine Wohnung in der Lindenstraße mieten können. Und es ist entsetzlich, daß – wie in Großbritannien geschehen – kleine Kinder ihr Geschwisterchen zerstückeln und sich wundern, daß es sich – anders als im Horrorfilm – nicht mehr zusammenfügen läßt.

Das Schlüsselwort hier heißt wiederum »Medienkompetenz«. Erst sie entzaubert die elektronische Welt, nimmt ihr das Fremde und macht den Umgang mit alten und neuen elektronischen Medien so selbstverständlich wie Lesen, Rechnen und Schreiben.

Nicht den richtigen Mausklick zu vermitteln, sondern den Erwerb von Medienkompetenz möglich zu machen, das ist die eigentliche Aufgabe. Deshalb haben Bund und Länder gemeinsam einen Orientierungsrahmen zur Medienerziehung in der Schule vorgelegt. Außerdem hat die Initiative »Schulen ans Netz« in Zusammenarbeit mit ARD, ZDF und der Deutschen Forschungsanstalt für Luft- und Raumfahrt Internet-Projekte zur Förderung der Medienkompetenz von Lehrern gestartet.

Unter dem Stichwort »Medienkompetenz« können sich alle interessierten Lehrer über den »Schulen ans Netz«-Server nicht nur selbst Medienkompetenz aneignen, sondern auch ihre Erfahrungen untereinander austauschen. »Schulen ans Netz« hat auch erste CD-ROMs entwickelt, die Lehrer mit besonders geeigneten, elektronisch aufbereiteten Unterrichtsmaterialien versorgen, die von den geförderten Schulen angefordert werden können. Es gibt sie also durchaus, die praktischen medienpädagogischen Hilfen. Dennoch: Es bleiben ohne Zweifel pädagogische Defizite, die über mangelnde technische Fertigkeiten von Lehrern weit hinausgehen. Aber deshalb ein Moratorium für die Einführung moderner Informations- und Kommunikationstechniken an den Schulen? Warten, bis umfassende pädagogische Konzepte für Medienerziehung am grünen Tisch konzipiert sind, bis sich die Verantwortlichen auf die Details verständigt haben, über welche die technische Wirklichkeit dann längst hinweggegangen ist? Ich meine, diesen Attentismus können sich unsere Kinder nicht leisten. Ich sehe auch keinen pädagogischen Abgrund, der uns dazu zwingen würde.

Wir brauchen keine Sonderpädagogik für den Computer. Die neuen Mittel der Information und Kommunikation schaffen keinen neuen Menschen. Was immer die Gläubigen im Cyberspace erhoffen und die kulturkritischen Bußprediger befürchten mögen, diese Technologien bleiben Gestaltungsinstrumente im Lehren, Lernen, Arbeiten. Der Umgang mit dem Computer wird zu einem großen Teil *learning by doing* sein. Was wir brauchen, sind gute Pädagogen, die zudem auf der Höhe der technischen Entwicklung sind und die deshalb wissen, wie sie den Computer und das Internet sinnvoll im Unterricht einsetzen können.

Die Schulen in Deutschland dürfen keine Refugien sein, die zuallerletzt vom neuen berührt werden, das sich in der Gesellschaft andeutet. Es mag für manchen Bildungstheoretiker oder Pädagogen eine reizvolle Vorstellung sein, die Schule als Hort zu begreifen, der seine Zwangsmitglieder, die Schüler, möglichst lange bewahrt vor Veränderungen. Dieser Gedanke stand schon Pate bei der früher – es scheint in grauer Vorzeit – einmal »modernen« notenfreien Schule, in der die Hierarchiebildung sich doch nur auf anderen, noch weniger transparenten Wegen vollzog. Unsere Gesellschaft sieht sich dem Zwang ausgesetzt, Neues zu wagen, auch in Bereiche hinein, die noch nicht das Maß an Berechenbarkeit und Regulierung aufweisen, das wir gewohnt sind.

Bildung wird die neue soziale Frage des 21. Jahrhunderts sein. Weil wir gerade um der Zukunftschancen junger Menschen willen in der Gesellschaft mehr Wettbewerb und Selbstverantwortung zulassen müssen, steigt die Bedeutung von Bildung und Ausbildung für den geglückten eigenen Lebensweg exponentiell. Junge Menschen machen heute auch außerhalb der Schule ihre Bekanntschaften mit den neuen Medien. Aber das ist abhängig von der informationstechnischen Bildung der Eltern – und von ihrem Portemonnaie. Damit droht für viele Informations-Inkompetenz. Wenn hier nichts geschieht, werden wir auf lange Sicht eine gespaltene Gesellschaft beklagen. Nicht der Zwang zur pädagogischen Improvisation mit den neuen Techniken, sondern die Abstinenz der Schulen bei einer neuen Kulturtechnik, das wäre gleichermaßen sozial und pädagogisch eine Katastrophe.

Es gibt viele Gründe, in Deutschland nach einer umfassenden Bildungsreform zu rufen: Arbeitgeber klagen über die mangelnde Ausbildungsreife von Lehrlingen, Professoren über fehlende Studierfähigkeit von Studenten. Eltern geben Woche für Woche dreißig Millionen Mark für Nachhilfestunden aus. Deutsche Schüler schneiden bei internationalen Vergleichsstudien in Mathematik und Naturwissenschaften schlecht ab. Über Lehr- und Lerninhalte findet kaum mehr ein demokratischer Diskurs statt. Lehrpläne sind bürokratische Verfahren geworden. Zehn Prozent der Schüler verlassen die Schulen ohne Abschluß, und vierzehn Prozent scheitern in der Berufsausbildung.

Ein Grund für diese Krisenphänomene mag sein, daß ein Konsens darüber fehlt, was die Schule leisten soll. Bei dieser Frage lohnt sich die öffentliche Auseinandersetzung. Bei der Frage, ob Internet-PCs an die Schulen gehören, können wir uns keinen langen Streit leisten. Mit »Schulen ans Netz« ist eine Initiative gelungen, die ein Stück weit experimentellen Charakter in Kauf genommen hat, um schnell Zukunftschancen zu eröffnen. Nicht für die Schule lernen wir, sondern fürs Leben. Denn eine Ära geht zu Ende.

Hartmut von Hentig: Eine Antwort

Die dem Bundesminister gestellte Frage kommt mir wie eine tückische Falle vor. *Warum* etwas »pädagogisch sinnvoll« ist, kann er doch nur sagen, wenn beide, er und der Leser, wissen, *was* pädagogisch sinnvoll ist! Und darf er nicht erst einmal erklären, warum er es überhaupt für notwendig hält, Computer in die Schule zu bringen – auch ohne die peinlichen Bedingungen: *subito* (was bei der natürlichen Langsamkeit des Bildungswesens nie so recht überzeugt), in »großem Maßstab« (10 000 Schulen werden in drei Jahren angeschlossen, was für die Elektronikwirtschaft »peanuts« ist und pädagogisch eine Hochstapelei), ohne ein rechtes Konzept (was man sonst nur seinen Gegnern unterstellt, um sie verächtlich zu machen)? Muß er da nicht auf die Nase fallen?

Es ist also nicht nur verständlich, es ist gut für die Kontroverse, daß er sich nicht hat einengen lassen, daß er beherzt weit ausgreift: Wofür oder wozu lernen wir? – 2000 Jahre nach Seneca immer noch für die Schule und nicht für das Leben. Was ist das für ein Leben? – Eines, das durch die digitale Revolution gründlich verändert, durch den »Produktionsfaktor Wissen« entscheidend bestimmt ist. Wie wird man mit diesem Befund fertig? – Durch eine Schlüsselqualifikation genannt »Medienkompetenz«, die in den Schulen erworben werden soll. Alles richtig – und keine Antwort auf die gestellte Frage.

Es ist trotzdem gut, sage ich, denn damit offenbart er, wie er sich den Widerstand, die Gegnerschaft, zu seinem Programm vorstellt, und was ihm zur Sache alles *nicht* in den Sinn kommt, was ihm auch nur zu fragen entbehrlich scheint.

Wer hier kontern soll, muß darum seinerseits zuerst sagen, worum es ihm in dieser Angelegenheit geht und vor allem – auf dem begrenzten Raum – worum nicht, weil die Tatbestände unstrittig sind:

- Kein verständiger Mensch wird die Potenz und Bedeutung der Neuen Medien leugnen. Sie sind da, sie werden unser Leben in einem bisher nur unvollständig vorgestellten Maß verwandeln – das des einzelnen und das der Gesellschaft.
- Kein verständiger Mensch wird leugnen, daß es zu den Aufgaben der Pädagogik – zu Haus und in der Schule – gehört, die jungen Menschen auf die Welt vorzubereiten, in der sie leben werden, so gut das der Erwachsenengeneration angesichts des nur unvollkommen vorhersehbaren Wandels möglich ist.

Strittig hingegen sind unsere Bewertung des Wandels und unsere pädagogischen Möglichkeiten, auf ihn zu antworten. Also erstens: Sehen wir die Neuen Medien und die durch sie machtvoll geförderten Tätigkeiten und Einstellungen als dienstbare Mittel zum Zweck (den man dann tunlichst angibt) oder als ein unaufhaltsames Kulturereignis, am Ende ein Kulturmerkmal (dem man zum Opfer fällt, wenn man sich ihm nicht anbequemt)? Und zweitens: Kann die Pädagogik, wenn sie die Neuen Medien auch zu ihren Mitteln macht, zugleich zur Freiheit gegenüber diesen Mitteln erziehen und wenn ja – sie hat es schließlich mit dem Wort und dem Bild, mit der Schrift und dem Buch auch vermocht –, wie erreicht sie dieses Kunststück? Kann es genügen zu sagen: durch eine sogenannte Medienkompetenz? Muß man nicht auch sagen, worin die besteht und wie man sie erlangt? Und kann das ohne begründete Vorstellung, also »ohne Konzept« überhaupt geschehen – durch *learning by doing,* ein bei einem konservativen Bildungspolitiker in der Tat ungewohntes Prinzip?

In beiden Punkten scheint es mir wichtig, den Dissens zunächst so scharf zu zeichnen wie möglich, ihn nicht in den möglichen und am Ende auch nötigen praktischen Kompromissen verschwinden zu lassen. Der Minister hilft mir dabei! Denn, was sich wie ein Musterbeispiel für den von unserer Gesellschaft erwarteten »Ruck« ausnimmt, wie der Katastropheneinsatz eines Red Adair (»Notmaßnahme«), wie die Tat des einen Entschlossenen unter lauter Zauderern, ist selbst eine Kapitulation vor den Verhältnissen – nicht weniger fatalistisch als das Kopf-in-den-Stand-Stecken der Pädagogik.

Ungern wird sich nun Jürgen Rüttgers anhängen lassen, er kapituliere vor den Verhältnissen. Er dürfte sagen: Die Neuen Medien sind nicht Schicksal, sondern von den Menschen aus guten Gründen gewollt. Sie vermehren in unserer Welt das Wissen, die Kommunikation, die Beteiligungschancen der Bürger, die Selbständigkeit des einzelnen – die Möglichkeit individueller und kreativer Lebensgestaltung –, sie geben ihm Arbeit und steigern die Wettbewerbsfähigkeit der Nation. Ich bin überzeugt, daß dies alles nur dann eintritt, wenn wir gleichzeitig die Probleme sehen und benennen, die die Neuen Medien uns bringen – und auch für sie Sorge tragen. Bleiben wir bei den genannten Stichworten:

– *Wissen* hat den *homo sapiens* ausgezeichnet, seit es ihn gibt, und immer hat er es zu nutzen, weiterzugeben, zu verbessern, auszubauen verstanden: als Ergebnis ständiger Auswahl, klügerer Ordnung, eingehenderen Verstehens, also durch Aneignung und Integration im Kopf des einzelnen. Wenn uns nun das Wissen (»inflationär«) über den Kopf wächst, ist das nicht ein Grund, über die Gründe dafür nachzudenken? Oder heißt die »Wissensgesellschaft« (Rüttgers) nach dem, womit sie *nicht* zurechtkommt? Das »Wissensmeer« (Rüttgers) ist doch nicht zuletzt eine Folge der durch die Elektronengehirne genährten Vorstellung, Wissen sei schon Wissen, wenn einer es als solches in den Speicher eingebe; dann könne man es sich dort abholen, wenn man es brauche. Wer behauptet, die Fülle des arbeitsteilig von der Menschheit produzierten Wissens werde durch den Computer verfügbar gemacht, täuscht sich und andere. Auswahl, Prüfung durch Bezweifeln und Verstehen, »Verarbeitung« also nimmt er uns nicht ab; er speichert das »Wissen« nach einzelnen Anweisungen in einer ihm vorgegebenen Ordnung –

und die ist notwendig mechanisch, und er und erlaubt, Wissensbestände zu kombinieren – ebenfalls mechanisch.

– Wer im Internet unter »Schule ans Netz« das Stichwort »Medienkompetenz« aufsucht, wird sein graues Wunder erleben: tabellenförmiges Chaos, ein jeder Sachlogik spottendes Menü mit mehrfachen Untermenüs, deren Bezeichnungen so vage sind, daß man sie alle durchprobieren muß, um herauszufinden, daß das Gesuchte, nämlich eine Definition oder wenigstens Beschreibung von »Medienkompetenz« hier jedenfalls nicht steckt. Kein Verlag gäbe dem in erbärmlicher Sprache verfaßten Text mehr als fünf Minuten Aufmerksamkeit. Von verschiedenen Autoren geschrieben, unkoordiniert aneinandergereiht, von niemandem gezeichnet und an niemanden gerichtet, durch die Nutzung von Icons, Kästen, SPIEGEL-Strichen in eine imponierende Scheingliederung gebracht, verführt diese Art von Textherstellung zu Hochstapelei, Oberflächlichkeit, ertötender Redundanz, hemmungsloser Häufung von Verweisen und Verweisen auf Verweise und »sonstige Literatur zum Thema«, kurz zu Verantwortungslosigkeit. *Everything goes, everything goes in, everything stays* – und sieht adrett und harmlos aus. Wer hält die Provider, die Server und die User zu der nötigen Disziplin an? Müßte nicht jeder die gemeinsame Ordnung im Sinn haben, wenn aus Wissens-Vermehrung nicht Wissens-Vermeerung werden soll? »Je mehr wir wissen, um so mehr müssen wir denken« und nicht in der Hoffnung auf *big brother PC* »eingeben«, was das Zeug hält. Denken aber – wie lernt man das?

– *Kommunikation* ist für viele Menschen ein Teil ihrer Berufstätigkeit: Man bespricht eine Sache mit einem anderen, und die Elektronik erleichtert es ihnen; für viele andere wird sie durch die gleiche Technik zur Plage, gegen die sie sich durch die subtilen Lügen ihres Anrufbeantworters zu schützen trachten; für viele andere wiederum ist sie eine Weise, eine einsame Leere mit geteilter Leere auszufüllen. Ist das die erstrebte »Kommunikationsgesellschaft«? Die Kids am Internet kommunizieren mit Kids am Internet über das Kommunizieren am Internet. Im Modellversuch, von Bundesminister Rüttgers gefördert, produzieren sie am laufenden Band Homepages, aktualisieren diese ständig und freuen sich, daß die ihre »weltweit von jedermann betrachtet werden« kann (Hamburg macht Schule 1/97 S. 5) – Selbstdarstellung an sich. Gibt es in Deutschland keine Nachbarn mehr? Jungen Leuten macht das »Spaß«, heißt es. Aber erstens ist »Spaß« noch kein hinreichender Grund für Unterricht, ja es ist das Wort, mit dem man die Reformschule verpönt; und zweitens ist dies ein Spaß unter Privilegierten: eine Schule in Mbandaka oder in Mogadischu bietet keine Chat-Corner, empfängt nicht einmal E-Mail. Wenn Telecom-Chef Ron Sommer Schulen ans Netz zu bringen hilft, kann ich das verstehen: Er verkauft einen Lebensstil, zu dem dieses Kommunizieren um seiner selbst willen gehört. Aber daß der Bundesminister für Bildung dies fördert, mißbehagt mir. Der müßte, bitte, genauer hinsehen, was da in seinem Auftrag und mit unserem Geld geschieht.

- Die *Demokratie* könnte vom Internet profitieren: aufgrund der Möglichkeit direkter Anfrage und Entgegnung, die man Interaktivität nennt. Aber auch hier »killt« das Mittel seine eigene Wirkungsmöglichkeit. Noch haben erst 2,5 Millionen Deutsche einen Zugang zum Internet, und schon wird das Konrad-Adenauer-Haus monatlich von 350 000 elektronischen »Besuchern« heimgesucht. Wer beantwortet deren Fragen? Wer nimmt ihre Anregungen auf? Wer kann sich auf die Person und die Lage der sich solchermaßen Beteiligenden einlassen? Schon hat man die Erklärung bereit: Die Mehrzahl der Benutzer sei an einer Reaktion gar nicht interessiert, sie wolle nur selbst etwas loswerden. (FAZ 19.07.97)
- *Selbständigkeit, Individualisierung, Kreativität* schließlich verlieren ihren Sinn, wenn sie sich nicht mehr an Pflichten, an Notwendigkeiten, am Anspruch der anderen reiben. Der Computer ermöglicht (fast) alles – man muß ihm nur sehr viel Zeit, sehr viel Geduld und die Kontrolle an der Realität opfern.

Mit anderen Worten: Eine so große, nicht steuerbare Veränderung wie die, die uns mit den Neuen Medien ins Haus steht, »betreibt« man nicht, man wartet sie aufmerksam und aufgeschlossen ab und denkt aus diesem Anlaß über die eigene Vorstellung vom Guten Leben nach. Man macht sich ein »Konzept« – man »schmeißt sich nicht ran«.

Für den Bundesminister freilich sind all dies nur Fluchtbewegungen (Schule als »Refugium«) eines »kulturkritischen Bußpredigers«. Und wenn etwas an dessen Zweifeln dran ist: Eben dazu soll es ja »Medienkompetenz« geben.

Worin die besteht, sagt der Minister nicht ausdrücklich. Daß sie ermögliche, Fiktion von Wirklichkeit zu unterscheiden, daß sie die elektronische Welt entzaubere und daß sie den Umgang mit den Neuen Medien »selbstverständlich mache«, also zu einer Kulturtechnik wie Rechnen, Schreiben, Lesen, darf man aus dem Text schließen. Im übrigen wird dem interessierten Leser empfohlen, sich unter dem Stichwort »Medienkompetenz« durch den »Schulen-ans-Netz-Server« im Internet diese Kunst selbst anzueignen.

Dem Minister empfehle ich, das einmal selber zu probieren. Da werden ihm »eine Vielzahl« von Sendungen genannt und kurz beschrieben, die im Umkreis des Themas in den öffentlich-rechtlichen Sendeanstalten gelaufen sind: über Jugendliche, die sich auf die Reise durch die elektronische Welt begeben haben; über den Traumjob Serienstar; über die Talkshowgäste und warum es »einem Jugendlichen nicht peinlich ist, im Fernsehen über seine Pickel oder seinen ersten Orgasmus zu reden«; über Affektfernsehen und Voyeurismus. Ein Grundkurs im Südwestfunk bietet den Schülern der Sekundarstufe fünf halbstündige Beiträge über »Journalismus«, »Medienmarkt«, »Meinungspluralismus«, »Medien und die Gesellschaft der Zukunft« und – da ist es endlich! – »Medienkompetenz«. Aber um zu erfahren, was es mit der auf sich hat, müßte man die Sendung am 14.07.1997 eingeschaltet und aufgezeichnet haben. Eine andere Serie bietet Grundbegriffe zur Medienerziehung: »Die Eintrittskarte zur Welt«, »Marktplatz Medien«, »Meinung, Macht, Monopole«, »Zukunft Teleexistenz«, »Medien – die fünfte Gewalt«. Nichts, was nicht in jedem Lehrbuch zum Thema Öffentlichkeit stünde, nun freilich als Film im Schulfernsehen zu einer bestimmten Zeit. SaN (Schule ans Netz) werde dazu Begleitmaterial entwickeln, heißt es. Die typischen Verben der Vorschau verheißen pädagogisches Blabla: Die Sendung rege zur Diskussion an und ermögliche, das Medienverhalten der Schüler zu thematisieren, Funktionen wie Teleworking, Audio- und Videokonferenzen übers Internet als Werkzeuge für netzbasierte Zusammenarbeit zu erlernen und zu nutzen, differenziert Stellung zu nehmen, das Gesehene vor- und nachzuarbeiten und so fort. Hinweise also auf Materialien, Gelegenheiten, Wo-findet-man-Auskünfte – das sind die vom Minister versprochenen »praktischen medienpädagogischen Hilfen«. Keine Ziele, keine Kriterien, keine Fragen oder Hypothesen!

Und das alles in winziger Schrift, die auch auf dem hochauflösenden 20-Zoll-Bildschirm nicht ohne Konvertierung lesbar ist, es erst durch den Ausdruck wird. Warum also nicht gleich drucken? (Natürlich kann man den Text auf dem Schirm vergrößern, aber dann hat man nur einen Ausschnitt.)

Läßt man sich, von all dem entnervt, gegen eine Gebühr von 5 DM von der Bund-Länder-Kommission das Heft 44 »Orientierungsrahmen« für die Medienerziehung in der Schule schikken, bekommt man einen ordentlichen Text von freilich hoher Abstraktion und Allgemeinheit. Die Autoren fordern dort »langfristig«, Medienerziehung solle »insgesamt auf ein integratives Konzept ausgerichtet sein«; die Aktivitäten für die einzelnen Altersgruppen und unter den Fächern seien wiederum »langfristig« aufeinander abzustimmen und außerschulische Erfahrungen »gezielt« zu nutzen; sie warnen vor der Gefahr einer bloß »konsumptiven Medienerziehung«; sie legen nahe, den »Reiz der Langsamkeit« bewußtzumachen – als Gegenmittel zur Flüchtigkeit der elektronischen Darbietung; und sie haben als einzige Antwort auf die Frage, wie man das alles pädagogisch bewerkstellige, nur die Auskunft: daß viele Schulen sich nicht mehr nur als Unterrichts- und Lernort, sondern auch als Gestaltungs- und Lebensraum verstünden. Man versteht recht gut, warum der Minister *darauf* nicht warten will. Seine Vorstellung von der Schule und vom Vorgehen in dieser Sache ist das alles nicht.

In der pädagogischen Praxis haben das konzeptfreie *learning by doing* und mit ihm die Pädagogisierung und die Didaktisierung längst voll eingesetzt, eben das »Konzept« des Machbaren anstelle des Benötigten oder Gemeinten. Die Lehrer aus dem Schule-ans-Netz-Projekt berichten, wie sie »Lernprozesse optimieren und effektivieren«; sie stellen Begriffs-, Aufgaben-, Mittelkataloge und Systeme auf; sie werden bald den alten Unterricht durch den neuen »Austausch von E-Mail«, das »Einholen und Präsentieren von Information und Wissensbeständen«, die auf Computern gespeichert sind, durch eine Meinungsbörse, durch das Schwarze Brett sogenannter Newsgroups ersetzen und mit Schulen in Hoboken oder Sidney »in direkten Kontakt« treten. So sieht der sachliche Ertrag dann aus:

> Mit zwei Schülern einer zehnten Klasse traf ich mich einmal pro Woche, um die Gestaltung der Web-Seiten zu besprechen, neue zu entwerfen und auf dem HSW zu ›surfen‹, wo sich inzwischen weitere Schulen, das IfL und die BSJB mit eigenen Web-Seiten präsentierten ... Eine besondere Herausforderung war die Realisierung interaktiver Arbeitsmöglichkeiten auf unseren Web-Seiten: So sollten die Besucher uns online eine Mitteilung schreiben können. Zu diesem Zweck mußten wir uns in der Programmiersprache Perl ein Skript-Programm schreiben, welches auf dem Server abgelegt wurde und die Aufgabe hatte, die Besucher-Mitteilungen an unsere E-Mail-Adresse auf dem HSW zu schicken. Da der Server mit dem Betriebssystem Linux arbeitete, war es nötig, daß wir uns mit Telnet auf den Server einwählten, um dort mit Befehlen dieses uns bis dahin unbekannte Betriebssystem das Skript zu bearbeiten. Das war Internet pur! (Hamburg macht Schule 1/97 S. 15)

Wie der Minister sagt: »Die Medienwelt entwickelt sich zu einer eigenen Erziehungs- und Bildungswelt.« Aber das ist ganz gegen den öffentlichen Auftrag der Schule; es antwortet gerade nicht auf die öffentlichen Klagen, die auch Jürgen Rüttgers aufführt: deutsche Schüler seien nicht studierfähig, ihnen fehle die Ausbildungsreife, sie schnitten im internationalen Schulleistungsvergleich schlecht ab; es trägt nichts zu der von den Kultusministern beschworenen neuen »Anforderungskultur« bei; es macht keinen Schüler tüchtiger für unsere schwierige Welt.

Hier die Skizze eines Gegenkonzepts für den Einsatz des Computers in der Schule:

- Alle Lehrer lernen in ihrer akademischen und praktischen Ausbildung mit dem Computer und dem Internet zu arbeiten, weil der Minister recht hat, daß die Schule kein »Hort« ist, der die Schüler gegen die böse Wirklichkeit abschirmt und weil Abstinenz aus Angst das schlechteste Motiv für den Nichtumgang mit dem Computer ist.
- Den Schülern gibt die Schule einen reichen Vorrat an geistigen und sinnlichen Primärerfahrungen.
- Sie führt die neuen mediengebundenen Kulturtechniken dann ein, wenn diese bei der Lösung eines gegebenen Problems Hilfe versprechen, wie sie eigentlich auch die anderen Kulturtechniken vornehmlich in dieser Funktion und nicht »an sich« lehren sollte.
- Nachdem die Schüler schreiben und rechnen gelernt haben und verstehen, wie das zugeht, kann der Computer – im vierten oder fünften Schuljahr – als »Textverarbeitungsgerät« eingeführt werden: Er schreibt schöner, klarer, schneller; die Schüler werden darum ihrerseits lieber und mehr schreiben und sich besser darin üben.
- Etwa in der gleichen Zeit wird auch der Taschenrechner benutzt, um die Schüler von den untergeordneten Rechnungen zu entlasten, so daß sie ihr Augenmerk auf die neuen und anspruchsvolleren Funktionen konzentrieren können.
- Über die Medien, ihre Machart und Wirkung zu reden, geben die Kinder täglich Anlaß; der mit diesen Techniken vertraute Lehrer wird verständig darauf eingehen; daß er die Apparate im geeigneten Fall aufsucht (im Medienraum) und an ihnen veranschaulicht, worum es geht, ist pädagogisch selbstverständlich.

- Im Sachunterricht legt man Wert auf eigene Beobachtung, die Bereicherung und Ordnung der Vorstellungswelt, die Übung im selbständigen und gemeinsamen Handeln, das freie und genaue Reden – auf einen Unterricht, der vor allem lehrt, Probleme zu erkennen, sich Gedanken über die Lösungen und ihr Zustandekommen zu machen; *das* ist die beste, die eigentliche Vorbereitung auf den Computer: Der junge Mensch lernt diesen und die Kommunikations- und Informationssysteme für seine Zwecke dienstbar einzusetzen; wer keine Probleme hat oder seine Probleme nicht versteht, kann den Knecht Computer nicht für sich arbeiten lassen, der bedient diesen nur.
- Der Computer wird also erst in den oberen Klassen als *problem-solver* eingeführt, nachdem man selber zum *problem-raiser* geworden ist.
- Die Bedienungskompetenz erwerben Schüler innerhalb von zwei Wochen (Lehrer brauchen etwas länger); die Einübung sollte nahe am Gegenstand und am Zeitpunkt der Anwendung geschehen – das jeweils letzte Schuljahr genügt dafür.
- In der Grundschule beginnen heißt nicht nur Zeit verschwenden, an Geräten und Systemen lernen, die in wenigen Jahren gar nicht mehr vorhanden sind – es heißt immer: auch schon das Kind auf den Computer konditionieren und ihm gleichzeitig wichtige Primärerfahrungen vorenthalten.
- Daß man unbedingt zehn oder dreizehn Schuljahre brauche, um unbefangen mit der Medienwelt umzugehen, widerlegen die von Rüttgers angeführten Nintendo-Kids, die ohne Anleitung »kleine Computer-Experten« geworden sind.

Die Schule dient nie nur der Einübung in die Gegebenheiten und Gesetze der Welt, sondern stärkt immer auch die Wahrnehmung, daß der Mensch der Herr über seine Geschöpfe ist. Das macht – nicht zum geringsten Teil – seine Würde aus.

Zitierte Literatur

Allgemeine Deutsche Realencyklopädie für die Gebildeten Stände (Conversationslexikon) in zwölf Bänden, 8. Aufl., Leipzig 1833 ff. (Brockhaus).

Anders, Günther: Die Antiquiertheit des Menschen, Bd. 1: Über die Seele im Zeitalter der zweiten industriellen Revolution. Durch ein Vorwort erweiterte 5. Auflage, München 1980 (C. H. Beck).

Ders.: Die Antiquiertheit des Menschen, Bd. 2: Über die Zerstörung des Lebens im Zeitalter der dritten industriellen Revolution, München 1981 (C. H. Beck).

Aristoteles: Hauptwerke ausgewählt, übersetzt und eingeleitet von W. Nestle, Stuttgart 1958.

Armbruster, Brigitte / Baacke, Dieter / Kübler, Hans-Dieter / Stoffers, Manfred: Neue Medien und Jugendhilfe, Analysen – Leitlinien – Maßnahmen, hg. im Auftrag des Kinder- und Jugendfilmzentrums in der Bundesrepublik Deutschland, Neuwied und Darmstadt 1984 (Luchterhand).

Baacke, Dieter: Massenkommunikation, Stuttgart 1978 (Metzler Studienreihe Politik, Bd. 6).

Ders.: Kommunikation und Jugend. Vortrag auf dem Forum Kommunikationskultur des Gemeinschaftswerkes der Evangelischen Publizistik e.V., Berlin 17.11.–19.11.1983.

Ders.: Jugendliche Computernutzer: Motive und Psychodynamik, in: Technik und Gesellschaft, Jahrbuch 5: Computer, Medien, Gesellschaft, hg. von W. Rammert und G. Bechmann, Frankfurt a. M./ New York 1989 (Campus).

Ders.: Medienkompetenz als Netzwerk, in: Medien praktisch, Heft 2/1996.

Ders.: Medienkompetenz – Begrifflichkeit und sozialer Wandel, in: A. Rein (Hg.): Medienkompetenz als Schlüsselbegriff, Bad Heilbrunn 1996.

Ders.: Medienkompetenz – Herkunft, Reichweite und strategische Bedeutung eines Begriffs, in: Lernort Multimedia, hg. von Herbert

Kubicek u. a., Jahrbuch Telekommunikation und Gesellschaft. Bd. 6, Heidelberg 1998 (Hüthig).

Bacon, Francis: Novum Organum, dt.: Neues Organ der Wissenschaften, übers. und hg. von Anton Theobald Brück, Darmstadt 1974 (Wissenschaftliche Buchgesellschaft).

Bauersfeld, Heinrich: The Disparity of Computer Experience: A Case for Orienting the Syllabus for Elementary Education?, in: Tinsley/ Tagg (Hrsg.), siehe dort.

Bestushew-Lada, I.: Die Welt im Jahre 2000. Eine sowjetische Prognose für unsere Zukunft, Freiburg 1984 (Dreisam).

Boeckmann, Klaus: Medien – immer noch »heimliche Erzieher«? – Zur Situation der pädagogischen Medienforschung, in: Die Deutsche Schule, Heft 11/1981.

Bund-Länder-Kommission für Bildungsplanung und Forschungsförderung (Hg.): Medienerziehung in der Schule / Orientierungsrahmen, Materialien Heft 44, Bonn 1995 (BLK-Geschäftsstelle).

Büttner, Christian, Elke Schwichtenberg (Hg.): Computer in der Grundschule, Geräte, didaktische Konzepte, Unterrichtssoftware, Weinheim und Basel 1997 (Beltz).

Capra, Fritjof: Wendezeit, Bausteine für ein neues Weltbild, Bern/ München/Wien 1984 (Scherz).

Club of Rome siehe Friedrichs/Schaff.

Danner, H.: Wider den Homo faber mit Gemüt. Ein pädagogisches Plädoyer für »Bildung« und Verantwortung, in: Neue Sammlung Heft 1/1987.

Denby, David: Burried Alive, Our children and the avalanche of crud, in: The New Yorker, 15.07.1996, deutsch: Lebendig begraben, Unsere Kinder und die Kulturschlammlawine, in: Neue Sammlung 1/1999.

Deutscher Ausschuß für das Erziehungs- und Bildungswesen: Zur Situation und Aufgabe der deutschen Erwachsenenbildung, in: Empfehlungen und Gutachten des Deutschen Ausschusses für das Erziehungs- und Bildungswesen 1953–1965. Gesamtausgabe im Auftrage des Ausschusses besorgt von Hans Bohnenkamp, Walter Dirks, Doris Knab, Folge 4, S. 857–928, Stuttgart 1966 (Ernst Klett).

Didaktikzentrum der ETH Zürich: Tagung Unterrichten im Internet, 5.12.1998, Tagungsprogramm.

Diderot, Denis: Œuvres Complètes, Bd. 14, Reproduktion der Ausg. von 1876, Paris (Garnier Frères), Nendeln 1966 (Kraus).

Doelker, Christian / Franzmann, Bodo / Hartmann, Waltraut / Heginger, Walter (Hg.): Immer dieses Fernsehen. Handbuch für den Umgang mit Medien, Wien 1983 (TR-Verlagsunion G.m.b.H.).

Encyclopédie, ou dictionnaire raisonné des sciences, des arts et des métiers par une société de gens de lettres, Paris 1751 (Le Breton).

Encyclopédie méthodique ou par ordre de matières, Paris 1782/1832 (Joseph Panckoucke).

Engholm, Björn: Gegen mehr Fernsehen. Rede auf dem SPD-Forum »Kinder und Fernsehen« am 17. Dezember 1981 in Bonn, in: Pressereferat des Bundesministeriums für Bildung und Wissenschaft (Hg.): »Informationen – Bildung, Wissenschaft«, Heft 1/82.

Enzensberger, Hans Magnus: Mittelmaß und Wahn, Gesammelte Zerstreuungen, Frankfurt a. M. 1991 (Suhrkamp Taschenbuch).

ETH Zürich: Programm der Tagung »Unterrichten mit neuen Medien«, 6.11.1999.

Finkielkraut, Alain / Soriano, Paul: Internet, l'inquiétante extase, Paris 2001 (Mille et une nuit, Département de la Librairie Arthème Fayard).

Flusser, Vilém: Die Alpha-numerische Gesellschaft, Jahrbuch der Deutschen Akademie für Sprache und Dichtung 1989, Darmstadt (Luchterhand Literaturverlag).

Friedell, Egon: Kulturgeschichte der Neuzeit. Die Krisis der europäischen Seele von der schwarzen Pest bis zum Ersten Weltkrieg, München 1974 (Beck).

Friedrichs, Günter / Schaff, Adam (Hg.): Auf Gedeih und Verderb, Mikroelektronik und Gesellschaft; Bericht an den Club of Rome, Frankfurt a. M./Olten/Wien 1982 (Büchergilde Gutenberg).

Forum, Nachrichten aus der Bertelsmann Stiftung 1/2000.

GEO-Wissen: Mensch und Kommunikation, Heft Nr. 27, März 2001.

Gestmann, Michael: »Ein Jahr im Beruf – dreimal so stressig wie früher«, in: Süddeutsche Zeitung vom 9./10.12.2000.

Graff, Bernd: Der digitale Imperativ, in: Süddeutsche Zeitung vom 8.11.2000.

Grosser, Alfred: Forum Kommunikation Berlin – Charta – (Entwurf).

Ders.: Erste einleitende Sätze für das Berliner »Hearing« vom 2./3.9.1981, Forum Kommunikation »Neue Medien – neue Macht?« (Manuskript).

Ders.: Zweiter einleitender Bericht für das Berliner Gespräch »Neue Medien – neue Macht?« (Manuskript).

Haefner, Klaus: Der »Große Bruder«, Chancen und Gefahren für eine informierte Gesellschaft, Düsseldorf/Wien 1980 (Econ).

Ders.: Die neue Bildungskrise, Herausforderung der Informationstechnik an Bildung und Ausbildung, Basel/Boston/Stuttgart 1982 (Birkhäuser).

Ders.: Bildung für eine computerisierte Gesellschaft, in: Interaktiv – Im Labyrinth der Möglichkeiten / Die Multimedia-Herausforderung, Kulturpädagogisch, hg. von Wolfgang Zacharias, eine Publikation der Bundesvereinigung kulturelle Jugendarbeit e.V., Bd. 42, Remscheid 1997 (BKJ).

Handbuch Grundschule und Computer, Vom Tabu zur Alltagspraxis, hg. von Hartmut Mitzlaff, Weinheim und Basel 1996 (Beltz).

Hegel, Georg Wilhelm Friedrich: Enzyklopädie der Philosophischen Wissenschaften im Grundrisse (hg. von Friedhelm Nicolin und Otto Pöggeler, 7., durchges. Aufl., erneut durchges. Nachdr., Hamburg 1975 (Meiner).

Held, Robert: Mehr Freude am Computer, in: Frankfurter Allgemeine Zeitung vom 12.8.1983.

Hengst, Heinz: Kinderkultur in der Medienwelt, Vortrag auf dem Forum Kommunikationskultur des Gemeinschaftswerkes der Evangelischen Publizistik e.V., Berlin 17.11.–19.11.1983.

Hermann, Ingo / von Keyserlingk, Linde / Kneipp, Hubert (Hg. unter Mitarbeit von Meyer, Andreas u.a.): Anderland, Geschichten für Kinder, Tips für Erwachsene; Begleitbuch zur Fernsehserie des ZDF, Ravensburg 1982 (Maier).

von Hentig, Hartmut: Platonisches Lehren, Band I, Stuttgart 1966 (Ernst Klett).

Ders.: Aufwachsen in Vernunft. Kommentare zur Dialektik der Bildungsreform, Stuttgart 1981 (Klett-Cotta).

Ders.: Gruppenverführung, Die mutwillige oder unbedachte Verallgemeinerung des therapeutischen Prinzips und ihre Folgen für die politische Kultur, in: psychosozial, Heft 2/1980 (Rowohlt).

Ders.: Das allmähliche Verschwinden der Wirklichkeit, Ein Pädagoge ermutigt zum Nachdenken über die Neuen Medien, München 1984 (Hanser); erweiterte Auflage 1987.

Ders.: Der technischen Zivilisation gewachsen bleiben, in: Björn Engholm (Hrsg.): Demokratie fängt in der Schule an, Beiträge zur Wiederherstellung der Bildungspolitik, Frankfurt am Main 1985 (Eichborn).

Ders.: Die Schule neu denken. Eine Übung in praktischer Vernunft, München 1993, bearbeitete, erweiterte Aufl. 1995 (C. Hanser).

Ders.: Die Schwächen des künstlich gestärkten Ichs, in: Paradoxien des Ich, Beiträge zu einer subjektorientierten Pädagogik, hg. von Volker Fröhlich und Rolf Göppel, Würzburg 1996 (Königshausen & Neumann).

Hofmann, Claudio: Smog im Hirn, Von der notwendigen Aufhebung der herrschenden Wissenschaft, Bensheim 1981 (päd.extra).

Huntington, Samuel P.: Der Kampf der Kulturen. Die Neugestaltung der Weltpolitik im 21. Jahrhundert, München/Wien 1996 (Europa Verlag).

Instruktionen für die alphabetischen Kataloge der preußischen Bibliotheken vom Mai 1899, in der Fassung vom 10.08.1908, Berlin 1915 (Behrend & Co.).

Jacobs, Jane: Tod und Leben großer amerikanischer Städte, Bauwelt Fundamente 4, Gütersloh 1963 (Bertelsmann Fachverlag).

Jones, R.: Micro-Primer, A Foundation Course for Teachers in Primary Schools, in: Tinsley/Tagg (Hg.), siehe dort.

Jugend '97. Zukunftsperspektive. Gesellschaftliches Engagement. Politische Orientierung. Hg. von der Deutschen Shell, Opladen 1997.

Kahn, Herman, Anthony Wiener: Ihr werdet es erleben, Voraussagen der Wissenschaft bis zum Jahr 2000, Wien, München, Zürich 1968 (Molden).

Kommer, Sven: Mediendidaktik oder Medienpädagogik? Konzepte zur Computernutzung in der Schule, in: Pädagogik 9/2000.

Krüss, James: Meyers Buch vom Menschen und von seiner Erde, gemalt von Hans Ibelshäuser und Ernst Kahl, Mannheim, Wien, Zürich 1983 (Bibliographisches Institut).

Kurzweil, Ray: Die Maschinen werden uns überzeugen, daß sie Menschen sind, in: Frankfurter Allgemeine Zeitung vom 5.7.2000.

Landesinstitut für Schule und Weiterbildung (Hg.): Computereinsatz in der Grundschule? Symposion am 13. und 14.3.1989, Soest 1989 (Soester Verlagskontor).

Landespresse- und Informationsamt Nordrhein-Westfalen (Hg.): Im Gespräch: »Neue Medien«, Dialog '81, Heft 3.

Langen, Claudia / Bentlage, Ulrike (Hg.): Das Lesebarometer, Lesen und Mediennutzung in Deutschland, Eine Bestandsaufnahme zum Leseverhalten 1999, Gütersloh 2000 (Bertelsmann Stiftung).

Lawler, R. W.: The Progressive Construction of Mind, Cognitive Science 6/1981.

Lexikothek / Das Neue Lexikon. Basiswissen und Zusammenhangwissen, hg. vom Bertelsmann Lexikon-Verlag, Gesamtwerk 25 Bände, AZ-Lexikon 10 Bände, Thema-Lexikon 14 Bände, Atlas International, Gütersloh 1972 ff. (Bertelsmann).

Luhmann, Niklas: Kommunikationsweisen und Gesellschaft, in: Technik und Gesellschaft, Jahrbuch 5: Computer, Medien, Gesellschaft, hg. von W. Rammert und G. Bechmann, Frankfurt a. M./New York 1989 (Campus).

Mander, Jerry: Four Arguments for the Elimination of Television, New York 1978 (Morrow Quill Paperback); deutsch: Schafft das Fernsehen ab! Eine Streitschrift gegen das Lesen aus zweiter Hand, Reinbek 1979 (Rowohlt).

Marx, Karl: Die Frühschriften, hg. von Siegfried Landshut, Stuttgart 1953 (Alfred Kröner).

McLuhan, Marshall: Understanding Media: The Extensions of Man, New York 1966 (Signet Books).

Mertens, Dieter: Das Qualifikationsparadox, Bildung und Beschäftigung bei kritischer Arbeitsperspektive, in: Zeitschrift für Pädagogik 4/1984.

Meyers Enzyklopädisches Lexikon in 25 Bänden, Mannheim, Wien, Zürich 1971 ff. (Bibliographisches Institut).

Mittelstraß, Jürgen: Vom Nutzen der Enzykloplädie, in: Meyers Enzyklopädisches Lexikon, Bd. 1, S. IX–XIX, Mannheim, Wien, Zürich 1971 (Bibliographisches Institut).

Müller, Albrecht C. von: Strukturelle Nicht-Angriffsfähigkeit. Neue Konzepte für die Sicherheitspolitik. Vortrag im WDR 3 am 10.01.1985 (Manuskript).

Mumford, Lewis: The Golden Day, New York 1926 (Boni and Liveright Inc.).

Naisbitt, John: Megatrends. Zehn Perspektiven, die unser Leben verändern werden, Bayreuth 1984 (Hestia).

Noelle-Neumann, Elisabeth: Auswirkungen des Kabelfernsehens. Erster Bericht über Ergebnisse der Begleitforschung zum Pilot-Projekt Ludwigshafen/Vorderpfalz (Materialien Band 1), Berlin/Offenbach 1985 (VED-Verlag).

Nowotny, Helga: The Information Society: Its Impact on the Home, Local Community and Marginal Groups; Keynote paper prepared for the EEC-Conference »The Transition to an Information Society: the benefits and risks associated with micro-electronic applications«, London, January 25–29, 1982.

Onlein, Ferdinand: »Der Vandalismus nimmt im allgemeinen zu«. Alltäglicher Widerstand oder Computerstümperei, in: Wechselwirkung, Heft 7/1980.
Orwell, George: Neunzehnhundertvierundachtzig, Zürich 1950 (Diana).
Otte, Michael: Theorie, Computer und Bildung, in: Journal für Mathematik-Didaktik 6/1985, Heft 3, S. 16–165.
Papert, S.: Mindstorms, Brighton 1980 (Harvester Press).
Picht, Georg: Enzyklopädie und Bildung (1971), in: Ders.: Hier und Jetzt, Philosophieren nach Auschwitz und Hiroshima, S. 249–255, Stuttgart 1980 (Klett-Cotta).
Platon: Phaidros. In: Sämtliche Werke, Frankfurt a. M. 1991 (Insel Verlag).
Ders.: Politeia (Der Staat). In: Sämtliche Werke, Frankfurt a. M. 1991 (Insel Verlag).
Postman, Neil: Das Verschwinden der Kindheit, Frankfurt a. M. 1983 (S. Fischer).
Ders.: Massenmedien, s.v., in: Der Knaur, Universallexikon in 15 Bänden, München 1990 (Lexikographisches Institut).
Rapp, Hans Reinhard: Wohin mit der Information? Die kultivierte Ignoranz, Göttingen 1972 (Vandenhoeck & Ruprecht).
Reuter, Edzard: Politische Probleme auf dem Weg zur telematischen Gesellschaft – 20 Thesen für das Forum Kommunikation »Neue Medien – neue Macht?«, Berlin 2./3.9.1981.
Rolff, Hans Günter: Zwangs-Entschulung durch neue Medien? – (über Bernd Schorb: Familie am Bildschirm), in: betrifft: erziehung, Heft 11/1983.
Ders.: Neue Technologien und die Zukunft der Schule. Einleitungsvortrag auf der Landesvertreterversammlung der GEW NW am 2.2.1984 in Hagen.
Ders.: Bildung im Zeitalter der neuen Technologien, Essen 1988 (Neue Deutsche Schule).
Sachs, Wolfgang: Niederbeschulung, Zur Theorie und Praxis nichtökonomischer Bildungspolitik, in: Johannes Beck et al.: Das Recht auf Ungezogenheit, Reinbek 1983 (rororo-Sachbuch).
Schmidt, Egon: Computer mit dem Wissen des Fachmanns, in: Frankfurter Allgemeine Zeitung vom 10.8.1983.
Schneider, Dietmar: Basiskompetenzen im Umgang mit neuen Medien erwerben, Die Internetseite »Schulen im Netz«, in: Pädagogik 4/2001.

Schorb, Bernd: Familie am Bildschirm. Neue Medien im Alltag. In Zusammenarbeit mit dem Südwestfunk; Frankfurt a. M. 1982 (Ullstein).

Ders.: Stichwort: Medienpädagogik, in: Zeitschrift für Erziehungswissenschaft 1/1998.

Schubenz, Siegfried: Mit Computern gegen den neuen Analphabetismus. Programmierwissen im Unterricht ist eine Chance für die Kinder, in: DIE ZEIT, Nr. 4, vom 20.1.1984.

Schwarz-Schilling, Christian: Auf dem Weg in eine Kommunikationsgesellschaft. Auszüge aus dem Grundsatzreferat auf dem Fachkongreß »Neue Medien« während der Internationalen Funkausstellung in Berlin, in: Zeitschrift für das Post- und Fernmeldewesen, Heft 10/1983.

Sedlmayr, Hans: Verlust der Mitte. Die bildende Kunst des 19. und 20. Jahrhunderts als Symptom und Symbol der Zeit. Berlin 1956 (Ullstein Bücher Nr. 39).

Seetzen, Jürgen: Telekommunikation – Neue Medien. Technische und wirtschaftliche Perspektiven; als Manuskript vorgelegt zum Forum Kommunikation »Neue Medien – neue Macht?«, Berlin 2./3.9.1981.

Der Senator für Wissenschaft und Kulturelle Angelegenheiten, Berlin (Hg.): Neue Medien – neue Macht?, Bericht über ein Forumsgespräch zu Chancen und Risiken der neuen Kommunikationstechnologien, Berlin, Sept. 1981.

Shell Studie, siehe: Jugend '97.

Sieghart, Paul: Computers, Information, Privacy and the Law; Offprint from the Journal of The Royal Society for the Encouragement of Arts, Manufactures and Commerce, 1977.

Snow, Charles P.: Die zwei Kulturen, Literarische und naturwissenschaftliche Intelligenz, Stuttgart 1967 (Ernst Klett). Das englische Original ist 1959 erschienen.

SPD-Parteivorstand (Hg.): Jugend, Bildung, Internet, Berlin 2000 (Willy-Brandt-Haus/Druckhaus Berlin-Mitte).

Spiegel-Report »Das hat sich überhaupt nicht gelohnt«, in: Spiegel, Heft 31, vom 1.8.1983.

Stoll, Clifford: Die Wüste Internet, Frankfurt a. M. 1996 (S. Fischer).

Ders.: LogOut, Warum Computer nichts im Klassenzimmer zu suchen haben und andere High-Tech-Ketzereien, Frankfurt a. M. 2001 (S. Fischer).

Sturm, Hertha / Holzheuer, Katharina / Helmreich, Reinhard: Emotionale Wirkungen des Fernsehens – Jugendliche als Rezipienten, München/New York 1978 (Saur – Schriftenreihe Internationales Zentralinstitut für das Jugend- und Bildungsfernsehen; Nr. 10).

Sturm, Hertha: Wie Kinder mit dem Fernsehen umgehen: Nutzen und Wirkung eines Mediums, Stuttgart 1979 (Klett-Cotta).

Dies.: Unsere Kinder: unterfordert – überfordert. Ergebnisse von Medienpsychologie und Medienwirkungsforschung als Grundlage einer soliden Medienpädagogik. In: Medienerziehung als Bildungsaufgabe. Mainz 1985.

Dies.: Die grandiosen Irrtümer des Neil Postman, in: Evangelischer Pressedienst, Nr. 71, Frankfurt 10.9.1986 (Haus der Evangelischen Publizistik).

Taylor, Elyseo Jose: Mass Media and the Social Dialogue, one experience; delivered: 20th September 1976, at the conference on »The Role at the Mass Media in Enlisting Public Support for Marginal Groups«, conducted by the European Centre for Social Welfare & Research, Bellagio, Italy.

Tichy, Mathias / Martens, Ekkehard: Computer-Denken, Hannover 1986 (Schroedel Schulbuchverlag).

Tinsley, J. D. / Tagg, E. D. (Hg.): Informatics in Elementary Education, Proceedings of the IFIP WG 3.1 Working Conference on Informatics in Elementary Education, Malente, 25–29 July 1983; Amsterdam/New York/Oxford 1984 (North-Holland).

Turkle, Sherry: Die Wunschmaschine. Vom Entstehen der Computerkultur, Reinbek 1984 (Rowohlt).

Turing, Alan M.: Kann eine Maschine denken? Kursbuch Heft 8, 1987.

Ulrich, Otto: Abschied vom privaten Leben, in: DIE ZEIT vom 14.9.2000.

Wagenschein, Martin: Natur physikalisch gesehen. Eine Handreichung zur physikalischen Naturlehre für Lehrer aller Schularten, Frankfurt a. M./Berlin/Bonn 1953 (Moritz Diesterweg).

Wahlster, Wolfgang: Lesende, hörende und verstehende Computer, Abstract eines Vortrags auf einer Tagung der Stiftung Lesen: Gutenbergs Folgen, Mainz, 23.–24.11.2000.

Weizenbaum, Joseph: Computer Power and Human Reason, From Judgment to Calculation, San Francisco 1976 (W. H. Freeman and Company). Deutsche Ausgabe: Die Macht der Computer und die Ohnmacht der Vernunft, Frankfurt a. M. 1978 (Suhrkamp).

Ders.: Kurs auf den Eisberg, oder Nur das Wunder wird uns retten, sagt der Computerexperte. Zürich 1984 (pendo).
Ders.: Computer, s.v., in: Der Knaur, Universallexikon in 15 Bänden, München 1990 (Lexikographisches Institut).
Weizsäcker, Carl Friedrich von: Sprache als Information, in: Die Sprache, Fünfte Folge des Jahrbuchs Gestalt und Gedanke, hg. von der Bayerischen Akademie der Schönen Künste, München 1959 (Oldenbourg).
Wilhelm, Theodor: Theorie der Schule, Hauptschule und Gymnasium im Zeitalter der Wissenschaft. Zweite und erweiterte Auflage, Stuttgart 1967 (J. B. Metzler).
Winn, Marie: Die Droge im Wohnzimmer, Reinbek 1979 (Rowohlt).

Anmerkungen

Vorwort

1 Hartmut von Hentig: Der technischen Zivilisation gewachsen bleiben, in: Björn Engholm (Hg.): Demokratie fängt in der Schule an, Frankfurt 1985 (Vito von Eichborn Verlag).
2 Hartmut von Hentig: Widerstand, in: Neue Sammlung 4/89.

Die Mittel werden zum Zweck, die Nebenwirkungen zum Hauptproblem, die Entwicklungen zum Programm – drei untypische Analysen unseres Umgangs damit

1 Neil Postman: »Massenmedien«, in: Der Knaur, Universallexikon in 15 Bänden, München 1990 (Lexikographisches Institut, s.v.).
2 Joseph Weizenbaum: »Computer«, ebenda, s.v.
3 SPD-Parteivorstand: Jugend, Bildung, Internet, Bestell-Nr. 3000154, Willy-Brandt-Haus, Wilhelmstraße 141, 10963 Berlin. (Der Text basiert auf einer Anhörung zum Thema »Bildung und Internet« am 20.09.2000.)

Der Alptraum des zum Computer mutierenden Menschen – vier zeittypische Reaktionen darauf

1 Vilém Flusser: Die Alpha-numerische Gesellschaft, Jahrbuch der Deutschen Akademie für Sprache und Dichtung 1989, Darmstadt (Luchterhand Literaturverlag).
2 Dieter Baacke: Jugendliche Computernutzer: Motive und Psychodynamik, in: Technik und Gesellschaft, Jahrbuch 5: Computer, Medien, Gesellschaft, herausgegeben von W. Rammert und G. Bechmann, Frankfurt/New York 1989, S. 175–189.
3 Baacke bezieht sich auf ihr Buch: Die Wunschmaschine. Vom Entstehen der Computerkultur, Reinbek 1984 (Rowohlt).
4 Klaus Haefner: Bildung für eine computerisierte Gesellschaft, in: Interaktiv – im Labyrinth der Möglichkeiten / Die Multimedia-Herausforderung, kulturpädagogisch, hg. von Wolfgang Zacharias,

eine Publikation der Bundesvereinigung Kulturelle Jugendarbeit e.V., Band 42, Remscheid 1997.

5 Deutscher Bundestag, Ausschuss für Familie, Senioren, Frauen und Jugend, 13. Wahlperiode, Protokoll der 25. Sitzung am 31.1.1996.

6 Niklas Luhmann: Kommunikationsweisen und Gesellschaft, in: Technik und Gesellschaft, a.a.O., S. 11–18. Hervorhebungen vom Autor.

Eine andere Beschreibung des Zustands der Gesellschaft

1 Zur »Entfremdung« vgl. unten S. 81 f.

2 Herman Kahn/Anthony Wiener: Ihr werdet es erleben / Voraussagen der Wissenschaft bis zum Jahre 2000, Wien/München/Zürich 1968 (Molden). Der Titel der amerikanischen Ausgabe lautete: The Year 2000 / A Framework for Speculation on the Next Thirty-three Years, New York 1997 (The Hudson Institute, Inc.).

Eine andere Beschreibung des Auftrags der Pädagogik

1 Fritjof Capra: Wendezeit, Bausteine für ein neues Weltbild, Bern/München/Wien 1984 (Scherz).

2 So etwa lauten die bildungspolitischen Ziele im Godesberger Programm der SPD von 1959.

3 Dieter Mertens: Das Qualifikationsparadox, Bildung und Beschäftigung bei kritischer Arbeitsmarktperspektive, in: Zeitschrift für Pädagogik 4/84, S. 139. Dies könnte ein Problem von 1984 gewesen sein. Der immer schon gegebene Zusammenhang zwischen hohem Qualifikationsgrad und Beschäftigungschance scheint sich zu bestätigen – korrumpiert allerdings durch einen »Jugendkult« (d.h., man versucht ältere Arbeitnehmer loszuwerden), der zugleich demographisch sowohl gestützt als auch korrigiert wird. Die Zahl der Stellen, die hohe Qualifikation verlangen, nimmt aber nur prozentual zu, nicht absolut.

4 Wolfgang Sachs: Niederbeschulung. Zur Theorie und Praxis nicht-ökonomischer Bildungspolitik, in: Johannes Beck et al.: Das Recht auf Ungezogenheit, Reinbek 1983 (rororo-Sachbuch), S. 135 ff. Sachs plädiert in diesem Beitrag für eine Verringerung der formalen Zwangs-Beschulung. »Tätige Menschen sind es, die unter der Hand am meisten lernen.« (S. 138).

5 Albrecht C. von Müller: Strukturelle Nicht-Angriffsfähigkeit.

Neue Konzepte für die Sicherheitspolitik. Vortrag im WDR 3 am 10.01.85 (Manuskript).

6 Hartmut von Hentig: Gruppenverführung, Die mutwillige oder unbedachte Verallgemeinerung des therapeutischen Prinzips und ihre Folgen für die politische Kultur, in: psychosozial, Zeitschrift für Analyse, Prävention und Therapie psychosozialer Konflikte und Krankheiten, in Heft 2/1980 (Rowohlt); derselbe: Die Schwächen des künstlich gestärkten Ichs, in: Paradoxien des Ich, Beiträge zu einer subjektorientierten Pädagogik, hg. Volker Fröhlich und Rudolf Göppel, Würzburg 1996 (Königshausen & Neumann).

Ein anderes Vorgehen der Pädagogik

1 Jerry Mander: Four Arguments for the Elimination of Television, New York 1978 (Morrow Quill Paperback); deutsch: Schafft das Fernsehen ab! Eine Streitschrift gegen das Leben aus zweiter Hand, Reinbek 1979 (Rowohlt), S. 71.

2 Helga Nowotny: The Information Society: Its Impact on the Home, Local Community and Marginal Groups; Keynote paper prepared for the EEC-Conference »The Transition to an Information Society: the benefits and risks associated with micro-electronic applications«, London, 25.–29. Januar, 1982.

3 Michael Gestmann: »Ein Jahr im Beruf – dreimal so stressig wie früher« Ein Bericht über die Zunahme der Arbeitsbelastung in vielen Wirtschaftsbranchen. Süddeutsche Zeitung 09./10.12.2000.

4 Christian Büttner / Elke Schwichtenberg (Hg.): Computer in der Grundschule / Geräte, didaktische Konzepte, Unterrichtssoftware, Weinheim und Basel 1997 (Beltz).

5 Eine systematischere Betrachtung erfahren diese wie auch der »falsche Trost« und die »falsche Standhaftigkeit« in den Abschnitten 2 und 3 von Kapitel II; hier geht es um die Notwendigkeit und die Schwierigkeit, ein pädagogisches und bildungspolitisches Handlungsprogramm aufzustellen.

6 Heinz Hengst: Kinderkultur in der Medienwelt, Vortrag auf dem Forum Kommunikationskultur des Gemeinschaftswerks der Evangelischen Publizistik e.V., Berlin 17.11.–19.11.1983, S. 9.

7 John Naisbitt: Megatrends. Zehn Perspektiven, die unser Leben verändern werden, Bayreuth 1984 (Hestia).

8 Bernd Schorb: Familie am Bildschirm. Neue Medien im Alltag. In

Zusammenarbeit mit dem Südwestfunk; Frankfurt a.M. 1982 (Ullstein).

9 Klaus Haefner: Die neue Bildungskrise, Herausforderung der Informationstechnik an Bildung und Ausbildung, Basel/Boston/Stuttgart 1982 (Birkhäuser), S. 26.

Die Gärten des Adonis

1 Alles wird sich ändern – aber daß Hausaufgaben verschwinden, können sich diese Prognostiker einfach nicht vorstellen!

2 CB heißt Citizen-Band oder Bürgerfrequenz-Band, auch »Jedermann-Funk« genannt, der 1975 freigegeben wurde.

Vernünftige Erwartungen

1 Hartmut von Hentig: Vom Verkäufer zum Darsteller. Absagen an die Lehrerbildung, 1980, in: Aufwachsen in Vernunft. Kommentare zur Dialektik der Bildungsreform, Stuttgart 1981 (Klett-Cotta), S. 287 ff.

Unvernünftige Erwartungen

1 Ein Gespräch mit Ray Kurzweil: Die Maschinen werden uns davon überzeugen, daß sie Menschen sind, in: Frankfurter Allgemeine Zeitung vom 5.7.2000.

2 Mit Computern gegen den neuen Analphabetismus, in: DIE ZEIT Nr. 4 vom 20.1.1984.

3 The Disparity of Computer Experience: A Case for Orienting the Syllabus for Elementary Education, in: Twinsley/Tagg (Hg.), siehe Literaturverzeichnis.

4 R. Jones: Micro-Primer. A Foundation Course for Teachers in Primary Schools, in: Tinsley/Tagg (Hg.), siehe dort. S. 32.

5 Hartmut von Hentig: Die Schule neu denken. Eine Übung in praktischer Vernunft, München 1993, bearbeitete und erweiterte Auflage 1995 (C. Hanser), S. 61–63.

6 GEO Wissen Nr. 27: Internet, Computer, Gesellschaft, Hamburg 2001 (Gruner & Jahr), S. 46.

7 Mein Standardbeispiel: Ein altes gläsernes Thermometer erklärte sich dem Beobachtenden gleichsam selbst. Eine Substanz, Quecksilber oder gefärbter Weingeist, dehnt sich bei zunehmender Temperatur in einer Kapillarröhre aus; an einer Skala, die Maß an der

Wirklichkeit genommen hat – am kochenden oder gefrierenden Wasser bei bestimmtem Luftdruck –, läßt sich der Grad der Erwärmung ablesen. Heute besteht ein Thermometer aus einem metallenen Sensor und einer Plastikbox, auf deren kleiner Scheibe Digitalziffern flimmern »17,08« – eine unanschauliche, maßstabslose, magische Auskunft, eines von vielen tausend Gehäusegeräten, mit denen wir umgehen.

Die Nebenwirkungen

1 Lewis Mumford: The Golden Day, New York 1926 (Boni and Liveright).

Zweifel an der Unvermeidbarkeit des Wandels

1 Alfred Grosser: Erste einleitende Skizze für das Berliner Hearing vom 2./3.9.1981, Forum Kommunikation »Neue Medien – neue Macht?« (Manuskript)
2 Günther Anders: Die Antiquiertheit des Menschen, München 1980 (C.H. Beck) 1. Band, S. 97.
3 Hans Sedlmayr: Verlust der Mitte. Die bildende Kunst des 19. und 20. Jahrhunderts als Symptom und Symbol der Zeit. Berlin 1956 (Ullstein Bücher Nr. 39).
4 Wolfgang Wahlster: Lesende, hörende und verstehende Computer, Vortrag auf einer Veranstaltung der Stiftung Lesen in Mainz, November 2000; vervielfältigte Tagungsunterlage.
5 Welche Bedeutung man dem Wort damals zugrunde legte, lasse ich hier unerörtert. Ich komme in Kapitel III, 5 (S. 250 ff.) auf den Gegenstand zurück.
6 Hans Magnus Enzensberger: Das Nullmedium oder Warum alle Klagen über das Fernsehen gegenstandslos sind, in: Mittelmaß und Wahn, Gesammelte Zerstreuungen, Frankfurt 1991, Suhrkamp Taschenbuch 1800, S. 89 ff.

»Medienkompetenz«

1 Magazin der Süddeutschen Zeitung vom 24.11.2000.
2 Bernd Schorb: Stichwort: Medienkompetenz, in: Zeitschrift für Erziehungswissenschaft 1/1998; Sven Kommer: Mediendidaktik oder Medienpädagogik? Konzepte zur Computernutzung in der Schule, in: Pädagogik 9/2000.

3 Dieter Baacke: Medienkompetenz – Begrifflichkeit und sozialer Wandel, in: A. Rein (Hg.): Medienkompetenz als Schlüsselbegriff, Bad Heilbrunn 1996.
4 Ursula Arbeiter: Medienpädagogik in Sozialem Kontext, in: Spielplatz Computer, Multimedia im Vor- und Grundschulalter, hg. von der Aktion Jugendschutz, Landesarbeitsstelle Baden-Württemberg et al., Stuttgart 2001.

»Medienpädagogik«

1 Handbuch Grundschule und Computer / Vom Tabu zur Alltagspraxis, hg. von Hartmut Mitzlaff, Weinheim und Basel 1996 (Beltz), S. 32.
2 Erste Seitenzahl: 1. Auflage 1993, 2. Seitenzahl: 3. Auflage 1995
3 DER SPIEGEL: Schöne neue Schule / Lernen mit Computer, Heft Nr. 9, 28.02.94, S. 108.
4 Zitiert aus dem Tagungsprogramm vom 5. Dezember 1998, S. 13.
5 Joseph Weizenbaum: Computer Power and Human Reason, From Judgment to Calculation, San Francisco 1976 (W.H. Freeman and Company), S. 3–11.
6 Sehr viel älter als Weizenbaums ELIZA ist der Witz von dem Therapeuten, der seinem Patienten auf der Straße begegnet – zu einem Zeitpunkt, zu dem eigentlich die Analyse-Sitzung vereinbart war. Auf die erstaunte Frage des Therapeuten antwortet der Patient strahlend: »Everything allright, Doc! My talking machine is talking to your talking machine.« – Ich habe ihn vor 30 Jahren gehört.

Die Erziehungseinrichtung Familie – und der Schrott

1 Neil Postman: Das Verschwinden der Kindheit, Frankfurt a. M. 1983 (S. Fischer). Ich paraphrasiere frei und vereinfache dabei notgedrungen Postmans komplexe Darstellung.
2 David Denby: Buried Alive, im: New Yorker vom 15. Juli 1996; deutsch: Lebendig begraben / Unsere Kinder und die Kulturschlammlawine, in: Neue Sammlung 1/1999, S. 63–79.
3 Jugend '97. Zukunftsperspektiven. Gesellschaftliches Engagement. Politische Orientierung. Opladen (Leske und Budrich) 1997.

Die »aufgeklärte Öffentlichkeit« als pädagogische Instanz – und der Schein

1 »... daß nur die Erkenntnisse der Wissenschaft sinnvolles Leben ermöglichen«, was dann ebenso simpel widerlegt wird, S. 126.

2 »Der Bürokrat, der Kapitalist und der Forscher bilden die Komponenten der heutigen technokratischen Dreieinigkeit; alle haben in der Regel promoviert, alle sehen sich verhältnismäßig ähnlich, alle sind durch das gleiche Bildungssystem geformt worden«, S. 42. »Die angewandte Wissenschaft und Technologieforschung wird ausschließlich durch Mechanismen der Kapitalverwertung bestimmt und so zu einer tödlichen Gefahr«, S. 105.

3 »Vertrauensvoll schauen wir zu ihnen auf und hören ihnen geduldig zu, wenn die Allwissenden in Krawatte und weißem Kittel uns per Fernseher über die Entstehung der Welt, über das Leben, über Pulsare, Quarks, DNS ... mit der ihnen eigenen Bescheidenheit belehren ...«, S. 95.

4 Wissenschaft ist »wesentlich ein anarchisches Unternehmen« – *anything goes.*

5 »... Verbindung unserer subjektiven Erfahrungen mit kollektiven Lernprozessen so, daß gemeinschaftliches Handeln möglich wird«, S. 143.

6 Aristoteles: Hauptwerke ausgewählt, übersetzt und eingeleitet von W. Nestle, Stuttgart 1958, S. 294 ff.

7 siehe: Hartmut von Hentig: Platonisches Lehren, Bd. I, Stuttgart 1966 (Ernst Klett), S. 95.

8 Karl Marx: Die Frühschriften, hg. von Siegfried Landshut, Stuttgart 1953 (Alfred Kröner), S. 240 f.

9 Carl Friedrich von Weizsäcker: Sprache als Information, in: Die Sprache, Fünfte Folge des Jahrbuchs Gestalt und Gedanke. Hg. von der Bayerischen Akademie der Schönen Künste, München 1959 (Oldenbourg), S. 70.

10 Von Alan M. Turing wird behauptet, er bringe die Abgrenzung von Mensch und Maschine durch ein Gedankenexperiment zum Verschwinden (sog. Turing-Test). In Wirklichkeit postuliert Turing, daß man eine Maschine konstruieren können müsse, der wir nicht Befehle erteilen (die sie ausführt), sondern in der wir Bedingungen für das Auffinden geeigneter (nicht bestimmter) Antworten anlegen, z.B. so, daß sie den »Modus Barbara« verwendet, »sobald Sokrates erwähnt wird«, oder, »erweist sich eine Methode als

schneller denn eine andere«, sie nicht die langsame benutzt (S. 135 f.). Dies nennt er eine lernende Maschine. Da sie nichts als die (im übrigen doch in Befehlsform) eingeschriebenen Kriterien hat, kann sie nie neu (hinzu-)lernen, wann die langsamere Methode doch besser ist als die schnellere. Sie lernt immer nur innerhalb der »Verfassung« (constitution), die man ihr gegeben hat. Der Einwand der Lady Lovelace (daselbst S. 125) sticht doch. Daß sich das Herstellen und Programmieren einer solchen Maschine wie die Erziehung eines Kindes (S. 137) zu vollziehen habe, ist ein Fall von *begging the question*. Man »mache« erst einmal eine Maschine, die wie ein Kind ist! (Turing, 1967, und Otte, 1985, S. 164).

11 Hervorhebung von mir. Otte beruft sich hierzu auf Turing (vgl. oben Anm. 10).

12 Es gibt Ausnahmen. Eine hat ihren Niederschlag in einer bemerkenswerten Textsammlung gefunden: Matthias Tichy / Ekkehard Martens: Computer-Denken, Hannover 1986 (Schroedel Schulbuchverlag).

Abschied von der Bildungseinrichtung »Enzyklopädie«, oder: Je mehr wir wissen, um so mehr müssen wir denken

1 Encyclopédie, ou dictionnaire raisonné des sciences, des arts et des métiers par une société de gens de lettres, Paris 1751 (Le Breton).

2 Die Aufklärung meiner ursprünglichen Vorstellungen verdanke ich den Recherchen und Mitteilungen (in einem persönlichen Brief vom 11.11.1997) von Josef Fellsches an der Folkwang-Hochschule in Essen.

3 Encyclopédie méthodique ou par l'ordre de matières, Paris 1782/1832 (Joseph Panckoucke).

4 Egon Friedell: Kulturgeschichte der Neuzeit. Die Krisis der europäischen Seele von der schwarzen Pest bis zum Ersten Weltkrieg, München 1974 (C.H. Beck).

5 Georg Wilhelm Friedrich Hegel: Enzyklopädie der Philosophischen Wissenschaften im Grundriß, hg. von Wilhelm Nicolin und Otto Pöggeler, 7. durchgesehene Auflage, erneut durchgesehener Nachdruck, Hamburg 1975 (Meiner), § 16.

6 James Krüss: Meyers Buch vom Menschen und von seiner Erde, gemalt von Hans Ibelshäuser und Ernst Kahl, Mannheim/Wien/Zürich 1983 (Bibliographisches Institut).

Die Forschung und das »Gute Leben«

1 Alain Finkielkraut / Paul Soriano: Internet, l'inquiétante extase. Paris 2001 (Mille et une nuit, Département de la Librairie Arthème Fayard).
2 Hertha Sturm: Fernsehdidaktik: Die Veränderung von Gedanken und Gefühlen. Ergebnisse und Folgerungen für eine rezipientenorientierte Mediendramaturgie, Gütersloh 1991 (Verlag Bertelsmann Stiftung).
3 Dies.: Wahrnehmung und Fernsehen – Die fehlende Halbsekunde, Plädoyer für eine zuschauerfreundliche Mediendramaturgie, in: Media Perspektiven, 1, 1984, S. 58–64.
4 Diese wurde so auf der Tagung der Akademie für Lehrerbildung in Dillingen Ende des Jahres 1997 gefordert. Profil / Das Magazin für Gymnasium und Gesellschaft, Heft 12/1997, S. 8.
5 Aus dem Protokoll eines Symposions der Hessischen Landesregierung über »Informationsgesellschaft oder Überwachungsstaat«, S. 366, zitiert nach Hans-Günter Rolff: Bildung im Zeitalter der neuen Technologien, Essen 1988.